Tuolajijiashiyuan

职业技能培训鉴定教材

拖拉机驾驶员

（中级）

主　编　成　斌
副主编　李景彬
编　者　王丽红　张若宇　李成松
　　　　田学艳　毕新胜　张海军
审　稿　坎　杂

中国劳动社会保障出版社

图书在版编目(CIP)数据

拖拉机驾驶员：中级/人力资源和社会保障部教材办公室，新疆生产建设兵团劳动和社会保障局，新疆生产建设兵团农业局组织编写. —北京：中国劳动社会保障出版社，2008

职业技能培训鉴定教材

ISBN 978-7-5045-7318-6

Ⅰ.拖…　Ⅱ.①人…　②新…　③新…　Ⅲ.拖拉机-驾驶员-职业技能鉴定-教材　Ⅳ.S219

中国版本图书馆 CIP 数据核字(2008)第 143286 号

中国劳动社会保障出版社出版发行

(北京市惠新东街 1 号　邮政编码：100029)

出 版 人：张梦欣

*

北京人卫印刷厂印刷装订　新华书店经销

787 毫米×960 毫米　16 开本　12.25 印张　1 插页　237 千字

2008 年 9 月第 1 版　　2015 年 1 月第 3 次印刷

定价：24.00 元

读者服务部电话：010-64929211/64921644/84643933

发行部电话：010-64961894

出版社网址：http://www.class.com.cn

教材编审委员会

主　任　李勇先（新疆生产建设兵团副秘书长、农业局局长）
副主任　曲德林（新疆生产建设兵团劳动和社会保障局副局长）
　　　　彭玉兰（新疆生产建设兵团劳动和社会保障局副局长）
　　　　刘景德（新疆生产建设兵团农业局副局长）
　　　　苗启华（新疆生产建设兵团农业局总畜牧师）
委　员　多　林（新疆生产建设兵团劳动和社会保障局就业培训处处长）
　　　　杜之虎（新疆生产建设兵团农业局种植业管理处处长）
　　　　黄国林（新疆生产建设兵团职业技能鉴定中心主任）
　　　　丁卫东（新疆生产建设兵团农业局乡镇企业产业指导处处长）
　　　　张利淇（新疆生产建设兵团农业局园艺处副处长）
　　　　宋安星（新疆生产建设兵团职业技能鉴定中心副主任）
　　　　李宏健（新疆生产建设兵团兽医总站畜牧科科长）
　　　　尤满仓（原新疆生产建设兵团农业局处长）

教材编审委员会办公室

主　任　多　林

副主任　杜之虎　黄国林

成　员　宋安星　冉　颢　尤满仓　陈纪顺

　　　　李晓梅　唐晓东

内容简介

本教材以《国家职业标准·拖拉机驾驶员》为依据，结合新疆生产建设兵团农业生产实际经验进行编写。教材在编写过程中紧紧围绕“以企业需求为导向，以职业能力为核心”的理念，力求突出职业技能培训特色，满足职业技能培训与鉴定考核的需要。

本教材详细介绍了中级拖拉机驾驶员要求掌握的最新实用知识和技术。全书分为五个模块单元，主要内容包括：机械基础知识、拖拉机驾驶与操作、机组作业、故障分析与排除、技术维护。每一单元后安排了单元测试题及答案，书末提供了理论知识和操作技能考核试卷，供读者巩固、检验学习效果时参考使用。

本教材是中级拖拉机驾驶员职业技能培训与鉴定考核用书，也可供相关人员参加在职培训、岗位培训使用。

前言

为满足各级培训、鉴定部门和广大劳动者的需要，人力资源和社会保障部教材办公室、中国劳动社会保障出版社在总结以往教材编写经验的基础上，联合新疆生产建设兵团劳动和社会保障局、兵团农业局和兵团职业技能鉴定中心，依据国家职业标准和企业对各类技能人才的需求，研发了农业类系列职业技能培训鉴定教材，涉及农艺工、果树工、蔬菜工、牧草工、农作物植保员、家畜饲养工、家禽饲养工、农机修理工、拖拉机驾驶员、联合收割机驾驶员、白酒酿造工、乳品检验员、沼气生产工、制油工、制粉工等职业和工种。新教材除了满足地方、行业、产业需求外，也具有全国通用性。这套教材力求体现以下主要特点：

在编写原则上，突出以职业能力为核心。教材编写贯穿"以职业标准为依据，以企业需求为导向，以职业能力为核心"的理念，依据国家职业标准，结合企业实际，反映岗位需求，突出新知识、新技术、新工艺、新方法，注重职业能力培养。凡是职业岗位工作中要求掌握的知识和技能，均作详细介绍。

在使用功能上，注重服务于培训和鉴定。根据职业发展的实际情况和培训需求，教材力求体现职业培训的规律，反映职业技能鉴定考核的基本要求，满足培训对象参加各级各类鉴定考试的需要。

在编写模式上，采用分级模块化编写。纵向上，教材按照国家职业资格等级编写，各等级合理衔接、步步提升，为技能人才培养搭建科学的阶梯型培训架构。横向上，教材按照职业功能分模块展开，安排足量、适用的内容，贴近生产实际，贴近培训对象需要，贴近市场需求。

在内容安排上，增强教材的可读性。为便于培训、鉴定部门在有限的时间内把最重要的知识和技能传授给培训对象，同时也便于培训对象迅速抓住重点，提高学习效率，在教材中精心设置了"培训目标"栏目，以提示应该达到的目标，需要掌握的重点、难点、鉴定点和有关的扩展知识。另外，每个学习单元后安排了单元测试题，每个级别的教材都提供了理论知识和操作技能考核试卷，方便培训对象及时巩固、检验学习效果，并对本职业鉴定考核形式有初步的了解。

本系列教材在编写过程中得到新疆生产建设兵团劳动和社会保障局、兵团农业局和兵团职业技能鉴定中心的大力支持和热情帮助，在此一并致以诚挚的谢意。

编写教材有相当的难度，是一项探索性工作。由于时间仓促，不足之处在所难免，恳切希望各使用单位和个人对教材提出宝贵意见，以便修订时加以完善。

人力资源和社会保障部教材办公室

目录

第1单元

机械基础知识

第一节　机械制图基础

- 掌握机械制图的基础知识
- 能够熟练识读零件图
- 掌握螺纹、齿轮、键等标准零件的画法

一、视图的基本知识

1. 三视图及其投影规律

物体在光源的照射下，在其后的平面上将形成一个影子，这称为物体的投影。投影法有两种，中心投影法和平行投影法，平行投影法又分为斜投影法和正投影法。

中心投影法：投射线汇交于一点的投影法。

斜投影法：投射线相互平行（投射中心无限远），投射线与投影面倾斜。

正投影法：投射线相互平行，投射线与投影面垂直。

用正投影法将物体向各投影面投影所得的图形称为视图。

视图分为基本视图、局部视图、斜视图和向视图。机械制图中常采用的基本视图是主视图、俯视图和左视图，简称为三视图。

三视图中，主视图是由物体的前方向后投影，在正投影面上所得到的视图；俯视图是从物体的上方向下投影，在水平投影面上所得到的视图；左视图是从物体的左方向右投影，在右投影面上所得到的视图。由于三视图来源于物体在三投影面上的投影，所以它们位置的配置是以主视图为主，俯视图在主视图的下方，左视图在主视图的右方。

主视图反映物体的长度、高度及各部分的上下、左右的位置关系，俯视图反映物体的长度、宽度及各部分的左右、前后的位置关系，左视图反映物体的高度、宽度及各部分的上下、前后的位置关系，三视图的形成如图 1—1 所示。

三视图的投影规律是：

主视图与俯视图长对正，主视图与左视图高平齐，俯视图与左视图宽相等。可简单归纳为“长对正、高平齐、宽相等”。

2. 剖视图和断面图的画法

（1）剖视图。假想用剖切面剖开零件，将处在观察者和剖切面之间的部分移去，而将其余部分向投影面投影所得的图形称为剖视图。剖视图可分为全剖视图、半剖视图和局部剖视图，如图 1—2、图 1—3、图 1—4 所示。

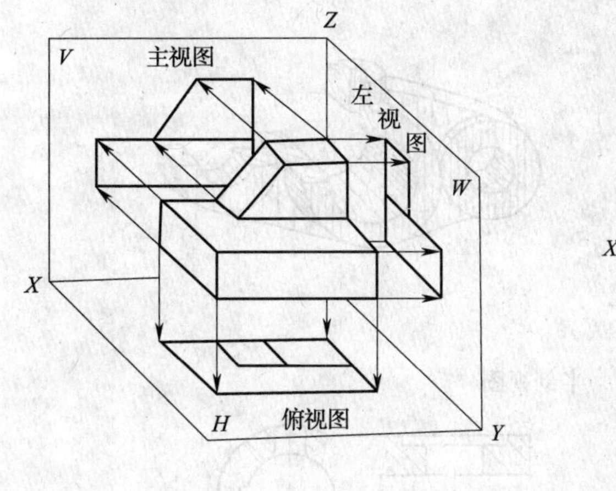

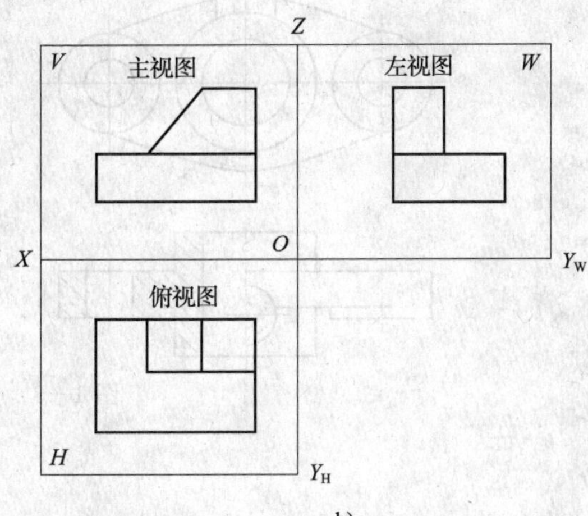

图 1—1　三视图的形成

a）分面进行投影　b）投影面展开

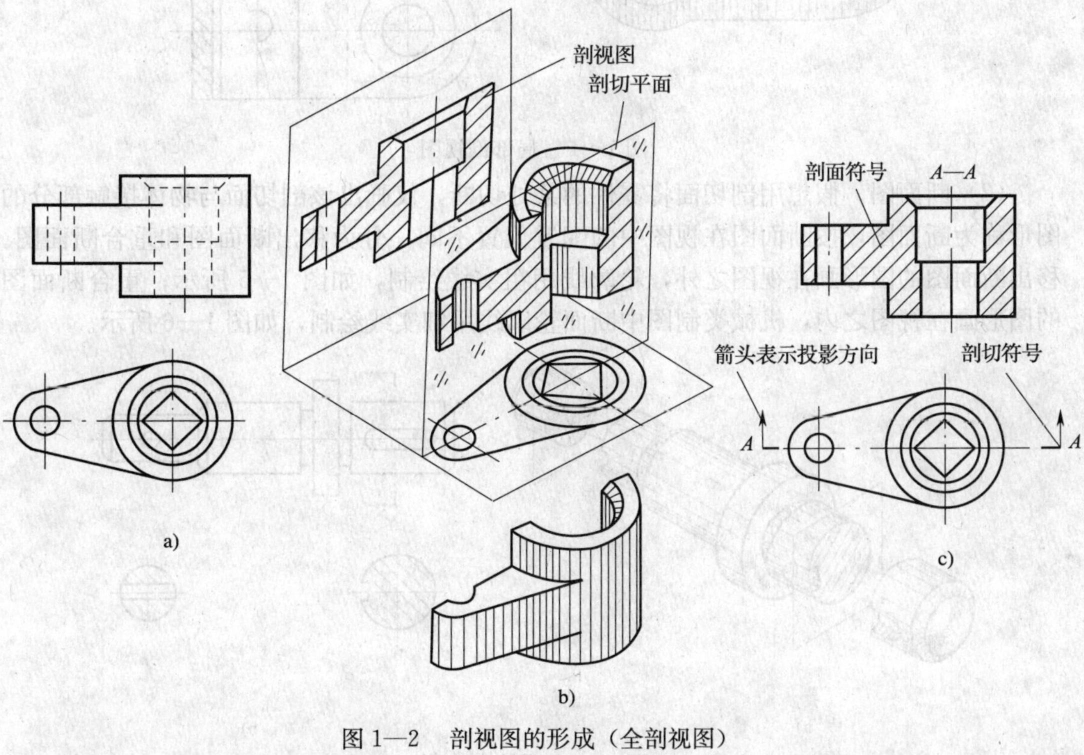

剖视图

剖切平面

剖面符号

A—A

箭头表示投影方向

剖切符号

A

A

a)

b)

c)

图 1—2　剖视图的形成（全剖视图）

a）用视图表示零件　b）剖视图的形成过程　c）用剖视（全剖）表达零件

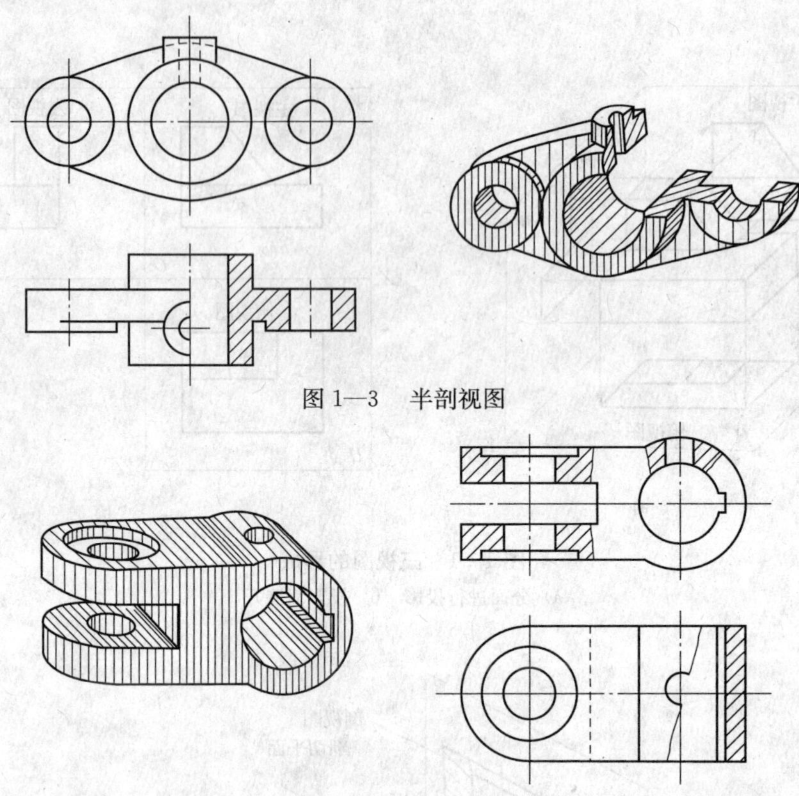

图 1—3　半剖视图

图 1—4　局部剖视图

（2）断面图。假想用剖切面将零件的某处切断，仅画出该剖切面与物体接触部分的图形称为断面图，按断面图在视图中的配置位置不同，分为移出断面图和重合断面图。移出断面图的图形画在视图之外，轮廓线用粗实线绘制，如图 1—5 所示；重合断面图的图形画在视图之内，机械类制图中断面轮廓线用细实线绘制，如图 1—6 所示。

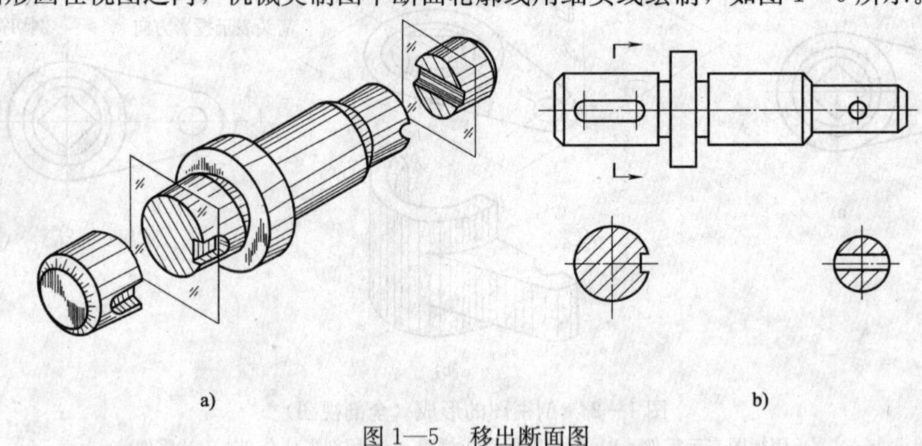

图 1—5　移出断面图

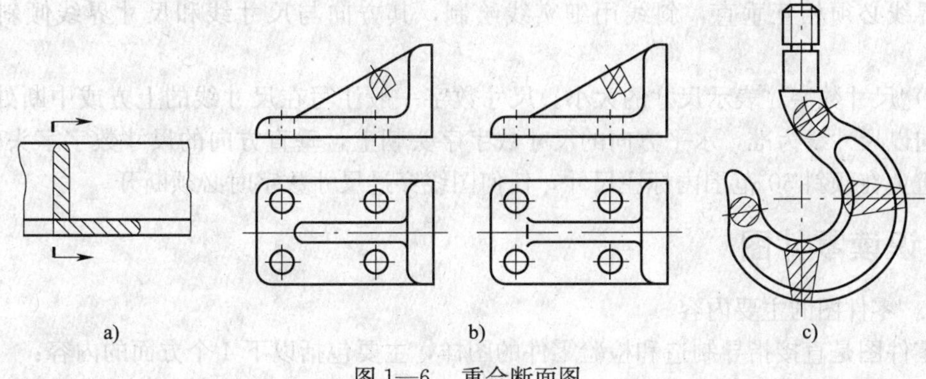

图 1—6　重合断面图

3. 尺寸的标注

物体或零件的视图只能表达其形状，不能表达其大小。零件的真实大小需用尺寸标注说明。

(1) 尺寸标注的基本要求

1) 零件的真实大小应以图样中所注的尺寸数字为依据，与图形的大小及绘图的准确度无关。

2) 图样中（包括技术要求和其他说明）的尺寸以 mm 为单位时，不需标注其计量单位的代号或名称，如采用其他单位，则必须注明相应的计量单位的代号或名称。

3) 图样中所标注的尺寸为该图样所示零件的最后完工尺寸，否则应另加说明。

4) 零件的每一尺寸一般只标注一次，并标注在反映该结构最清晰的图形上。

(2) 尺寸标注的要素

1) 尺寸界线。用于限定所注尺寸的范围。

尺寸界线用细实线从图形的轮廓线、中心线或轴线引出，也可利用轮廓线、中心线或轴线作尺寸界线；尺寸界线一般与尺寸线垂直，必要时才允许倾斜。

2) 尺寸线。用于表示所注尺寸的方向。

尺寸线用细实线画在两尺寸界线之间，并与所注的线段平行；圆的直径和圆弧半径的尺寸线应通过圆心标注，并在尺寸数字前分别加注符号“ϕ”或“R”，标注球面的直径或半径尺寸时，应在符号“ϕ”或“R”前加注“S”；当圆弧的半径过大，或在图纸范围内无法从圆心引出尺寸线时，可画成折线式的尺寸线或中断尺寸线；标注角度时，画出圆弧形的尺寸线，其圆心是该角的顶点，角度值一律水平书写，标注在尺寸线的中断处、尺寸线外或引出线上。

尺寸线的终端有箭头和斜线两种形式。当尺寸线的终端采用箭头形式时，箭头的尖端应指到尺寸界线上，箭头的宽度相当于粗实线的宽度，箭头的长度应大于或等于其宽度的 6 倍，同一张图样上箭头大小要一致。当尺寸线的终端采用斜线形式时，尺寸线与尺寸界线必须相互垂直，斜线用细实线绘制，其方向与尺寸线和尺寸界线倾斜相交 45°。

3）尺寸数字。表示尺寸的大小。尺寸数字一般注写在尺寸线的上方或中断处，数字方向以尺寸线为准，水平方向的尺寸数字字头朝上，垂直方向的尺寸数字字头朝左，尽量避免在倾斜 30°范围内标注尺寸，任何图线穿过尺寸数字时必须断开。

二、识读零件图

1. 零件图的主要内容

零件图是直接指导制造和检验零件的图样，主要包括以下 4 个方面的内容：

（1）一组图形。包括视图、剖视图、断面图等，主要用来表示零件的内部和外部的结构和形状。

（2）完整的尺寸。零件在加工和检验时所需的全部尺寸。

（3）技术要求。标明零件加工时应保证的要求，如尺寸公差、表面粗糙度、形位公差、表面热处理等。

（4）标题栏。说明零件的名称、材料、数量、图样比例、图样编号以及有关设计、描图、校对人员签名等。

2. 识读零件图的方法

（1）看标题栏。标题栏内一般都列出了零件的名称、材料、数量、图号、比例等，可大致了解零件的用途。

（2）看视图，明确关系。首先找出主视图，了解视图与视图的关系，再根据视图的位置和标注弄清各视图的表达意图。

（3）分部分，想形状。对于较复杂的零件图，应先分成几个组成部分，再分别弄清各部分是由哪些基本几何体组成的，以及它们相互之间的关系，最后将各部分综合起来，就可想出零件的完整形状。

（4）看尺寸和技术要求。根据三视图“长对正、高平齐、宽相等”的投影规律，首先找出长、宽、高 3 个方向的尺寸基准，再找出各部分的定位尺寸和定形尺寸，还要仔细检查所标注尺寸是否齐全合理。根据图中所注文字、代号了解表面粗糙度、尺寸公差等有关技术要求。

零件形状虽多种多样，但根据其结构特点，按视图表达与尺寸标注的共性，一般可分为轴套、轮盘、叉架、箱体 4 类。现以轴套类零件为例说明怎样识读零件图。

轴套类零件包括轴、套筒、衬套等，由几段不同形状与直径的共轴线回转体组成，常带有中心孔、倒角、退刀槽、越程槽、键槽等结构，此类零件的主要加工方法是先车削，再经铣削、磨削等加工而成。下面识读图 1—7 所示轴的零件图。

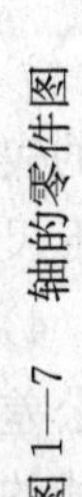

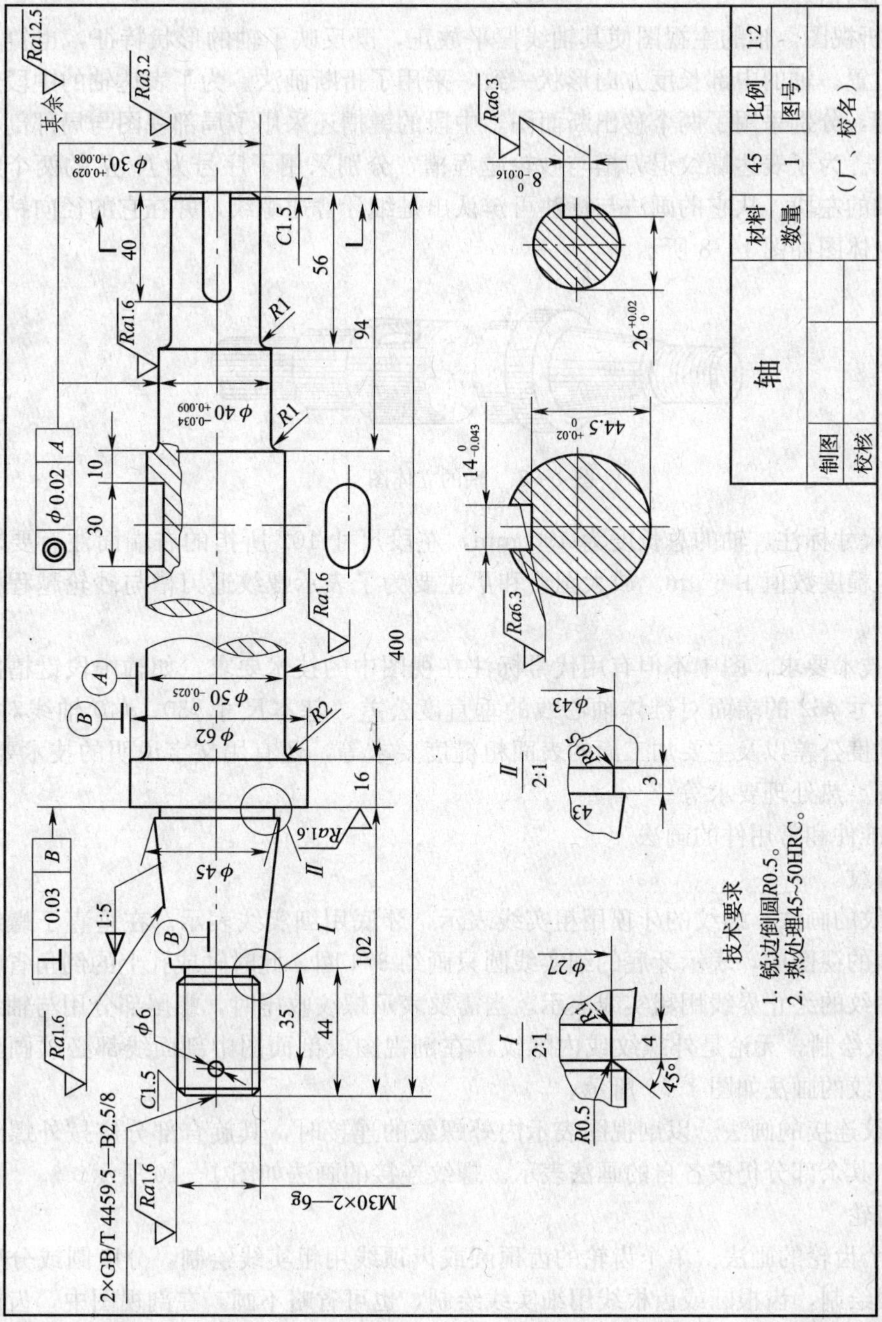
轴
材料 45
比例 1:2
数量 1
图号
制图
校核
（厂、校名）
技术要求
1. 锐边倒圆R0.5。
2. 热处理45~50HRC。
M30×2—6g
2×GB/T 4459.5—B2.5/8
其余 Ra12.5
Ra3.2
Ra1.6
Ra6.3
φ0.02 A
⊥ 0.03 B
1:5
φ30 +0.029 +0.008
φ40 +0.009 −0.034
φ50 0 −0.025
φ62
φ45
φ6
C1.5
R1
R2
40
56
94
10
30
16
102
35
44
400
8 0 −0.016
26 +0.02 0
14 0 −0.043
44.5 +0.02 0
I 2:1
II 2:1
φ43
φ27
R0.5
45°

图 1—7　轴的零件图

1）看标题栏。零件名称为轴，用 45 钢作材料；比例为 1∶2，即轴的实际大小是图形大小的两倍。

2）分析视图。轴的主视图使其轴线摆平放正，既反映了轴的形状特征，也符合零件的加工位置。轴的中部长度方向形状一致，采用了折断画法。为了表达轴的中段和右段上的键槽，分别采用了两个移出断面图，中段的键槽还采用了局部视图与局部剖视图的方法表示。为了表达螺纹退刀槽与砂轮越程槽，分别采用了序号为*Ⅰ*、*Ⅱ* 的两个局部放大图。轴的左段，从它的画法与标注可辨认出是细牙普通螺纹，并在它的径向钻有销孔。轴的立体图如图 1—8 所示。

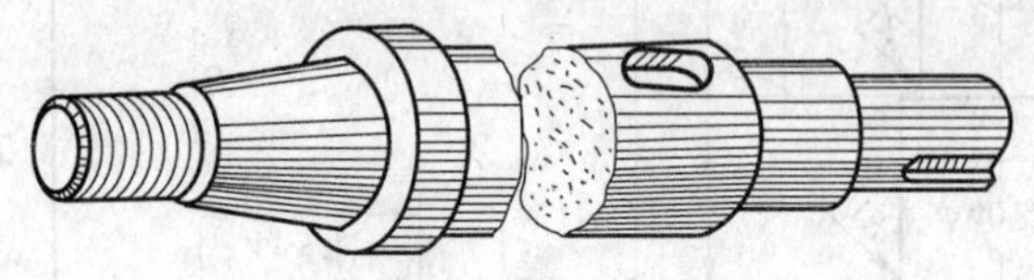

图 1—8　轴的立体图

3）看尺寸标注。轴的总长度为 400 mm，左段尺寸 102 所指的右端面注有要求较高的表面粗糙度数值 1.6 μm。放大图*Ⅰ* 和*Ⅱ* 主要为了表示螺纹退刀槽与砂轮越程槽的定形尺寸。

4）看技术要求。图中不但有用代号标注在视图中的技术要求，如轴中段键槽的尺寸公差、尺寸 $\phi62$ 的端面对锥体轴心线的垂直度公差、基本尺寸 $\phi30$、$\phi40$ 轴线对 $\phi50$ 轴线的同轴度公差以及主要加工面的表面粗糙度要求等，还有用文字说明的技术要求，如锐边倒圆、热处理要求等。

3. 标准件和常用件的画法

（1）螺纹

1）螺纹的画法。螺纹的牙顶用粗实线表示，牙底用细实线表示。在垂直于螺纹轴线的投影面的视图中，表示牙底的细实线圆只画约 3/4 圈，此时轴或孔上的倒角省略不画。完整螺纹的终止界线用粗实线表示，当需要表示螺纹收尾时，螺尾部分用与轴线成 30°的细实线绘制。无论是外螺纹或内螺纹，在剖视图或剖面图中剖面线都必须画到粗实线处。螺纹的画法如图 1—9 所示。

2）螺纹连接的画法。以剖视图表示内外螺纹的连接时，其旋合部分应按外螺纹的画法绘制，其余部分仍按各自的画法表示。螺纹连接的画法如图 1—10 所示。

（2）齿轮

1）单个齿轮的画法。单个齿轮的齿顶圆或齿顶线用粗实线绘制，分度圆或分度线用细点画线绘制，齿根圆或齿根线用细实线绘制，也可省略不画，在剖视图中，齿根线用粗实线绘制。单个直齿圆柱齿轮、直齿锥齿轮的画法如图 1—11 所示。

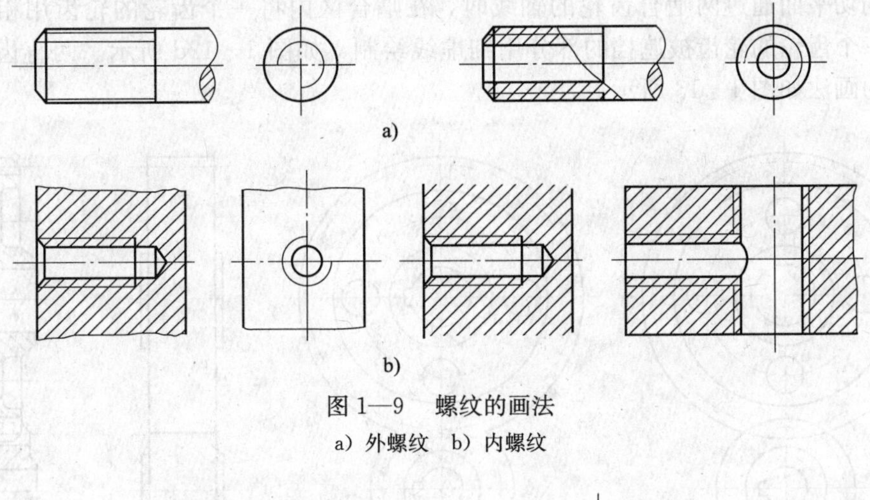

图 1—9　螺纹的画法

a）外螺纹　b）内螺纹

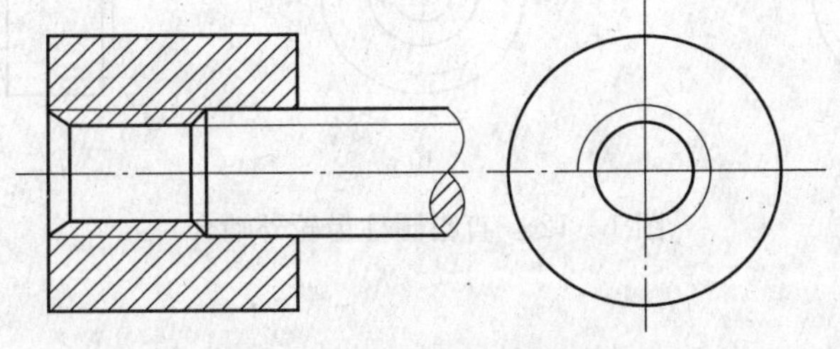

图 1—10　螺纹连接的画法

图 1—11　单个齿轮的画法

a）直齿圆柱齿轮　b）直齿锥齿轮

2）两齿轮外啮合的画法。在垂直于圆柱齿轮轴线的投影面的视图中，啮合区内的齿顶圆均用粗实线绘制，如图 1—12a 所示，也可采用省略画法，如图 1—12b 所示；在平行于圆柱齿轮轴线的投影面的视图中，啮合区的齿顶线不需画出，节线用粗实线绘

制，其他处的节线用细点画线绘制，如图 1—12c 所示；在圆柱齿轮、锥齿轮的剖视图中，当剖切平面通过两啮合齿轮的轴线时，在啮合区内将一个齿轮的轮齿用粗实线绘制，另一个齿轮的轮齿被遮挡的部分用细虚线绘制，如图 1—12d 所示。两直齿锥齿轮外啮合的画法如图 1—13 所示。

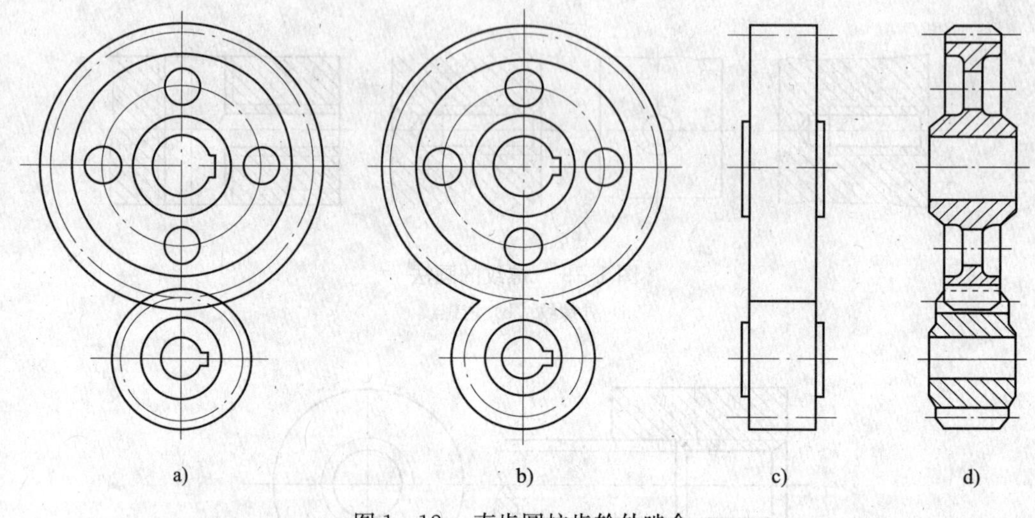

图 1—12　直齿圆柱齿轮外啮合

图 1—13　锥齿轮外啮合

（3）弹簧。在平行于圆柱螺旋弹簧轴线投影面上的图形，其各圈的轮廓可以画成直线，以代替螺旋线；当弹簧的有效圈数（参与工作的圈数）超过四圈时，允许每端只画两圈，中间各圈可省略不画，用通过弹簧簧丝断面中心的细点画线代替。各种螺旋弹簧的画法如图 1—14 所示。

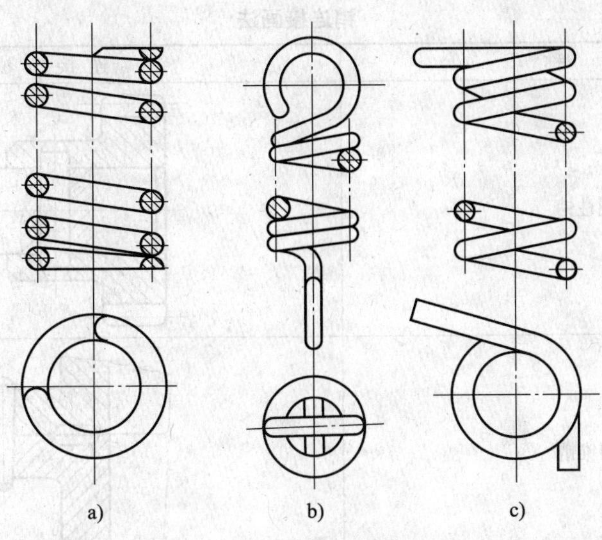

图 1—14　各种螺旋弹簧的画法

a）圆柱螺旋压缩弹簧　b）圆柱螺旋拉伸弹簧　c）圆柱螺旋扭转弹簧

（4）键连接。常用的键有普通平键、半圆键和钩头楔键等，它们的连接画法见表 1—1。

表 1—1　键连接画法

名　称	连接画法
普通平键	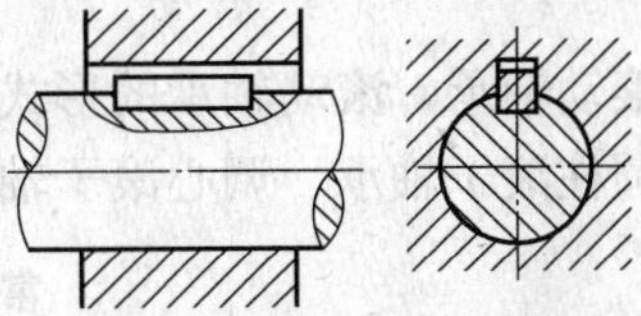
半圆键	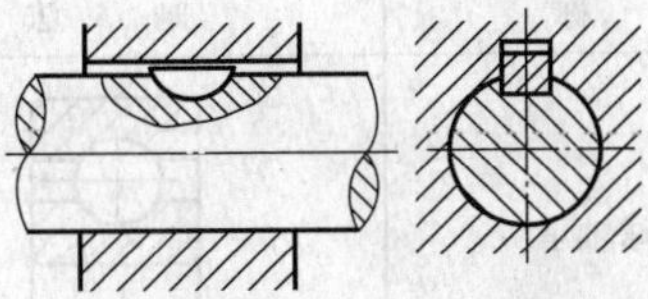
钩头楔键	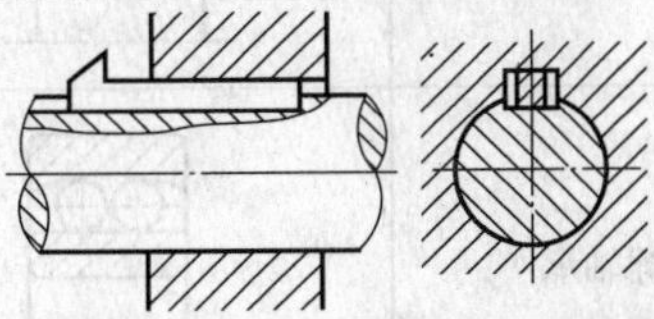

（5）销连接。常用的销有圆柱销、圆锥销和开口销等，它们的连接画法见表 1—2。

表 1—2 销连接画法

名称	连接方法
圆柱销	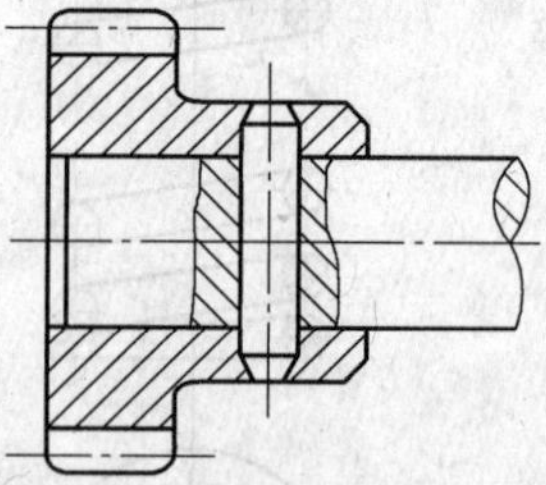
圆锥销	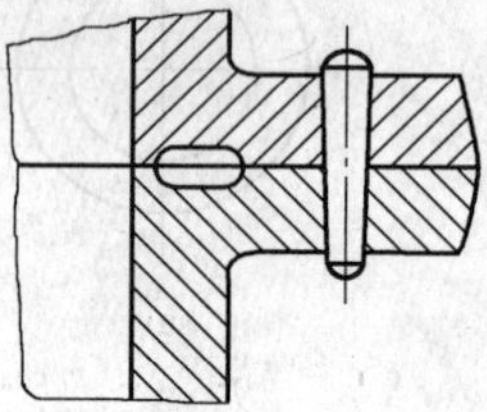
开口销	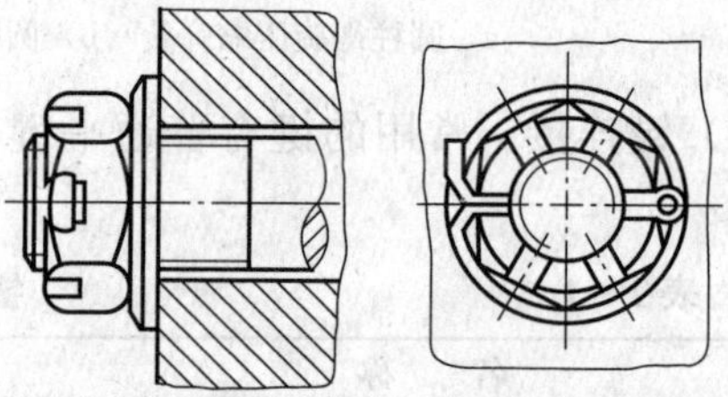

（6）滚动轴承。滚动轴承的形式很多，常用的有深沟球轴承、调心球轴承、圆锥滚子轴承、圆柱滚子轴承、调心滚子轴承推力球轴承等，它们的画法见表 1—3。

表 1—3 常用滚动轴承的画法

名称	画法	名称	画法
深沟球轴承	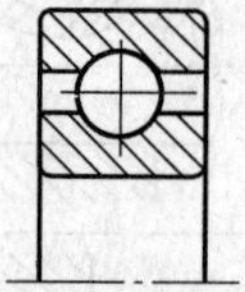	圆柱滚子轴承	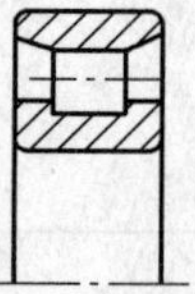
调心球轴承	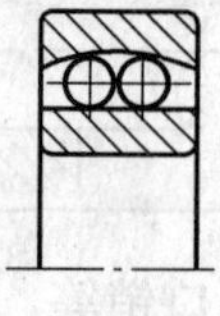	调心滚子轴承	

续表

名　称	画　法	名　称	画　法
圆锥滚子轴承	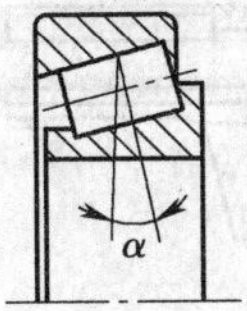	推力球轴承	

第二节　计量单位和常用量具

→ 掌握基本的长度计量单位及其换算

→ 熟练运用游标卡尺、千分尺等量具

一、常用长度计量单位

长度计量单位见表 1—4。

表 1—4　　长度计量单位表

单位	mm	cm	dm	m	km
等数	1 000 μm	10 mm	10 cm	10 dm	1 000 m

长度计量单位换算如下：

1 km(公里)＝2 市里＝0. 621 mile＝0. 540 n mile

1 市里＝0. 5 km(公里)＝0. 311 mile＝0. 270 n mile

1 mile＝1. 609 km(公里)＝3. 218 市里＝0. 869 n mile

1 n mile＝1. 852 km(公里)＝3. 704 市里＝1. 150 mile

1 m＝3 市尺＝3. 281 ft

1 市尺＝0. 333 m＝1. 094 ft

1 ft＝0. 305 m＝0. 914 市尺

二、常用量具

1. 游标卡尺

(1) 游标卡尺的结构。游标卡尺是一种中等精度的量具，可以直接量出工件的外径、内径、长度、宽度、深度和孔距等尺寸。图 1—15 所示为两种常用游标卡尺的结构形式。

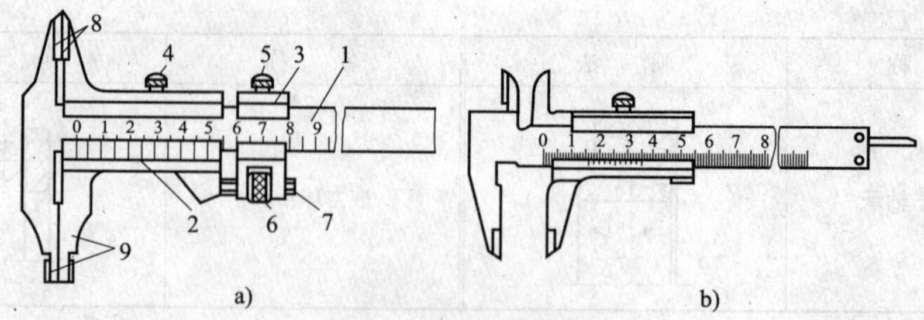

图 1—15 游标卡尺

a）可微动调节的游标卡尺 b）带测深杆的游标卡尺

1—尺身 2—游标 3—辅助游标 4，5—螺钉

6—微动螺母 7—小螺杆 8，9—量爪

图 1—15a 所示的游标卡尺由尺身 1 和游标 2 组成，3 是辅助游标。松开螺钉 4 和 5 即可推动游标在尺身上移动。需要微动调节时，可将螺钉 5 紧固，松开螺钉 4，转动微动螺母 6，通过小螺杆 7 使游标微动。量得尺寸后，拧紧螺钉 4 使游标固定。游标卡尺上端的两个量爪 8 可用来测量齿轮公法线长度和孔距尺寸。下端的两个量爪 9 的内侧面可测量外径和长度，若外侧面是圆弧面，也可测量内孔或沟槽。

图 1—15b 所示的游标卡尺比较简单轻巧，上端两爪可测量孔径、孔距及槽宽，下端两量爪可测量外圆和长度等，还可用尺后的测深杆测量内孔和沟槽的深度。

（2）游标卡尺的刻线原理和读数方法。常用的游标卡尺按其测量精度，可分为 1/20（0.05 mm）和1/50（0.02 mm）两种规格。

1）1/20（0.05 mm）游标卡尺。尺身每小格 1 mm，游标每小格 0.95 mm，当两量爪合并时，游标上的 20 格刻度线刚好与尺身上的 19 格刻度线对正，如图 1—16 所示。尺身与游标每格之差为（1－0.95）mm＝0.05 mm，此差值即为 1/20 游标卡尺的测量精度。

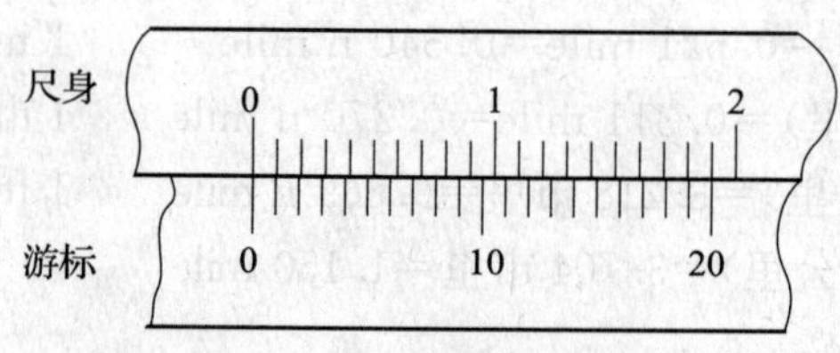

图 1—16 1/20 游标卡尺刻线原理

还有一种 1/20 游标卡尺，游标上的 20 格刚好与尺身上的 39 格刻度线对正，尺身上每两格与游标上每格之差也是 0.05 mm。这种放大刻度的游标卡尺刻度线条清晰，更容易看准读数。

用游标卡尺测量工件时，可分为 3 个步骤读出数值，如图 1—17 所示。

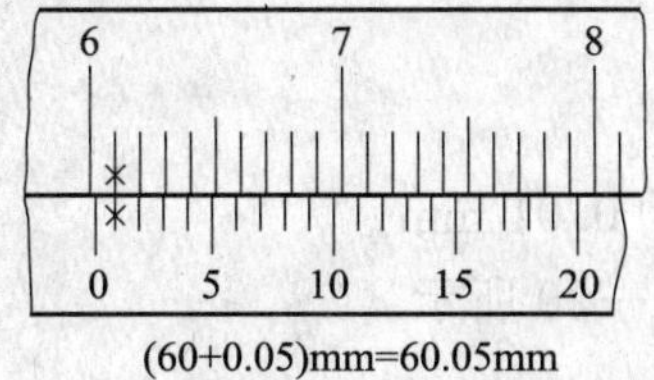

(60+0.05)mm=60.05mm

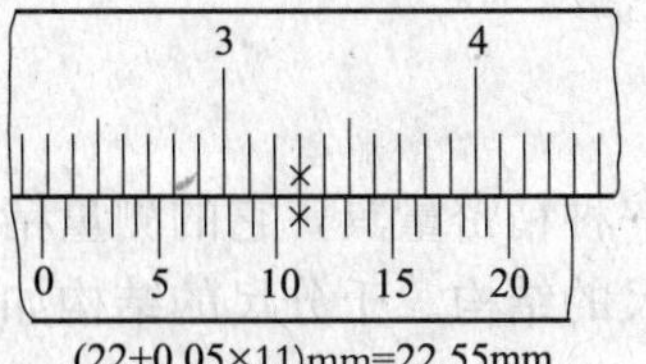

(22+0.05×11)mm=22.55mm

图 1—17　1/20 游标卡尺的读数方法

①读出游标上零线左面尺身的毫米整数。

②读出游标上第几条刻线与尺身刻线对齐（第一条零线不算），算出小数值（0.05 mm×格数）。

③把尺身上的尺寸和游标上的尺寸加起来即为测得的尺寸。

2）1/50（0.02 mm）游标卡尺。尺身每小格 1 mm，游标每小格 0.98 mm，当两量爪合并时，游标上的 50 格刚好与尺身上的 49 格刻度线对正，如图 1—18 所示。尺身与游标每格之差为（1－0.98）mm＝0.02 mm，此差值即为 1/50 游标卡尺的测量精度。

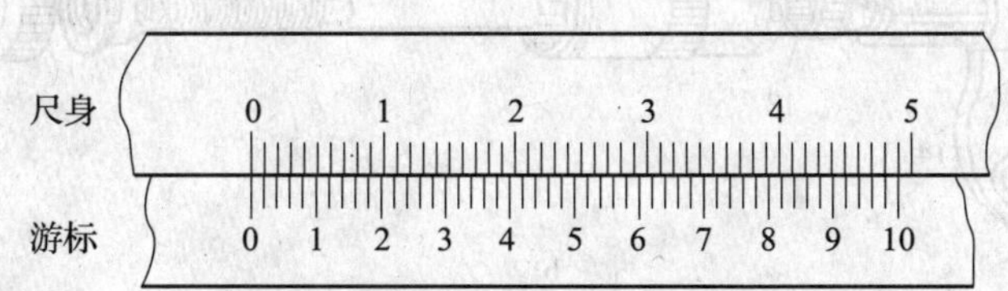

图 1—18　1/50 游标卡尺刻线原理

1/50 游标卡尺测量时的读数方法与 1/20 游标卡尺相同，如图 1—19 所示。

（3）游标卡尺的测量范围。游标卡尺的规格按测量范围分为 0～125 mm、0～200 mm、0～300 mm、0～500 mm、300～800 mm、400～1 000 mm、600～1 500 mm、800～2 000 mm 等。

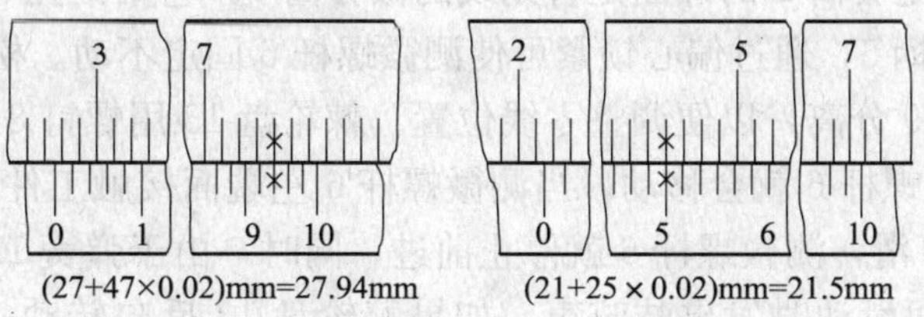

(27+47×0.02)mm=27.94mm　(21+25 × 0.02)mm=21.5mm

图 1—19　1/50 游标卡尺的读数方法

测量工件尺寸时，应按工件的尺寸大小和尺寸精度要求选用量具，游标卡尺适用于中等精度尺寸的测量和检验。同时还应注意，不能用游标卡尺测量铸件等毛坯的尺寸，否则易使量具很快磨损而影响精度。

除上述类型的游标卡尺外，还有游标深度尺、游标高度尺和齿轮游标卡尺等，其读数方法都相同。

2. 千分尺

千分尺是一种精密量具，它的测量精度为 0.01 mm。

（1）千分尺的结构。千分尺的结构如图 1—20 所示。

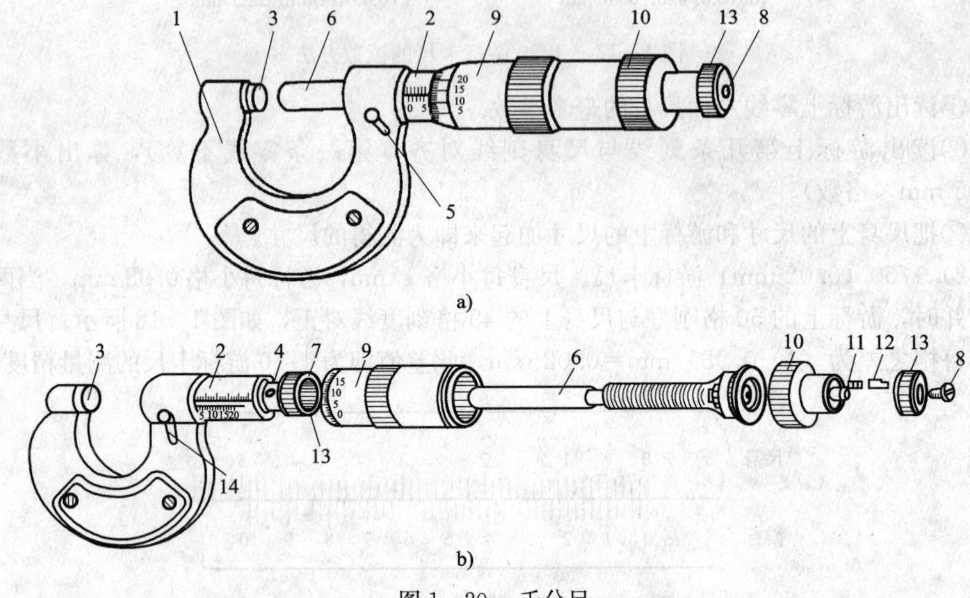

图 1—20 千分尺

1—尺架 2—固定套筒 3—钻座 4，7—衬套 5—手柄 6—测微螺杆 8—螺钉 9—微分筒 10—罩壳 11—弹簧 12—棘爪销 13—棘轮盘

图 1—20 中，尺架 1 的左端有钻座 3，右端是表面有刻线的固定套筒 2，里面是带有内螺纹（螺距 0.5 mm）的衬套 7。测微螺杆 6 右部的螺纹可沿此内螺纹回转，并用衬套 4 定心。在固定套筒 2 的外面是有刻线的微分筒 9，它用锥孔与测微螺杆 6 右端的锥体相连。转动手柄 5，通过偏心锁紧可使测微螺杆 6 固定不动。松开罩壳 10，可使测微螺杆 6 与微分筒 9 分离，以便调整零线位置。棘轮盘 13 用螺钉 8 与罩壳 10 连接，转动棘轮盘 13，测微螺杆 6 就会移动。当测微螺杆 6 左端面接触工件时，棘轮盘 13 在棘爪销 12 的斜面上打滑，测微螺杆 6 就停止前进，同时，由于弹簧 11 的作用，使棘轮盘 13 在棘爪销 12 斜面滑动时发出吱吱声。如果棘轮盘 13 反向转动，则拨动棘爪销 12，微分筒 9 和手柄 5 转动，使测微螺杆 6 向右移动。

（2）千分尺的刻线原理及读数方法。测微螺杆 6 右端螺纹的螺距为 0.5 mm。当微分筒 9 转一周时，测微螺杆 6 就移动 0.5 mm。微分筒 9 圆锥面上共刻有 50 格，因此，微分筒 9 转一格，测微螺杆 6 就轴向移动 0.01 mm。

固定套筒 2 上刻有主尺刻线，每格 0.5 mm。

千分尺的读数方法可分 3 步：

1）读出微分筒边缘在固定套筒尺身上的毫米数和半毫米数。

2）读出微分筒上的哪一格与固定套筒上基准线对齐，并读出不足半毫米的数。

3）把两个读数加起来即为测得的实际尺寸。

（3）千分尺的测量范围。千分尺的规格按测量范围分为 0～25 mm、25～50 mm、50～75 mm、75～100 mm、100～125 mm 等。使用时按被测工件的尺寸选用。

此外，还有内径千分尺、深度千分尺、螺纹千分尺和公法线千分尺等，其刻线原理和读法与上述方法相同。

第三节　机械传动基础

→ 掌握带传动、链传动、齿轮传动及凸轮机构的分类、特点及应用

→ 掌握常用传动机构的选型及各种传动形式的主要技术参数

单元 1

一、带传动

1. 带传动概述

带传动是一种应用很广泛的机械传动。它是利用传动带作为中间的挠性件，依靠传动带与带轮之间的摩擦力来传递运动的。如果把一根连接成环形的带张紧在主动轮 D_1 和从动轮 D_2 上，使带与带轮之间的接触面产生正压力，当主动轮 D_1 转动时，依靠带与带轮接触面之间的摩擦力来带动从动轮 D_2 转动，这样，主动轴的动力就可以通过挠性传动带传递给从动轴了。如图 1—21 所示。

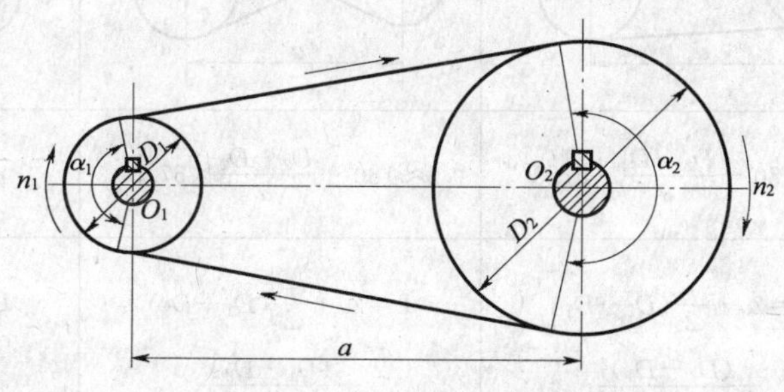

图 1—21　带传动

带传动在生产应用中，有平带传动、V 带传动、圆带传动、同步带传动等类型，如图 1—22 所示，其中常用的是平带传动和 V 带传动。

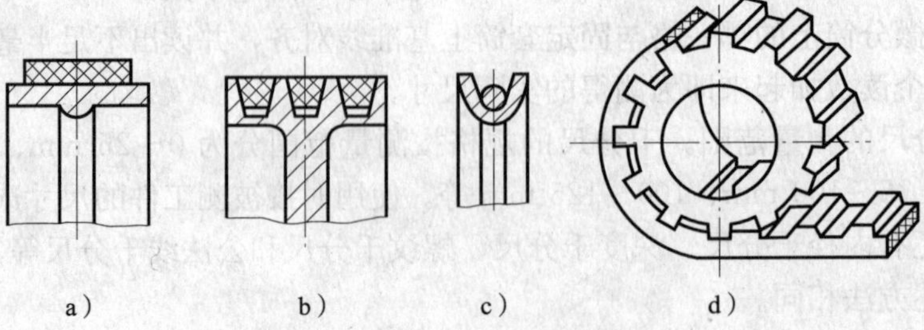

图 1—22　带传动的类型

a）平带　b）V 带　c）圆带　d）同步带

2. 平带传动

（1）平带传动的形式及使用特点

1）平带传动的形式。平带传动在工作时，带的环形内表面与轮缘接触。平带比较薄，挠曲性能好，适用于高速运转的传动，又由于平带的扭转柔性较好，故又适用于平行轴的交叉传动和相错轴的半交叉传动，其传动形式和参数计算见表 1—5。

①开口式传动。用于两轴轴线平行且旋转方向相同的场合，这种形式应用最为广泛。

②交叉式传动。用于两轴轴线平行且旋转方向相反的场合，应用比较广泛。

③半交叉式传动。用于两轴轴线互不平行、空间相错的场合。

表 1—5　　常用平带的传动形式和参数计算

	开口式	交叉式	半交叉式
传动简图	D_1　D_2　a	D_1　D_2　a	D_1　D_2　β　a
小带轮包角	$\alpha\approx180°-\frac{D_2-D_1}{\alpha}\times57.3°$	$\alpha\approx180°+\frac{D_2+D_1}{\alpha}\times57.3°$	$\alpha\approx180°+\frac{D_1}{\alpha}\times57.3°$
传动带几何长度	$L=2a+\frac{\pi}{2}(D_2+D_1)+\frac{(D_2-D_1)^2}{4a}$	$L=2a+\frac{\pi}{2}(D_1+D_2)+\frac{(D_1+D_2)^2}{4a}$	$L=2a+\frac{\pi}{2}(D_1+D_2)+\frac{D_1^2-D_2^2}{2a}$

2）平带传动的使用特点

①结构简单，适宜于两轴中心距较大的场合。

②富有弹性，能缓冲、吸振，传动平稳、无噪声。

③在过载时会产生打滑，因此能防止薄弱零部件损坏，起到安全保护作用，但不能保持准确的传动比。

④外廓尺寸较大，效率较低。

通常使用的平带是橡胶帆布带，另外还有皮革带、棉布带等。平带的接头一般应用图 1—23 所示的几种形式。经胶合和缝合的接头，传动时冲击小，传动速度可以高一些。铰链带扣的接头，传递的功率较大，但速度不能太高，否则会引起强烈的冲击和振动。当速度超过 30 m/s 时，可应用轻而薄的高速传动带，通常是用涤纶纤维绳作强力层，外面用耐油橡胶粘合而成的没有接头的环形带。

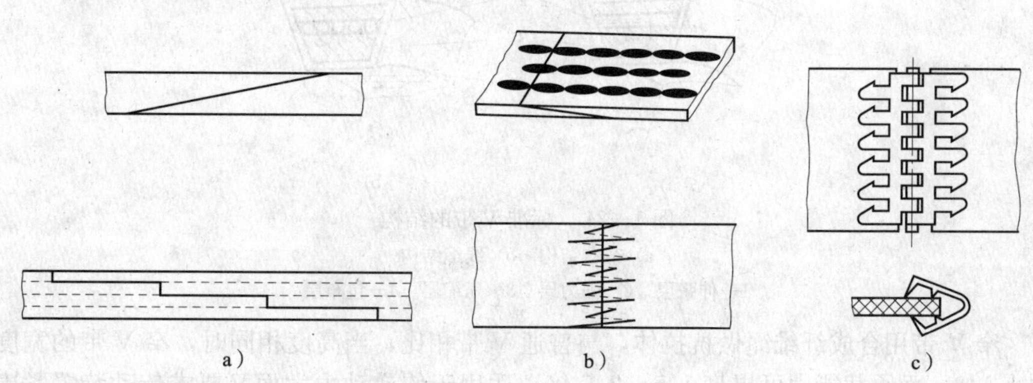

图 1—23 平带常用的接头方式

a）胶合法 b）缝合法 c）铰链带扣

（2）平带传动的主要参数

1）传动比。主动带轮转速与从动带轮转速之比叫传动比。其表达式为：

$$i_{12} = n_1/n_2 = D_2/D_1$$

通常，平带传动采用的传动比为 $i \leqslant 5$。

2）带轮的包角。带轮的包角 α，是指传动带与带轮接触面的弧长所对应的中心角（见图 1—21）。包角越小，接触的圆弧就越短，接触面之间所产生的摩擦力总和也就越小，因此必须保证有足够大的包角，一般要求包角 $\alpha \geqslant 120°$。由于大带轮的包角总比小带轮的包角大，所以只要计算小带轮的包角是否符合要求即可，其计算方法见表 1—5。

3）平带的几何长度。平带的几何长度，可按表 1—5 中所列的公式计算，这样计算出的长度称为计算长度。在实际使用中，还必须考虑传动带装在带轮上的张紧量、悬垂量（当中心距较大时）和传动带的接头量。

3. V带传动

（1）V带的结构、型号与传动特点

1）V带的结构、型号。V带有普通V带、窄V带、联组V带、齿形V带、大楔角V带、宽V带等多种类型，其中，普通V带应用最广。

标准V带是没有接头的环形带，截面形状为梯形，两个侧面是工作面，夹角$\varphi=40^{\circ}$，如图1—24所示。标准V带分为帘布结构和线绳结构两种，图1—24a为帘布结构，图1—24b为线绳结构。V带主要由伸张层（胶料）、强力层（胶线绳）、压缩层（胶料）和包布层（胶帆布）组成。一般用途的V带主要采用帘布结构，线绳结构比较柔软，弯曲疲劳性能也较好，但拉伸强度低，通常仅适用于载荷不大、小直径带轮和转速较高的场合。

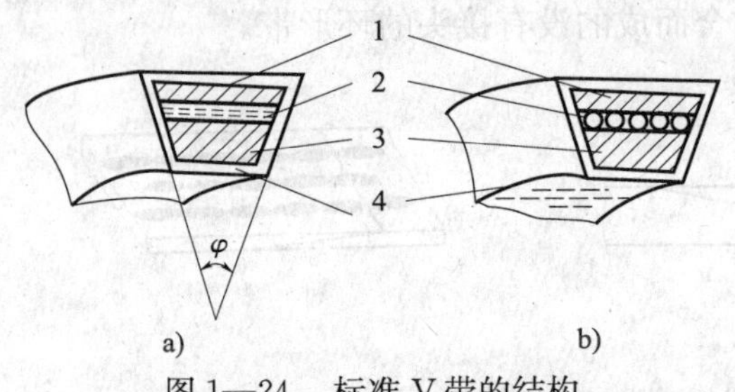

图1—24　标准V带的结构

a）帘布结构　b）线绳结构

1—伸张层　2—强力层　3—压缩层　4—包布层

窄V带用合成纤维绳做抗拉体，与普通V带相比，当高度相同时，窄V带的宽度约小1/3，而承载能力可提高1.5～2.5倍，适用于传递动力大而又要求传动装置紧凑的场合。

普通V带按截型分为：Y、Z、A、B、C、D、E七种，其中Y型V带的截面积最小，E型V带的截面积最大，生产中使用最多的是A、B、C三种型号。窄V带按截型分为SPZ、SPA、SPB、SPC四种。V带的截面积越大，传递的功率也越大。

V带在规定的张紧力下，其界面上与“测量带轮”轮槽基准宽度相重合的宽度处，V带的周线长度称为基准长度L_d。V带的基准长度系列见表1—6。

V带的型号和基准长度都压印在带的外表面上，以供识别和选用，例如，“B　2240　GB/T 1357.5.1”即表示B型V带，基准长度为2 240 mm。

2）V带传动的特点与使用范围。V带传动与平带传动一样，都是依靠传动带与带轮之间的摩擦力传递运动和动力的。但V带是利用带和带轮梯形槽侧面之间的摩擦力来传递动力的，所以传递的能力比平带高，一般在相同条件下，可增大3倍。V带传动多采用开口式，它的传动比、带轮包角、传动带几何长度的计算，均与平带开口式相同，见表1—5。

表 1—6　　V 带的基准长度系列及长度系数 K_L

基准长度 L_d（mm）	K_L										
	普通 V 带							窄 V 带			
	Y	Z	A	B	C	D	E	SPZ	SPA	SPB	SPC
450	1.00	0.89									
500	1.02	0.91									
560		0.94									
630		0.96	0.81					0.82			
710		0.99	0.82					0.84			
800		1.00	0.85					0.86	0.81		
900		1.03	0.87	0.81				0.88	0.83		
1 000		1.06	0.89	0.84				0.90	0.85		
1 120		1.08	0.91	0.86				0.93	0.87		
1 250		1.11	0.93	0.88				0.94	0.89	0.82	
1 400		1.14	0.96	0.90				0.96	0.91	0.84	
1 600		1.16	0.99	0.93	0.84			1.00	0.93	0.86	
1 800		1.18	1.01	0.95	0.85			1.01	0.95	0.88	
2 000			1.03	0.98	0.88			1.02	0.96	0.90	0.81
2 240			1.06	1.00	0.81			1.05	0.98	0.92	0.83
2 500			1.09	1.03	0.93			1.07	1.00	0.94	0.96

V 带传动具有下列特点：

①结构简单，适用于两轴中心距较大的传动场合（中心距比平带传动小）。

② V 带无接头，传动平稳、无噪声，能缓冲、吸振。

③过载时，V 带将会在带轮上打滑，可防止薄弱零件损坏，起到安全保护作用。

④V 带传动不能保证精确的传动比。

（2）V 带传动的选用。对于 V 带传动的选用，主要是要选定 V 带的型号、长度、根数及两带轮的直径、中心距等，而且速度、包角等都要在允许的范围内。

（3）V 带传动的正确使用。正确地调整、使用和维护是保证 V 带传动正常工作和延长V带寿命的有效措施。因此必须注意下列几点：

1）选用的V带型号和计算长度相符，以保证V带截面在轮槽中的正确位置。V带的外边缘应与带轮的轮缘取齐（新安装时可略高于轮缘），如图1—25a所示，这样，V带的工作面与轮槽的工作面才能充分接触。如果V带的外边缘高出轮缘太多，如图1—25b所示，则会使接触面积减小，传动能力降低。如果V带陷入轮缘太深，如图1—25c所示，则会使V带的底面与轮槽的底面接触，从而导致V带的两工作侧面接触不良，使V带与带轮之间的摩擦力减小。

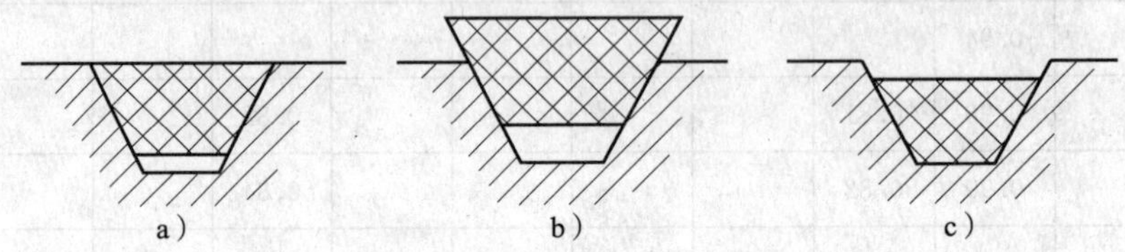

图1—25　V带在轮槽中的位置

a）正确　b），c）错误

2）两传动带轮的轮轴中心线应保持平行，主动轮和从动轮的对应轮槽必须调整在同一直线上，如图1—26a所示。图1—26b所示两传动带轮的轮轴中心线不平行或主、从动轮的对应轮槽不在同一直线上，安装不正确。

3）V带的张紧程度调整要适当。在生产实践中，往往可根据经验来调整V带的张紧程度，一般在中等中心距的情况下，V带的张紧程度以大拇指能按下15 mm左右即为合适，如图1—26c所示。

4）对V带传动应定期检查，及时调整。如发现有不能使用的V带，应及时更换，以免加重其他V带的负担。更换时，必须使一组V带中的各根带的实际长度尽量接近，以使每根V带传动时都受力均匀。

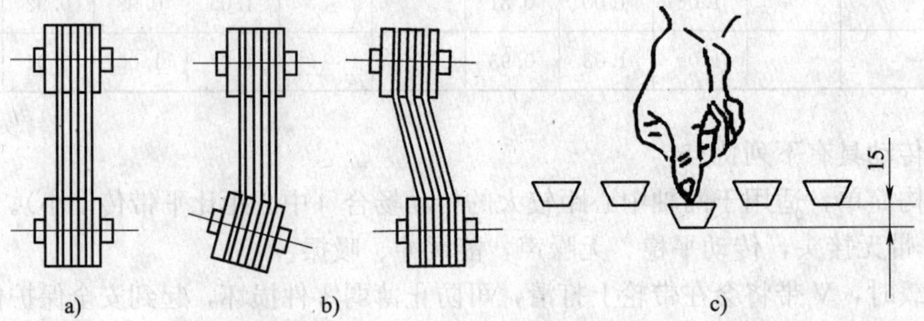

图1—26　带轮位置与张紧程度

a）两带轮位置正确　b）两带轮位置不正确　c）V带张紧程度

此外，V带传动装置还必须装安全防护罩。这样既可防止绞伤人，又可防止润滑油、冷却液和其他杂物等飞溅到V带上而影响传动。

二、链传动

1. 链传动的传动比和传动类型

（1）链传动及其传动比。链传动是由一个具有特殊齿形的主动链轮，通过链条带动另一个具有特殊齿形的从动链轮，以传递运动和动力的一套传动装置，它是由主动链轮、链条和从动链轮组成的。

设某链传动中，主动链轮的齿数为 z_1，从动链轮的齿数为 z_2，主动链轮每转过一个齿，链条就移动一个链节，主动轮转过 n_1 转时，其转过的齿数为 z_1n_1；而从动轮转过的转数为 n_2，转过的齿数为 z_2n_2，显然，两链轮转过的齿数应相等，即 $z_1n_1=z_2n_2$。

用 i_{12} 表示传动比，则 $i_{12}=n_1/n_2=z_2/z_1$。链传动的传动比，就是主动链轮的转速与从动链轮的转速之比，也等于两链轮齿数的反比。

（2）链传动的类型。链传动的类型很多，按用途不同，分为以下 3 类：

1）传动链。在一般机械中用来传递运动和动力。

2）起重链。用于起重机械中提升重物。

3）牵引链。用于运输机械驱动输送带等。

链传动中最常用的是套筒滚子链，如图 1—27所示。由内链板、外链板、销轴、套筒和滚子组成。销轴与外链板、套筒与内链板均采用过盈配合固定，而销轴与套筒、滚子与套筒之间则为间隙配合，这样，当链节屈伸时，内链板与外链板之间就能相对转动，套筒、滚子与销轴之间也可以自由转动。当链条与链轮进入或脱离啮合时，滚子可在链轮上滚动，两者之间主要是滚动摩擦，从而减少了链条和链轮轮齿的磨损。

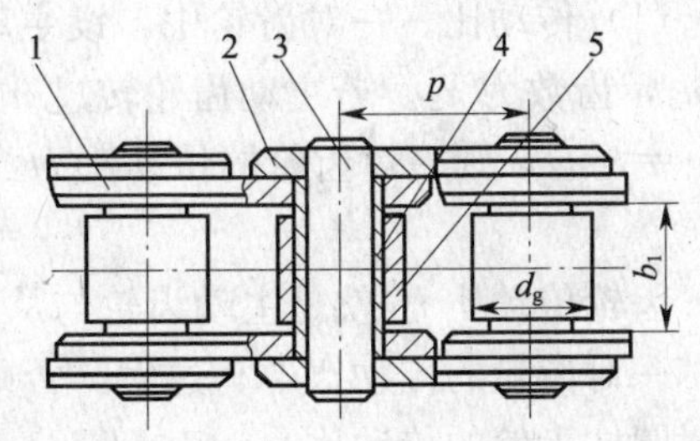

图 1—27 套筒滚子链

1—内链板 2—外链板 3—销轴 4—套筒 5—滚子

若要承受较大载荷，传递功率较大时，可用多排链，它相当于几个普通单排链彼此之间用销轴连接而成，其承载能力与排数成正比。为了避免受载不均匀，排数不能过多，常用双排链或三排链，四排以上的较少使用。

套筒滚子链已经标准化，使用时可查找有关标准。

2. 链传动的应用特点

当两轴平行、中心距较远、传递功率较大、平均传动比要求较准确，且不宜采用带传动和齿轮传动时，可采用链传动。

链传动一般控制传动比 $i_{12}\leqslant 6$，推荐采用 $i_{12}=2\sim3.5$，低速时 i_{12} 可达 10；两轴中心距 $a<5\sim6$ m，最大中心距可达 15 m；传递的功率 $P<100$ kW。

链传动与带传动、齿轮传动相比，具有下列特点：

（1）和齿轮传动比较，它可以在两轴中心距较远的情况下传递运动和动力。

（2）和带传动比较，它能保证准确的平均传动比，传递功率较大，且作用在轴和轴承上的力较小。

（3）能在低速、重载和高温条件下及尘土飞扬的不良环境中工作。

（4）传递效率较高，一般可达 0.95～0.97。

（5）链条的铰链磨损后，使得节距变大，容易造成脱落现象。

（6）安装和维护要求较高。

三、齿轮传动

1. 齿轮传动的应用特点

齿轮传动指的是由齿轮副组成的传递运动和动力的一套装置。所谓齿轮副是由两个相啮合的齿轮组成的基本机构，两齿轮轴线相对位置不变，并各绕其自身的轴线转动。

（1）传动比。一对齿轮中，设主动齿轮的转速为 n_1，齿数为 z_1，从动齿轮的转速为 n_2，齿数为 z_2。若主动齿轮转过 n_1 转，从动齿轮跟着转过 n_2 转，显然，转过的齿数 $z_1n_1=z_2n_2$，则一对齿轮的传动比为：

$$i_{12}=n_1/n_2=z_2/z_1$$

齿轮传动比 i_{12} 就是主动齿轮与从动齿轮转速（角速度）之比，且与其齿数成反比。

一对齿轮的传动比不宜过大，否则会使结构尺寸过大，不利于制造和安装。通常，一对圆柱齿轮的传动比 $i_{12}=5\sim8$，一对锥齿轮的传动比 $i_{12}=3\sim5$。

（2）应用特点。齿轮传动是现代机械传动中应用最广泛、最主要的一种传动，它广泛应用于农业机械、工程机械、矿山机械、冶金机械以及各类机床中。齿轮传动的特点如下：

1）能保证瞬时传动比恒定，平稳性较高，传递运动准确可靠。

2）传递的功率和速度范围较大。

3）结构紧凑、工作可靠，可实现较大的传动比。

4）传动效率高，使用寿命长。

5）齿轮的制造、安装要求较高。

（3）对齿轮传动的基本要求。用来传递运动和动力的齿轮，其啮合传动是比较复杂的运动过程。从传递运动和动力两方面来考虑，齿轮传动应满足以下两个基本要求：

1）传动平稳。要求齿轮在传动过程中，任何瞬时的传动比保持恒定不变。这样可以保持传动的平稳性，避免或减少传动中的噪声、冲击和振动。

2）承载能力强。要求齿轮的尺寸小，质量小，而承受载荷的能力强，也就是要求轮齿强度高，耐磨性好，寿命长。

2. 齿轮传动的常用类型

齿轮传动的种类很多，可以按不同方法进行分类。

(1) 根据齿轮传动轴的相对位置，可将齿轮传动分为两大类，即平面齿轮传动（两轴平行）与空间齿轮传动（两轴不平行），如图 1—28 所示。

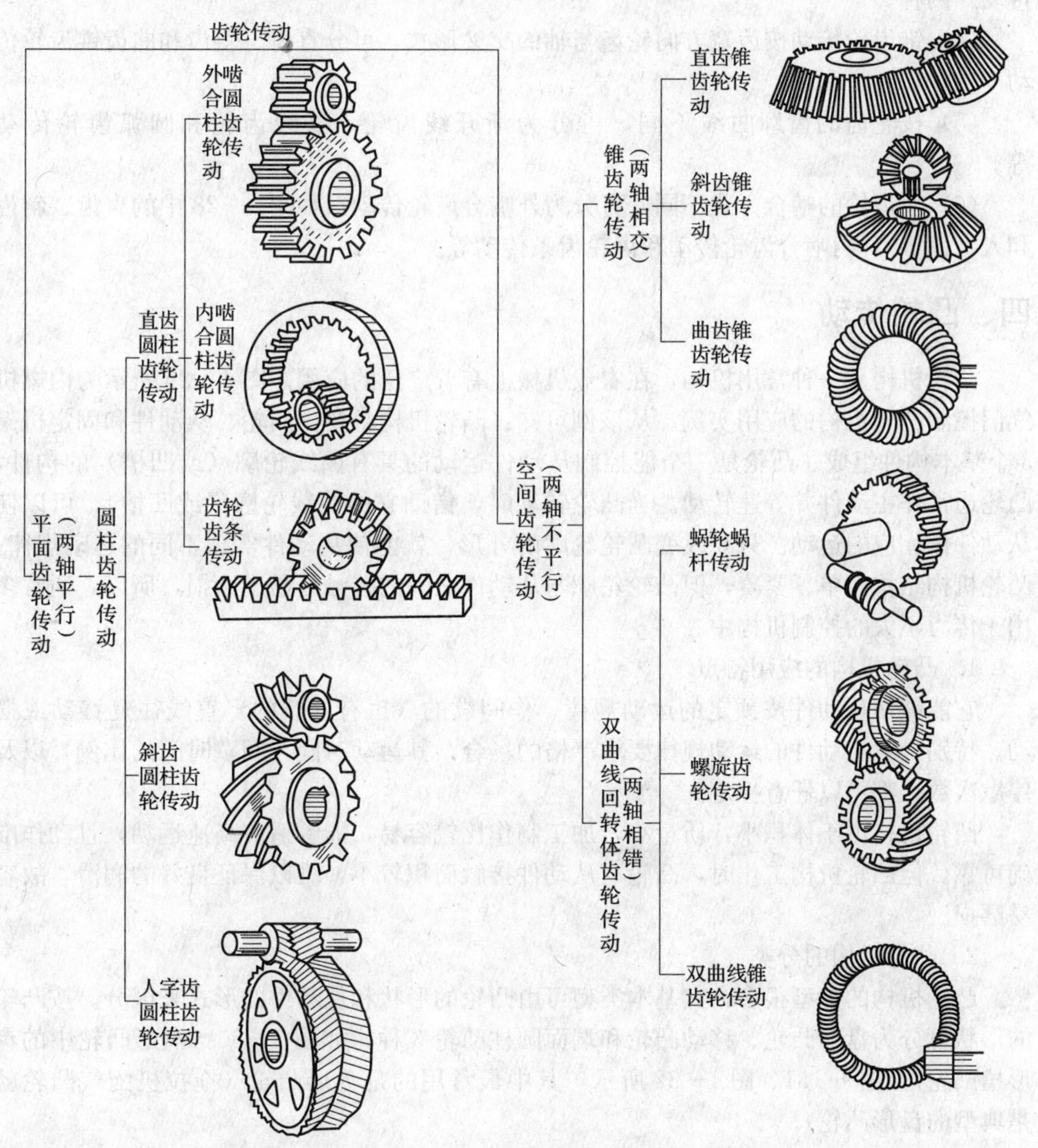

图 1—28　齿轮传动的分类

（2）按齿轮传动在工作时的圆周速度不同，可分为低速（$v<3$ m/s）传动、中速（$v=3\sim15$ m/s）传动、高速（$v>15$ m/s）传动 3 种。

（3）按齿轮传动的工作条件不同，可分为闭式齿轮传动（封闭在箱体内，并能保证良好润滑的齿轮传动）和开式齿轮传动（传动外露在空间中，不能保证良好润滑的齿轮传动）两种。

（4）锥齿轮传动按齿宽方向轮齿与轴的交叉形式，可分直齿、斜齿和曲齿锥齿轮传动 3 种。

（5）按轮齿的齿廓曲线不同，可分为渐开线齿轮、摆线齿轮和圆弧齿轮传动等。

（6）按齿轮的啮合方式不同，可分为外啮合齿轮传动（如图 1—28 中的直齿、斜齿和人字齿等）、内啮合齿轮传动和齿轮齿条传动等。

四、凸轮传动

单元 1

凸轮机构是一种常用机构，在农业机械上有着广泛的应用。图 1—29 所示为内燃机气门控制凸轮机构的应用实例。从该例可知：凸轮机构主要由凸轮、从动件和固定机架 3 个基本构件组成。凸轮是一个能控制从动件运动的具有曲线轮廓（或凹槽）的构件，凸轮通常作主动件并等速转动。当凸轮转动时，借助它的曲线轮廓（或凹槽），可以使从动件作相应的运动。只要改变凸轮轮廓的外形，就能使从动件实现不同的运动规律。凸轮机构结构简单、紧凑，但凸轮轮廓与从动件之间的接触处易于磨损，所以，通常多用于传力不大的控制机构中。

1. 凸轮机构的应用特点

它能够使从动件按预定的运动规律，作间歇的（也有连续的）直线往复移动或摆动。特别是对从动件的运动规律要求严格的场合，其运动时间与间歇时间的比例，以及停歇次数，都可以任意拟定。

凸轮机构由于体积小，质量小，加工制作比较容易，能够适应高速运动，且动作准确可靠。但凸轮机构工作时，凸轮与从动件接触面积较小，难以保证良好的润滑，故容易磨损。

2. 凸轮机构的分类

凸轮机构的类型很多，其基本类型可由凸轮的形状和从动件的形式来区分。按凸轮的形状可分为盘形凸轮、移动凸轮和端面圆柱凸轮 3 种，如图 1—30（盘形凸轮中的盘形槽凸轮）、图 1—31、图 1—32 所示，其中最常用的是盘形凸轮（拖拉机配气凸轮就是典型的盘形凸轮）。

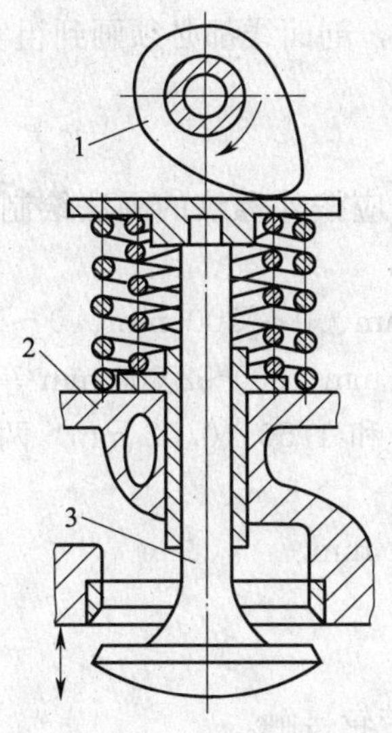

图 1—29　内燃机配气机构

1—凸轮　2—机架　3—从动件

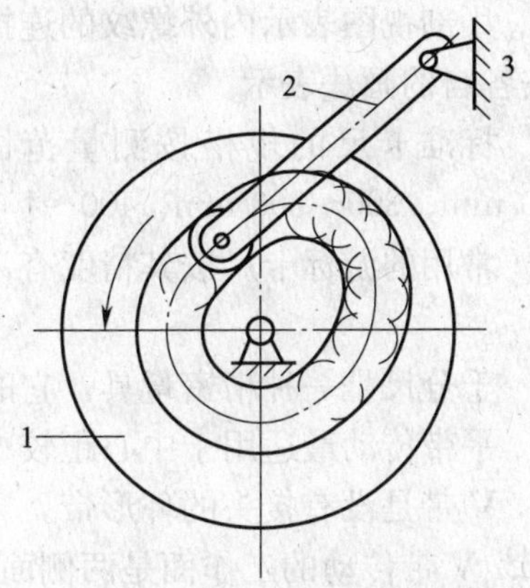

图 1—30　盘形槽凸轮

1—凸轮　2—从动件　3—机架

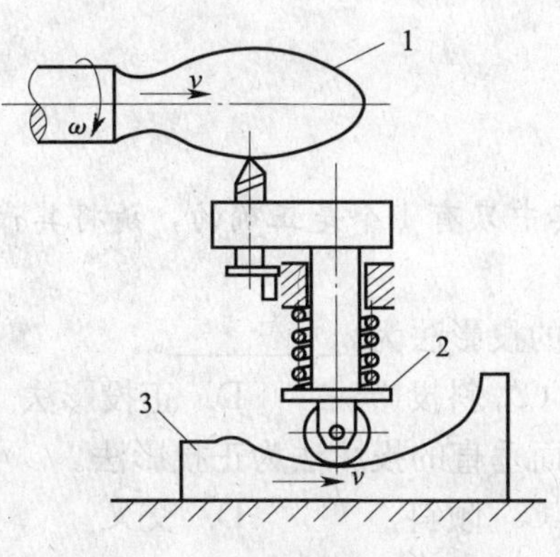

图 1—31　移动凸轮

1—工件　2—从动件　3—凸轮

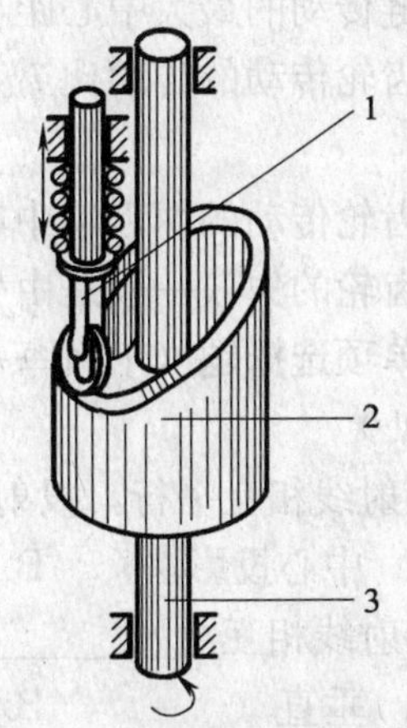

图 1—32　端面圆柱凸轮

1—从动件　2—凸轮　3—机架

单元测试题

一、判断题（下列判断，正确的请打“√”，错误的请打“×”）

1. 画螺纹时，螺纹的牙顶用细实线表示，牙底用粗实线表示。（　）

2. 无论画外螺纹或内螺纹，在剖视图或断面图中，剖面线都必须画到粗实线处。 （ ）

3. 完整螺纹的终止界线用细实线表示。 （ ）

4. 用剖视图表示内外螺纹的连接时，其旋合部分应按外螺纹的画法绘制，其余部分仍按各自的画法表示。 （ ）

5. 标准卡尺的规格按测量范围分为 0～125 mm、0～200 mm、0～300 mm、0～500 mm、300～800 mm、400～1 000 m、600～1500 mm、800～2 000 mm 等。（ ）

6. 常用的游标卡尺按其精度有 1/25（0.04 mm）和 1/50（0.02 mm）两种。 （ ）

7. 千分尺是一种精密量具，它的测量精度为 0.01 mm。 （ ）

8. 平带传动最适用于中心距较小的场合。 （ ）

9. V 带是没有接头的环形带。 （ ）

10. V 带传动的工作面是两侧面，其他面不应与带轮接触。 （ ）

11. V 带的中心距一定要能够调整。 （ ）

12. 链传动不宜在传动速度很低的场合工作。 （ ）

13. 链传动的最大中心距可达 15 m。 （ ）

14. 齿轮传动的传动比 i_{12} 就是主动齿轮与从动齿轮转速之比，与其齿数成反比。 （ ）

15. 齿轮传动的两齿轮中心线一定要平行。 （ ）

16. 齿轮的失效一般是由生锈造成的。 （ ）

二、单项选择题（下列每题有 4 个选项，其中只有 1 个是正确的，请将其代号填在横线空白处）

1. 投射线相互平行，投射线与投影面倾斜的投影法为__________。

A. 中心投影法 B. 平等投影法 C. 斜投影法 D. 正投影法

2. 投射线相互__________，投射线与投影面垂直的投影法为正投影法。

A. 垂直 B. 平行 C. 倾斜 D. 交叉

3. 投射线相交于一点的投影法为__________投影法。

A. 平行 B. 倾斜 C. 相交 D. 中心

4. 三视图的投影规律是：__________与俯视图长对正。

A. 左视图 B. 右视图 C. 仰视图 D. 主视图

5. 三视图的投影规律是：主视图与__________高平齐。

A. 左视图 B. 右视图 C. 俯视图 D. 仰视图

6. 三视图的投影规律是：__________与左视图宽相等。

A. 主视图 B. 俯视图 C. 仰视图 D. 右视图

7. 假想用剖切面剖开零件，将处在观察者和剖切面之间的部分移去，而将其余部分向投影面投影所得的图形为__________。

A. 断面图　B. 剖视图　C. 半剖视图　D. 全部视图

8. 剖视图可以分为__________、半剖视图和局部视图。

A. 旋转剖视图　B. 阶梯剖视图　C. 全剖视图　D. 移出剖视图

9. 假想用剖切平面将机件的某处切断，仅画出该剖切面与物体接触部分的图形，称为__________。

A. 局部视图　B. 剖视图　C. 立面图　D. 断面图

10. __________用于限定所注尺寸的范围。

A. 尺寸数字　B. 尺寸界线　C. 尺寸线　D. 轮廓线

11. __________用于表示所注尺寸的方向。

A. 尺寸线　B. 尺寸界线　C. 尺寸数字　D. 箭头

12. 零件的真实大小应以图样的__________为依据。

A. 图形大小　B. 绘图的准确性　C. 图形比例　D. 尺寸数字

13. 零件的每一尺寸应标注__________。

A. 一次　B. 两次　C. 三次　D. 四次

14. 零件图的主要内容包括__________、完整的尺寸、技术要求、标题栏。

A. 主视图　B. 剖视图　C. 断面图　D. 一组图形

15. 零件图的技术要求主要包括__________、尺寸公差、形状和位置公差、热处理要求等。

A. 加工方法　B. 材料性质　C. 材料成分　D. 表面粗糙度

16. 零件图是直接指导__________和检验零件的图样。

A. 选材　B. 制造　C. 装配　D. 试用

17. 零件图的__________用以说明零件的名称、材料、数量、图样比例、图号及有关设计描图、校对人员签名等。

A. 技术要求　B. 明细表　C. 标题栏　D. 图框

18. 游标卡尺是一种__________精度的量具。

A. 低　B. 中等　C. 高　D. 很高

19. 用一把__________可以直接量出工件的内径、外径、长度、宽度等。

A. 千分表　B. 千分尺　C. 钢直尺　D. 游标卡尺

20. 用游标卡尺测量工件时，毫米整数是在游标__________左面的尺身上读出的。

A. 零线　B. 刻线 1　C. 刻线 2　D. 刻线 3

21. 千分尺固定套筒上可读出的精度是__________mm。

A. 1　B. 0.5　C. 0.1　D. 0.05

22. 千分尺微分筒一圈被分为__________等分。

A. 10　　B. 50　　C. 100　　D. 150

23. 常用的带传动有平带和__________带传动。

A. 齿形　　B. V　　C. 同步　　D. 圆形

24. 我国生产的V带共分为__________种标准型号。

A. 三　　B. 五　　C. 七　　D. 九

25. 下列__________型V带的截面积最小。

A. Y　　B. B　　C. D　　D. F

26. V带的张紧程度一般以大拇指能按下__________mm左右为合适。

A. 8　　B. 10　　C. 13　　D. 15

27. V带张紧轮应安放在V带__________的内侧。

A. 紧边靠大轮　　B. 紧边靠小轮　　C. 松边靠大轮　　D，松边靠小轮

28. 链传动中最常用的是__________。

A. 齿形链　　B. 球形链　　C. 滚子链　　D. 锥销链

29. 链传动的传动比推荐采用__________。

A. 1～2　　B. 2～3.5　　C. 3～3.5　　D. 6～8

30. 通常，一对圆柱齿轮的传动比 i_{12} =__________。

A. 1～3　　B. 2～5　　C. 5～8　　D. 8～12

单元 1

三、多项选择题（下列每题有多个选项，其中至少有2个是正确的，请将其代号填在横线空白处）

1. 按断面图在视图中的配置位置不同可分为__________。

A. 复合断面图　　B. 重合断面图　　C. 移出断面图　　D. 混合断面图

2. 剖视图剖切机件的方法有__________。

A. 单一剖切面

B. 几个相互平行的剖切平面

C. 两相交的剖切平面

D. 组合的剖切平面

E. 平行于任何基本投影的剖切平面

3. 在零件图的标题栏内一般都列出零件的名称、材料、图号__________等，可大致了解零件的用途。

A. 数字　　B. 数量　　C. 质量

D. 比值　　E. 比例　　F. 尺寸

4. 看图时，首先找出主视图，了解视图与视图的关系，再根据主视图的______弄清各视图的表达意图。

A. 位置　　B. 地位　　C. 部位
D. 标号　　E. 标注　　F. 标记

5. 画单个齿轮时，__________用粗实线绘制。
A. 齿顶圆　　B. 齿根圆　　C. 分度圆
D. 齿顶线　　E. 齿根线　　F. 分度线

6. 画单个齿轮时，__________用细点画线绘制。
A. 齿顶圆　　B. 齿根圆　　C. 分度圆
D. 齿顶线　　E. 齿根线　　F. 分度线

7. 画单个齿轮时，__________用细实线绘制，也可省略不画。
A. 齿顶圆　　B. 齿根圆　　C. 分度圆
D. 齿顶线　　E. 齿根线　　F. 分度线

8. 平带传动的特点是__________。
A. 结构简单　　B. 适用于中心距较大的场合
C. 适应单向传动　　D. 可用于平行轴的交叉传动

9. 标准V带可分为__________两种。
A. 线绳结构　　B. 子午线结构　　C. 帘布结构　　D. 回形结构

10. 生产现场中使用最多的V带是__________型带。
A. Y　　B. A　　C. B　　D. C

11. 新V带在轮槽中的正确位置以V带外缘比带轮轮缘__________。
A. 稍高　　B. 平齐
C. 稍低　　D. 稍高、稍低或平齐均可

12. V带的张紧方式有__________。
A. 调整中心距　　B. 使用张紧轮　　C. 加热收缩　　D. 时效收缩

13. 按齿轮传动工作时的圆周速度不同可分为__________。
A. 低速　　B. 中速　　C. 高速　　D. 超高速

14. 齿轮传动应满足的基本要求是__________。
A. 无噪声　　B. 传动平稳　　C. 承载能力强　　D. 能频繁换向

单元1

单元测试题答案

一、判断题

1. ×　2. √　3. ×　4. √　5. √　6. ×　7. √　8. ×　9. √　10. √
11. ×　12. ×　13. √　14. √　15. ×　16. ×

二、单项选择题

1. C　2. B　3. D　4. D　5. A　6. B　7. B　8. C　9. D　10. B　11. A
12. D　13. A　14. D　15. D　16. B　17. C　18. B　19. D　20. A
21. B　22. B　23. B　24. C　25. A　26. D　27. C　28. C　29. B　30. C

三、多项选择题

1. BC　2. ABCD　3. BE　4. AE　5. AD　6. CF　7. BE　8. ABCD
9. AC　10. BCD　11. AB　12. AB　13. ABC　14. BC

第2单元

拖拉机驾驶与操作

第一节　拖拉机的行驶原理

→ 了解拖拉机行驶的基本原理及行驶作用力

→ 了解拖拉机阻力的影响因素

一、拖拉机的行驶原理

1. 轮式拖拉机的行驶原理

轮式拖拉机由两个前轮和两个后轮支撑在地面上，轮胎的花纹压入土壤中，当后轮（驱动轮）旋转时，给土壤一个向后的切向力，而土壤给驱动轮一个向前的反作用力（驱动力或牵引力），在这个反作用力的作用下，车轮克服了滚动阻力向前滚动，拖拉机便向前行驶。

2. 履带式拖拉机的行驶原理

履带式拖拉机是通过一条卷绕的履带支撑在地面上，整个拖拉机的质量通过履带板传给土壤，履带板上的抓地爪插进土壤里。当驱动轮转动时，将履带板从后方卷起，接触地面的那部分履带就给土壤一个向后的作用力，而土壤也给履带一个向前的反作用力，这就是推动履带式拖拉机前进的驱动力。驱动力通过履带传给驱动轮轴，再由驱动轮轴，通过机体传到支重轮上，使其克服阻力在履带上滚动，驱使拖拉机向前行驶。

二、行驶作用力

1. 驱动力

驱动力是地面作用在驱动轮上驱使拖拉机行驶的力，驱动力的作用方向与拖拉机的行驶方向相同。

驱动力的产生：发动机输出的转矩经传动系传至驱动轮，对地面产生一个切向作用力，地面对驱动轮产生一个与拖拉机行驶方向一致的切向反作用力，这就是驱动轮的驱动力，如图 2—1 所示。设某发动机输出的转矩为 T_e（N·m），拖拉机在该挡下的总传动比为 i_o，如果传动系的机械效率为 η_T，则传到驱动轮上的转矩为

$$T_t = T_e i_o \eta_T$$

设车轮的动力半径为 r_a，则车轮对地面作用的圆周力为

$$F = \frac{T_t}{r_a} = \frac{T_e i_o \eta_T}{r_a}$$

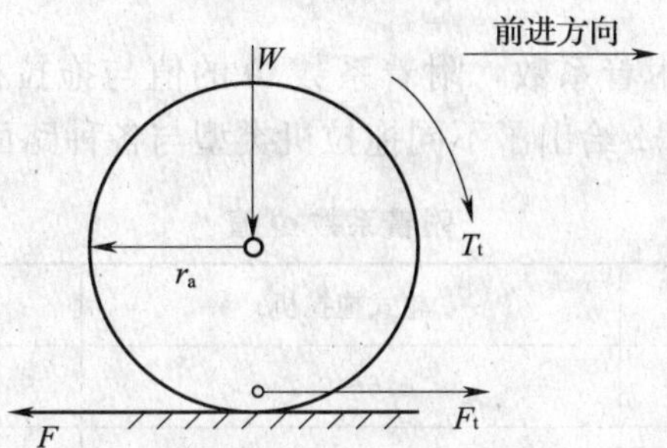

图 2—1　驱动轮的驱动力

由于轮胎和路面的变形，对于不同的情况，使用的车轮半径应不同，进行力学计算时应使用动力半径 r_a，进行运动学计算时应使用滚动半径 r_r。车轮处于无载时的半径称为自由半径，在车重的作用下，车轮中心至路面与轮胎接触面间的距离称为静力半径。在粗略分析时，不计它们之间的差别，统称为车轮半径 r，于是上式可以写成

$$F = \frac{T_t}{r_a} = \frac{T_e i_o \eta_T}{r}$$

根据牛顿第三定律，地面给车轮的切向反作用力 F_t（驱动力）与 F 大小相同，方向相反，如图 2—1 所示。为了清楚地表明 F_t与 F 是分别作用在地面和车轮上，图中有意未把 F 和 F_t画在同一直线上，即驱动力的计算公式为

$$F_t = F = \frac{T_t}{r_a} = \frac{T_e i_o \eta_T}{r}$$

由上式可知，驱动力 F_t随发动机的转矩 T_e的增大而增大，当发动机的转矩达到最大值 T_{emax}时，驱动力也达到最大驱动值 F_{tmax}，即

$$F_{tmax} = \frac{T_{emax} i_o \eta_T}{r}$$

2. 附着力和附着系数

从驱动力的计算公式似乎可以得出结论，驱动力 F_t与发动机转矩 T_e成正比，但实际上 F_t不能随 T_e无限制地增大，驱动力的极限值还受到轮胎（履带）与路面的附着情况的影响。在容易打滑的路面上，即使是加大油门，也会出现驱动力过小，车轮打滑，拖拉机不能前进的现象。

地面对轮胎的切向反作用力的极限值，称为附着力 F_Φ，地面给驱动轮提供的驱动力的最大值（最大附着力）受到附着力的限制，就是说

$$F_{tmax} \leqslant F_\Phi$$

根据试验，在硬路面上附着力的大小与附着系数 Φ、作用力 F 成正比

$$F_{\Phi}=\Phi F$$

或者

$$\Phi=\frac{F_{\Phi}}{F}$$

Φ是车轮与路面间的附着系数，附着系数Φ的值与拖拉机类型、路面类型、路面干湿度状况等有关，表 2—1 给出了不同拖拉机类型与各种路面状况的附着系数值。

表 2—1　附着系数Φ值

道路与田地状况	轮式拖拉机	履带式拖拉机
熟荒地、生荒地、干土地	0.6～0.7	1.0～1.2
割后地	0.6	0.8～1
耕后地	0.4～0.6	0.6～0.8
中耕后地	0.4～0.6	0.6～0.7
雨后已耕地	0.3	0.4～0.6
深泥泞路	0.1	0.6～0.5
压实的雪道	0.2～0.3	0.6～0.7
结冰路面	0.08～0.15	
水泥路	0.65	
柏油路	0.75	

从表中可以看出，轮式拖拉机的附着系数值低于履带式拖拉机的附着系数值。如果路面泥泞，附着系数显著降低；结冰路面附着系数极低，这将使制动距离大大延长，起步时会出现滑转现象。下雨路面湿滑，也会出现上述类似情况。

3. 拖拉机的阻力

（1）拖拉机的滚动阻力。拖拉机在运动过程中，其行走装置要对土壤进行挤压和剪切，土壤变形将产生阻力。对于轮式拖拉机，由于轮胎的变形、轴承的摩擦；对于履带式拖拉机，由于各轮子轴承的摩擦，轮子与链轨以及链轨板与轴销之间的摩擦，都将产生阻力。拖拉机自身移动时由行走装置产生的这些阻力总称为滚动阻力。

拖拉机滚动阻力的大小与拖拉机的质量、行走装置的形式，以及土壤的类型、湿度、地表状态等因素有关，此外还和拖拉机有关部分的调整保养有关。

拖拉机滚动阻力一般可按下式计算

$$P_{\mathrm{f}}=fmg$$

式中　P_{f}——拖拉机滚动阻力，N；

m——拖拉机的使用质量，kg；

g——重力加速度，m/s^2，常取 $9.8\ m/s^2$；

f——滚动阻力系数。

由上式可知，拖拉机的滚动阻力与拖拉机的质量及滚动阻力系数成正比。即，当其他条件相同，而滚动阻力系数一定时，拖拉机越重，滚动阻力越大。

各种行走装置在不同土壤条件下的滚动阻力系数见表 2—2。

表 2—2 **滚动阻力系数 f 值**

田地与道路状况	轮式拖拉机	履带式拖拉机
生荒地	0.05～0.07	0.06～0.07
割后地	0.08～0.10	0.07～0.08
耕后地	0.12～0.18	0.08～0.09
耙后地	0.16～0.18	0.08～0.10
中耕后地	0.16～0.18	0.08～0.10
深泥泞地	0.25～0.30	0.10～0.25
深雪地	0.23～0.30	0.09～0.22
压实的雪道	0.03	0.06
干土地	0.03～0.05	0.05～0.07
柏油路	0.04	
水泥路	0.03	

滚动阻力系数受土壤水分的影响很大，因为土壤含水量大时，土壤变得湿软，使拖拉机轮辙较深，不仅破坏了土壤结构，而且增大了滚动阻力系数。

轮胎气压对滚动阻力系数也有影响，轮式拖拉机在松软路面上工作时，轮胎气压可以稍低些，这样轮胎变形增大，与地面的接触面积增加，轮辙深度减小，使滚动阻力系数减小，附着性能也较好。而在坚硬、光滑路面上，轮胎不下陷，因而可适当提高轮胎气压以减小滚动阻力系数，但轮胎气压的增减要适当，否则将降低轮胎使用寿命。

履带紧度对滚动阻力也有影响，当拖拉机以较低速度工作时，履带紧度应小些，这样可以减小连接处的摩擦，当行驶速度较高时，履带紧度应稍大些，否则，将由于履带跳动加剧，而使滚动阻力增加。

拖拉机在起伏不平的地面上行驶时，滚动阻力将增加，轮式拖拉机尤为显著。

（2）拖拉机的坡度阻力。拖拉机在坡地上沿纵坡工作时，其重力可分解为两个力，即垂直于坡面的重力分力和平行于坡面的重力分力，如图 2—2 所示。

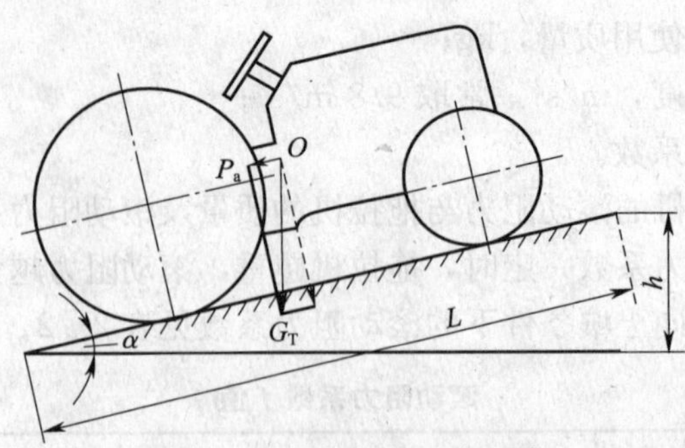

图 2—2　拖拉机的坡度阻力

平行于坡面的重力分力（P_a）称为拖拉机的坡度阻力，显然，坡度阻力具有正负，上坡时为附加的阻力，取正号，下坡时为附加的推力，取负号。坡度阻力可用下式表示

$$P_a = \pm G_T \sin\alpha$$

式中　P_a——拖拉机的坡度阻力，N；

G_T——拖拉机的使用重力，N；

α——地面坡度角。

为便于计算，可用坡高 h 与坡面长 L 的比值 i 代替 $\sin\alpha$ 表示坡度，于是

$$P_a = G_T i$$

$$i = \frac{h}{L}$$

坡度值 i 近似地按每 1°坡度为 1.74%计算，如坡度角 $\alpha=5°$，则 $i=1.74\%\times5=8.7\%$。

当拖拉机在坡地上沿纵坡作业或在坡道上行驶时，必须考虑坡度阻力的影响。尤其是当拖拉机在坡道上运输时，上坡阻力会使总牵引力减小，同时，载重拖车也将产生附加阻力。因此，拖拉机运输机组上坡时应选择低速挡驶过坡道，并且不应在坡上换挡，以免发生危险。当机组下坡时，严禁用空挡滑行，确保行车安全。

单元 2

第二节　拖拉机打滑率及侧滑

→ 了解拖拉机打滑、侧滑的概念、产生条件及防护措施

→ 掌握拖拉机反向操作的方法

一、打滑率

拖拉机在实际作业中，由于土壤受力后要变形，土壤和驱动装置间将产生相对滑动，

所以使得拖拉机的实际速度 v_p 比理论速度 v_t 低。驱动装置的滑转程度可用打滑率来衡量，打滑率用 δ 来表示，它等于驱动装置因打滑而损失的速度（$v_t - v_p$）与理论速度 v_t 的比值。

即

$$\delta = \frac{v_t - v_p}{v_t} = 1 - \frac{v_p}{v_t}$$

拖拉机的打滑率可用简易方法测定。假定拖拉机空载时，其驱动装置没有打滑，打滑率可按下式计算

$$\delta = \frac{n_\omega - n_i}{n_\omega} \times 100\%$$

式中 δ——拖拉机的打滑率；

n_ω——拖拉机有负载走完某一段路程时驱动轮的转数；

n_i——拖拉机空载时走完同一段路程时驱动轮的转数。

试验结果表明，影响打滑率的主要因素有：拖拉机驱动装置的结构、土壤的种类和状态、驱动装置上的载荷（附着质量）和拖拉机的牵引阻力等。具体情况如下所述：

1. 轮式拖拉机驱动装置的打滑率比履带式拖拉机驱动装置的打滑率大，这是因为土壤受轮胎切线作用力的面积小于受链轨切线作用力的面积。

2. 土壤越松软，打滑率越大。这是因为土壤越松软，在其受同样大小的应力时，应变越大。

3. 在一般土壤条件下，质量大的拖拉机打滑率较小。

4. 拖拉机挂钩上的负载越大，打滑率越大。在松软土壤上，随着拖拉机挂钩上负载的增加，打滑率增大的速度，比在坚实土壤上要快。

5. 拖拉机切向力 P_t（轮胎对地面向后的水平作用力）越大，打滑率 δ 越大，如图 2—3 所示。这是一个由量变到质变的过程，当切向力在一定范围时，打滑率随切向力的增加而缓慢地增加；但切向力超过一定限度之后，随着切向力的增加，打滑率将迅速增加，以致驱动装置完全滑转，拖拉机不能前进。

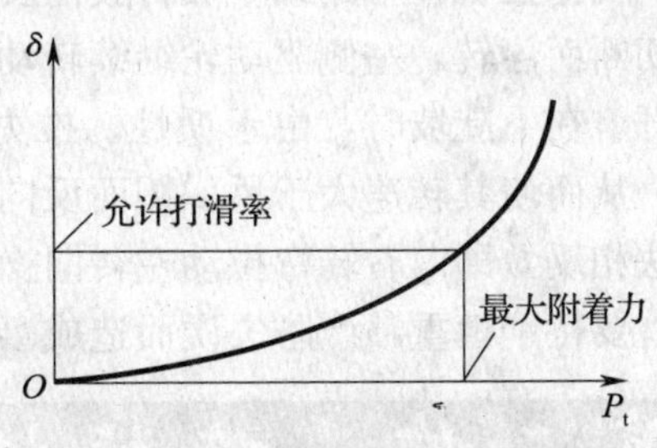

图 2—3 拖拉机打滑率随切向力变化的情况

已知某负载下的打滑率，即可求出拖拉机的实际工作速度

$$v_p = v_t(1-\delta) = v_t \eta_\sigma$$

式中 v_p——拖拉机的实际工作速度，km/h；

v_t——拖拉机的理论速度，km/h；

η_σ——拖拉机的打滑效率。

二、侧滑

拖拉机在紧急制动时，如果一轴的两个车轮均抱死，车轮就会在地面上完全滑动，这时，如果受到轻微的侧向力（道路横坡引起的侧向力）的作用，车辆就会横向滑动，称为侧滑。制动时发生侧滑会对拖拉机的稳定性带来极为不利的影响，特别是高速行驶的拖拉机发生后轴侧滑会引起拖拉机剧烈的回转运动，如遇冰雪道路，严重时会造成拖拉机原地调头或翻车事故。

在驾驶操作时，如果能使制动鼓保持在接近抱死，而又未抱死的状态，可获得最大的制动力，则不发生侧滑，这种状态可通过迅速交替地踏下和放松制动踏板来实现。在紧急制动时，如能急速踏下制动踏板，可缩短制动系的协调时间，从而缩短制动距离。但在滑溜路面上，不可猛烈踩制动踏板，因为这种路面附着力小，若制动力过大而超过附着极限，将引起制动侧滑。

三、反向操作法

反向操作法是指装有转向离合器的拖拉机（履带式或手扶拖拉机）在下陡坡时，其转向操作方法与在平路时的操作方法相反的一种操作方法。装有转向离合器的拖拉机，其转向原理是利用改变发动机传给两边驱动轮的驱动力矩，使两驱动轮具有不同的驱动力而造成不同的转向力矩而实现转向的。

当拖拉机在平路或上坡行驶需要右转弯时，可拉动右转向操纵杆，则右驱动轮动力被切断而停转，左侧驱动轮继续转动，使拖拉机向右转弯；左转弯时，则拉动左转向操纵杆。在下陡坡时，由于惯性、推力较大，如果将某侧动力切断，将使其失控加速溜转，从而使其转速大于另一侧而反向转弯。因此在操作时，要与在平路或上坡时的操作方法相反，即向右转弯拉动左转向操纵杆，向左转弯拉动右转向操纵杆。下陡坡时，操作者要特别慎重，严防失误而造成事故。

第三节 拖拉机在特殊条件下的驾驶

→ 掌握拖拉机在特殊道路条件下的操作要点及注意事项

→ 掌握拖拉机在特殊天气条件下的操作要点及注意事项

拖拉机驾驶要考虑拖拉机的行驶稳定性。拖拉机的行驶稳定性是指拖拉机遵循驾驶员所指定的方向行驶，以及在各种行驶条件下抗倾翻和抗滑移的能力。只有拖拉机具备了良好的行驶稳定性，才能保证其他使用性能得到充分利用，才有可能提高行驶速度。

拖拉机的倾翻和滑移可能是横向的，也可能是纵向的。根据其方向不同，拖拉机的行驶稳定性可分为纵向稳定性和横向稳定性。

拖拉机的纵向行驶稳定性是指拖拉机在纵向坡道上行驶时抗倾翻和滑移的能力。拖拉机抗侧向翻倾和侧滑的能力称为横向稳定性，拖拉机的横向稳定性可通过降低拖拉机的质心高度和加大轮距来提高。

一、特殊道路条件下的操作要点和注意事项

1. 拖拉机在泥泞、沼泽地面上行驶

拖拉机在泥泞、沼泽、翻浆路上行驶的最大特点是附着性能差，行走装置的滑转易使拖拉机操纵失灵或产生侧滑，下陷也会给行车安全造成很大威胁，因此驾驶员必须给予足够的重视。

（1）驾驶操作方法

1）选择行驶路线

①选择比较平整或泥泞层较浅的路面行驶。有拱度的路面，尽可能骑路行驶，路面如已形成车辙，可循车辙前进。

②有积水的路，因看不清水下的情况，容易陷车，应尽量避开。

③发现路面有土堆或坑洼时，应当细心判断，提防底盘碰擦或车轮陷落。倘要绕行，也要核实所选路线的通过条件，确认安全可靠后，方可前进。

2）保持均匀车速

①正确估计前方道路的泥泞程度和行驶阻力，提早切换到所需挡位以保持足够的动力。中途避免换挡，如需换挡，要做到动作敏捷，联动平稳，换挡时机相应提前。

②尽量避免停车。泥泞路上起步比较困难，起步时离合器一定要缓缓轻抬，有时可选择较高挡位起步，以防驱动轮打滑、空转。

③均匀行驶，附着力比较稳定，能减少打滑；车速不宜过高，以防打滑。

3）缓和地操纵转向盘。行进中应尽可能保持直线行驶，需要靠边时应先在路中减速或换入低速挡，逐渐地驶向路边。转弯时也需提前减速，缓和地调整所需的转向角度，切不可猛转转向盘，以免引起严重的侧滑而发生事故。

4）尽量避免制动。泥泞路上的减速，无论是平路、下坡还是直道或弯道，应以利用发动机的牵阻作用为主，脚制动要慎用，因为在泥泞溜滑的路面上制动，制动力很容易超过附着力，车轮会被迅速“抱死”，产生滑动，加上各车轮的制动效果不可能完全一致，难免产生侧滑，紧急制动时尤其明显。万一发生制动引起的整车滑移时，要迅速放松制动踏板，并稳住方向。

（2）克服驱动轮打滑空转的措施。行驶中遇驱动轮打滑空转，可将车稍向后退，然

后利用冲力或改变车轮滚压的位置，便有可能通过，如此法无效，可采用以下方法：

1）在驱动轮上缠绕绳索。

2）除去坚实路面上的浮泥和驱动轮轮胎面上的泥土。

3）在打滑路面上铺一层碎石、沙子或柴草之类的东西。

4）情况严重时须将打滑空转的车轮架空，在车轮下作好铺垫。

2. 拖拉机的涉水驾驶

驾驶拖拉机涉水时，车轮附着力较小，加之受到水的浮力和流水冲力，车轮容易打滑空转和产生侧向滑移；倘若水底坎坷不平，还将遇到忽大忽小的行驶阻力；此外，流水中道路的倒影，易使驾驶员产生错觉。为此，应当做好涉水前的准备工作，涉水驾驶时谨慎操作，涉水后仔细检查，确保安全行驶。

（1）涉水前的准备。涉水前，要查清水的深度、流速、流向和水底路面的情况（泥沙或石底等），以及拖拉机上岸、下岸的条件。在雨季结束，还需了解上游洪汛情况。如能通过，应结合所驾驶拖拉机的结构，确定涉水路线。如水面较宽，须设标记，也可在对岸选定某一固定物作为定向目标。涉水路线应以捷径为原则，如流速过急，则应以顺水流方向斜线通过为宜。

如果水深超过拖拉机的最大涉水深度，要对油箱、机油尺孔和变速器、后桥、通气孔进行保护。

（2）涉水驾驶的操作方法。涉水时，应用低速挡平稳地驶入水中，防止水花溅入发动机部分。行驶时，应保持足够的动力，避免途中变速、停车和急转向，要一气通过。如发现车轮空转时，应立即停车，不可勉强进退，同时切勿使发动机熄火，用人力或其他车辆向前或向后拖拽出，以防越陷越深。

如多辆车涉水，不应同时下水，要待前面的车通过后，其余的车方可依次通过。

行进中，驾驶员要着眼于固定目标，不可注视流水，以免视觉错乱，导致方向失控。

（3）涉水后的检查。驾驶拖拉机涉水后，应选择空阔的地方停车，卸除防水设备，将机件恢复原状，擦干电气受潮部分；检查散热器、底盘、轮胎有无异物，曲轴箱有无进水。如一切正常，先用低速挡行驶一段路程，并轻轻踏踩制动踏板，让制动蹄片和制动鼓发生摩擦，使水分受热蒸发，待制动效能恢复后，再正常行驶。

3. 拖拉机在坡地上的驾驶

拖拉机在坡地上工作主要有上坡、下坡和横坡 3 种情况。

（1）上坡。当驾驶拖拉机上坡时，如坡度较大，拖拉机重心的作用线超出行走装置支撑面后边缘时，拖拉机将在本身重力的作用下向后翻倾。因此，不要驾驶拖拉机上过陡的坡。当驾驶悬挂农具、处于运输状态的拖拉机上坡时，更应特别注意，防止向后翻倾。驾驶轮式拖拉机上坡时，驱动轮可能因各种原因停止运转，这时，为防止翻倾，不能采用猛接离合器、加大“油门”的操作方法，而应在拖拉机前轮上增加配重，以改善稳定性。当驾驶悬挂农具的拖拉机上坡时，可以利用倒挡行驶上坡。如发现拖拉机前轮离开地面向上抬起，应迅速分离离合器，靠其自重使前轮压回地面，同时注意制动，防止下滑。

（2）下坡。下坡与上坡情况类似，不同的是拖拉机可能向前翻倾。这时，应注意挂低速挡慢行，严禁空挡滑坡、下坡换挡、高速时紧急制动等。下坡速度过快、惯性大，或遇障碍及紧急制动时，极易翻车，而且，还可能因操纵不及时发生撞人、撞车、掉沟等事故。另外，驾驶装有转向离合器的拖拉机（履带式或手扶拖拉机）下坡时，应注意采用反向操作法。

（3）横坡。拖拉机在横坡上行驶也存在翻车的危险，还可能产生侧向滑动，影响作业质量。为防止拖拉机在横坡上工作时发生翻车事故和侧滑，应尽量避免在坡度较大的坡地上工作，必须作业时，应放宽左右轮距，以提高稳定性；要注意挂低速挡慢速行驶，以免遇到障碍突然颠动，失去平衡而翻车；转向时，应注意不向上坡方向转弯，在地头转向时，不要急速提升悬挂农具，以免重心改变而翻车。此外，还应注意使拖拉机处于良好的技术状态，如正确的润滑油位（保持上限）、充足的燃油量、转向机构的正确调整和工作可靠性、履带的张紧度（以免转弯中脱轨）等。

二、特殊天气条件下的操作要点和注意事项

1. 雨天驾驶

行驶中若遇到将要下雨的天气，应及时做好刮水器的检查工作，并检查制动装置的技术状态。

雨中驾驶拖拉机应减低车速，勤按喇叭，若行驶在渣油路面、泥泞路面或有油迹的路面上，极易发生溜滑，应提高警惕，按打滑路面行车的操作方法，谨慎驾驶。

遇到久雨天气，要考虑到路基可能疏松和出现坍塌，所以要选择安全路面行驶。在傍山路、堤路或沿河道路上，不宜靠边行驶或停车。超车、交会时，更须注意防止路肩坍塌造成翻车事故。

遇到特大暴雨，视线不清时，不要冒险行驶，应选择安全位置停车，并开亮小灯引起来车注意。

遇到道路积水，应减速行驶，礼让行人，不可高速通过，防止污水飞溅和车辆“滑水”失控。

2. 雾天驾驶

雾中驾驶时，应根据视线远近，适当减低车速，白天也要开亮防雾灯或近光灯。行驶中要多鸣笛，以引起行人、车辆的注意。

听到来车喇叭声，应鸣笛反应，会车时要明、灭灯光示意，以免眩目而撞车，要避

免超车。

雾重实在不能行驶时，应开亮示宽灯，紧靠路边暂停。

3. 高温天气驾驶

（1）注意柴油机熄火时的温度。随时注意柴油机的工作温度，若温度接近 100℃，应在阴凉处停车休息，使柴油机慢速运转降温，待温度下降后再熄火，切勿在高温时熄火，防止损伤气缸壁、活塞和活塞环。

（2）注意冷却部件的使用效能。经常清除冷却系统的散热器和机油散热器上的尘土和杂物，检查、调整水泵驱动传动带的紧度，以利于发挥其效能。经常检查风扇的作用，保证其有良好的散热效能。

（3）注意轮胎气压。根据环境气温定期检查轮胎气压，以防爆胎。如发现气压过高，应将车停于阴凉处降温，待气压恢复正常后再继续行驶。绝不允许用放气的方法来降低轮胎气压，因为轮胎放气后变形大，内部摩擦生热增加，其温度和气压将再次升高，容易使轮胎损坏。

（4）注意在特殊路面上的行驶。在高温下的沥青路面上行驶切勿粗心大意，由于沥青在高温下变软，加之轮胎表面的橡胶温度也较高，在这种情况下行车容易产生侧滑，影响拖拉机的安全行驶。因此，车辆行驶中切勿猛转转向盘或紧急制动。若须立即停车，可将一边车轮压于路边干燥处，再慢踩制动踏板，使拖拉机安全平稳地停下。

（5）注意电源的使用。将蓄电池电解液密度调至适合夏季气温的规定标准，并经常检查液面高度，及时添加蒸馏水至规定标准。

（6）注意润滑油的更换。应使用符合夏季气温的润滑油，以免因高温而使润滑油黏度过低，造成柴油机润滑系统供油不足和不易形成油膜而增加柴油机的磨损。

第四节　拖拉机在寒冷天气条件下使用

→ 掌握拖拉机在寒冷天气条件下的操作要点及注意事项

→ 掌握拖拉机预热、保温、防滑的基本措施

冬季，拖拉机工作条件随气温下降会变得恶化、复杂，必须采取相应的措施保护。

入冬前应对拖拉机做一次全面技术保养，特别要注意燃油系、润滑系、变速器和后桥部位的清洗。

一、冬季出车

冬季使用拖拉机时，在入冬前要准备好冬季用的燃油、机油、齿轮油、润滑脂、电液和冷却水。

1. 入冬维护

入冬后，要对拖拉机进行一次全面保养，对拖拉机的各个部位进行彻底的清洗、调整和润滑。特别是外部易松螺栓（轮胎和转向机构部分）必须拧紧，同时要检查开口销有无折断和丢失、制动是否灵敏、拖拉机和拖车之间的钢线绳和保险键是否连接可靠、拖车箱板是否扣紧等。

2. 选用冬季用柴油和润滑油

冬季选用的燃油，其凝点应低于最低气温 3～5℃。一般，北方各地冬季最低气温在－20℃左右，可选用－10 号、－20 号柴油，东北、西北严冬时气温最低可达－27℃以下，可选用－35 号柴油。冬季要选用黏度较小的机油做润滑油，对于不同的机型，所用的机油规格也不相同。

（1）手扶拖拉机。曲轴箱、传动箱和犁刀传动箱一般选用 CC 级柴油机油。在北方，冬季（每年 10 月至次年 3 月）选用 10 W 或 20 W 级号柴油机油；而在南方，冬季可选用 20 W 级号柴油机油，也可选用在全国范围内均可使用的 10 W－30 通用油。变速箱冬季选用 75 W 车辆齿轮油（GL－3 或 GL－4），也可使用 75 W－90 冬夏通用车辆齿轮油。各轴承、螺杆、油封等可使用 2 号或 3 号钙基脂或合成钙基脂。

（2）轮式拖拉机。发动机使用 CC 或 CD（增压型）级柴油机油。在北方，冬季选用 20 W 级号柴油机油，在南方，冬季选用 25 W 级号柴油机油，也可选用全国全年通用的 10 W－30 多级柴油机油。

（3）履带式拖拉机。曲轴箱、调速器、支重轮轴承、托带轮和导向轮轴承等选用 CC 或 CD（增压型）级柴油机油。在北方，冬季选用 10 W 级号柴油机油，在南方，冬季选用 20 W 级号柴油机油，也可选用全国全年通用的 15 W－30 多级柴油机油。变速箱、后桥传动装置一般应用 GL－3 或 GL－5 车辆齿轮油，在北方，冬季用 75 W 或 80 W级号齿轮油，也可选用全年通用的 80 W－90 多级齿轮油。离合器各轴承、减速器主动轴前轴承、制动器杠杆轴、张紧轮、轴衬套等润滑点选用 2 号或 3 号钙基或复合钙基脂，或选用通用的多效锂基脂。

3. 冷却水中加防冻液

为了适应行车需要，可在冷却水中加防冻液，目前使用较普遍的防冻液有“防冻液－40℃”。由于防冻液的膨胀系数较大，所以冷却水不能加得太满。

4. 选用低温蓄电池

对于大中型拖拉机，冬季最好选用低温蓄电池，因为低温蓄电池在－23℃时仍能保持80%的电液容量，可以保证拖拉机在低温时具有良好的起动性能。但使用时应注意电解液的密度，最好控制在1.28～1.31 g/cm³，如果放电程度超过25%，必须进行补充充电。蓄电池的液面应高出极板10～15 mm，如果液面下降，可在拖拉机工作时，在发动机向蓄电池充电的情况下补充蒸馏水，这样可使蒸馏水与电解液很快混合，防止水冻现象的发生。

二、起动

1. 预热发动机

柴油机冷车起动性能差，在外界气温为10℃左右时就会感到起动困难。因此冬季起动前，可先在冷却水箱中加入90～95℃的热水，使发动机预热。在做好预热准备后，还要充分利用柴油机的起动辅助设备，如减压机构、起动加浓装置、电热塞、起动液喷射器、火焰加热器等，当发动机预热到一定温度时，立即起动，争取一次成功。

2. 起动发动机

冬季起动发动机时，接合电起动机的时间不得超过5 s，如果一次起动不了，必须间隔2～3 min以后再起动。如果两次起动不了，应检查原因，排除故障后再起动。接二连三地起动或长时间的接合起动机，会造成蓄电池因过量放电而提早报废。

3. 全面检查

拖拉机起动后，应检查电压、油温、水温和有无漏水、漏气、漏油现象，检查车灯、喇叭、电流表有无损坏，倾听发动机的声音有无异常。

4. 正确起动拖拉机

禁止采用“车拉起动”和“溜车起动”等方法起动拖拉机。

三、运行中

1. 起步

拖拉机起步前，先要看清前后、左右、上下和车与农具之间有无人员和障碍后，再鸣笛“轰油”，表示拖拉机将要开动，然后再缓缓起步。

2. 工作中保持正常水温

冬季开车，要特别注意发动机的冷热状况，起动后，要空载加热发动机，转速不要太高，待水温达到40℃以上时，方可起步行驶，水温达到50～60℃或以上时，再进行负载作业。工作中应保持正常水温，即保持水温在75～95℃，如外部气温过低，可利用节温器、保温帘、保温套、百叶窗和风扇离合器及时运行调节。

3. 运行注意事项

在路面结冰和积雪的情况下，行车容易打滑，要适当控制车速，减速行驶。拖拉机必须有良好的制动装置，不要超载、急转弯，不要溜坡滑行。不要在冰河上长时间停车，为了改善附着性能，拖拉机履带可比夏天放松一些，轮式拖拉机可在驱动轮上增加配重，并稍稍降低轮胎气压。

4. 驾驶员须知

驾驶员驾驶时要注意保暖，做到“眼勤看、耳细听，脚手配合协调”，不要酒后驾车，不要借饮酒驱寒，避免发生意外。

四、停车后

1. 排出水泵内存水

拖拉机停止运行后，应把其停放在平地上待水温降到 40～55℃时，打开放水开关，摇转曲轴，使水泵壳体内的水全部排出。要注意：水温过高时突然放水，易使气缸盖产生应力而破裂；水温过低时放水，往往水未放尽，放水开关就结冰堵塞，使水放不尽。放水时要将水箱盖打开，放出的水要妥善盛装存放，供下次加水使用，不要把水直接流放在拖拉机下面，以免造成拖拉机履带或轮胎结冰。

2. 卸下蓄电池

如果拖拉机较长时间内不工作，应将蓄电池卸下放到温暖、通风、干燥的室内存放。经常作业的拖拉机，在严冬的夜晚，蓄电池一定要在室温在 10℃以上的屋内存放，以防冻坏。

第五节 拖拉机与作业机组的挂接与转移

→ 掌握作业机组与拖拉机的挂接、转移方法及操作要点

→ 能够分析几种基本作业机械的挂接、转移实例

一、作业机组的挂接

1. 机组的挂接方法

作业机组与拖拉机的挂接方法主要有两种：牵引和悬挂。

(1) 牵引。利用拖拉机的牵引装置连接农机具。

牵引装置可分为两大类：固定式牵引装置和摆杆式牵引装置，如图 2—4 所示。

图 2—5 所示为东方红—75 的拖拉机牵引装置。它由牵引板、支架、牵引卡和插销等组成。支架用螺钉固定在拖拉机后桥壳体上，牵引板通过插销和支架连接，农具通过牵引卡连

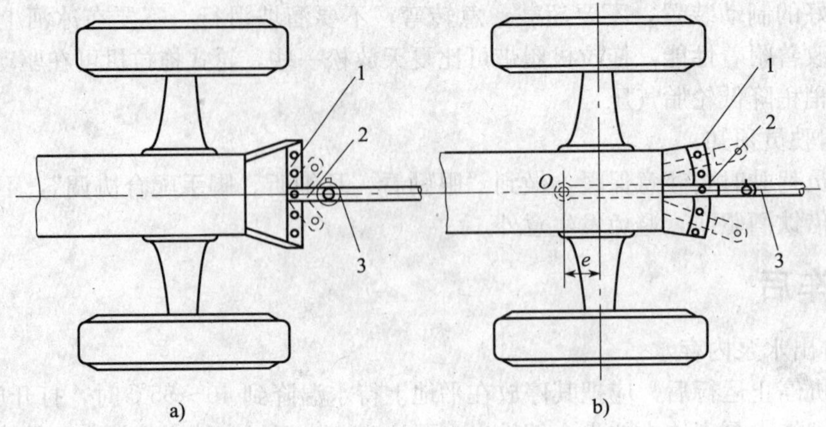

图 2—4　牵引装置的种类

a）固定式　b）摆杆式

1—牵引板　2—牵引叉　3—辕杆

接在牵引板上。牵引卡可以在一定范围内左右摆动，以便和农具连接。牵引卡和农具的铰接点，称为牵引点。牵引点的位置可通过牵引装置进行调整，以适应各种不同牵引式农具的要求。

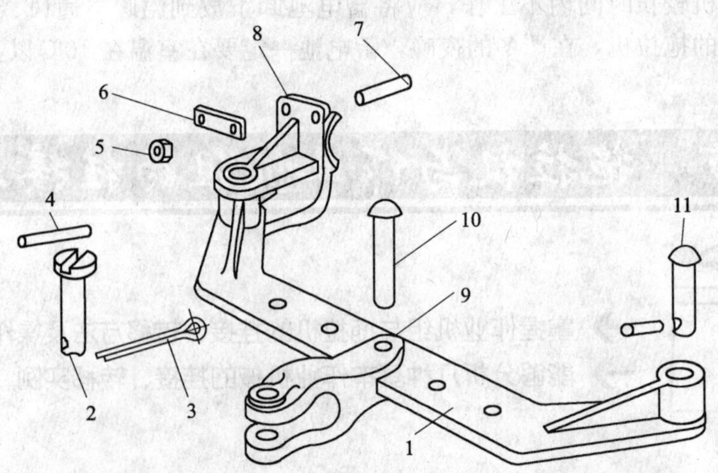

图 2—5　拖拉机牵引装置

1—牵引板　2，11—插销　3—开口销　4—杆　5—固定螺帽　6—垫片

7—螺栓　8—支架　9—牵引卡　10—牵引卡插销

（2）悬挂。利用拖拉机的液压悬挂系统将拖拉机和农机具连接。

拖拉机的液压悬挂系统主要由液压系统和悬挂机构两部分组成，如图 2—6 所示。

液压系统是升降和控制农具工作位置的动力装置，主要由油泵、分配器、油缸、油箱、控制阀和油管等组成。

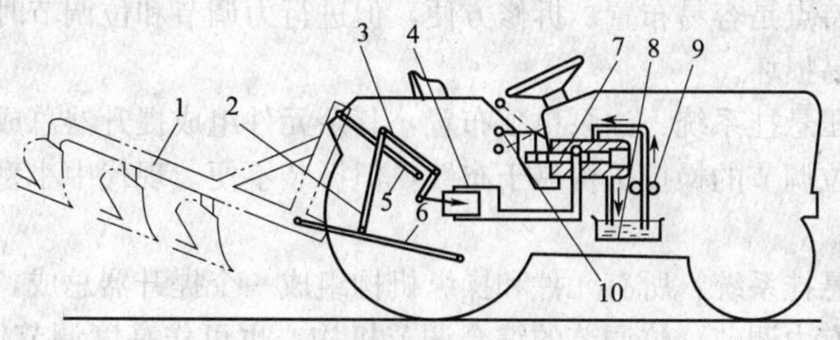

图 2—6 液压悬挂系统的组成

1—农具 2—提升杆 3—提升臂 4—油缸 5—上拉杆 6—下拉杆 7—分配器 8—油箱 9—油泵 10—操纵手柄

悬挂机构是悬挂和牵引农具，并受液压系统控制升降农具的装置，主要由提升臂、提升杆、上拉杆、下拉杆和连接杆等组成。农具通过上、下拉杆悬挂在拖拉机后部，并受牵引，下拉杆还通过提升杆、提升臂与油缸活塞杆相连，使农具接受升降驱动。

按组成液压系统的主要元件的组合方式不同，液压悬挂系统分为 3 类：分置式、半分置式、整体式，如图 2—7 所示。

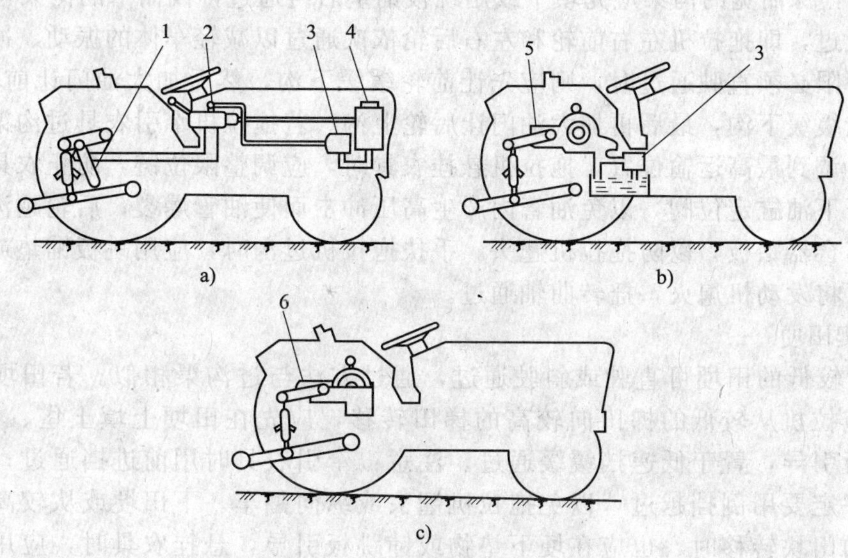

图 2—7 液压悬挂系统的类型

a）分置式 b）半分置式 c）整体式

1—油缸 2—分配器 3—油泵 4—油箱 5—半分置提升器 6—整体式提升器

分置式液压悬挂系统：油泵、油缸、分配器和油箱分别布置在拖拉机的不同部位，并用油管连接。特点是容易布置、拆修方便，但进行力调节和位调节时，操控机构布置困难，管路长，易损坏。

半分置式液压悬挂系统：油泵单独布置，其余元件组成提升器总成。其特点是结构紧凑，力调节、位调节的操控机构易于布置，但拆装不便。现代中小型拖拉机上广为应用这种悬挂系统。

整体式液压悬挂系统：所有元件和操纵机构组成一个提升器总成，布置在传动箱上方或后部，它具有力调节、位调节的综合调节机构，也可作高度调节，但结构较复杂，拆装不便。

2. 机组挂接的操作要点与注意事项

拖拉机挂接农具和挂车，须用低速挡小油门，操作员应避开拖拉机和农具间易碰撞和挤压的部位。

二、作业机组的转移

拖拉机在田间作业时，常常需要过沟渠、爬田埂、越泥泞以及出现陷车、飞车、翻车等情况。

1. 过沟渠

一般，深而宽的沟渠应先填平或用跳板铺垫后再通过，浅而窄的沟渠可用低速挡斜驶通过，即拖拉机左右前轮和左右后轮依次通过以减轻车体的振动、冲击，若受地形所限必须直驶通过时，则应先让前轮缓缓下沟，然后加大油门让前轮上沟，再让后轮缓缓下沟，最后再加大油门让后轮上沟。若拖拉机牵引农具过沟渠，则应先将农具调到最高运输位置，拖拉机悬挂农具时，应调整限位链，防止农具左右摇摆，并压下油缸定位阀，以免油管内产生高压冲击而使油管爆裂；后轮越沟时，不得猛抬离合器踏板，以防拖拉机翘头。手扶拖拉机过沟时，应用跳板铺垫或填平沟渠，也可将发动机熄火，摇转曲轴通过。

2. 爬田埂

一般较低的田埂可直驶或斜驶通过，通过方法与过沟渠相似。若田埂较高且陡，或拖拉机从较低的梯田向较高的梯田转移，应先在田埂上填土堡、石块等，或用跳板引导，置于低速挡缓缓通过。注意：牵引农具时用前进挡通过；悬挂农具时则一定要用倒挡越过，以免拖拉机翘头或纵向翻车。下田埂或从较高的田块向较低的田块转移时，也应在埂下垫物或铺跳板引导，悬挂农具时，应用前进挡低速下埂。

3. 越泥泞

拖拉机在松软潮湿的田块中作业时，若田中有积水，应先绕着走，先耕没有积水的部分，并尽量减小农具的耕幅和耕深，降低牵引阻力，以免打滑陷车。通过泥泞道路时，应稳住方向，尽量选择干硬路面和在已有的车辙中行驶，并降低车速；尽量少用制动，避免使用紧急制动，以防机车侧滑横甩；若路中坑洼积水较深，应先填平后再通过。

4. 陷车

当拖拉机驱动轮打滑陷车时，应立即停车，升起农具，不得盲目加大油门前冲后撤，否则会越陷越深。这时应用木板、石块、柴草等物垫在后轮下，用低速挡驶出；如果拖拉机单边驱动轮打滑，也可结合差速锁驶出。

注意：在驶出滑陷区的过程中切不可停车，因为机组在起步时需较大的牵引力，停车后重新起步会使拖拉机再次陷车。

三、作业机组的挂接实例

1. 播种机械的挂接实例

(1) 拖拉机与播种机挂接时，机组中心应与拖拉机中心对正。按要求的连接位置进行挂接，并保证播种机仿形性能良好。

(2) 拖拉机与播种机挂接后，应使机具工作时的左、右，前、后保持水平。如果左、右不平，应将机具落下，通过拖拉机左右提升杆进行调整；若前、后不平，可伸长或缩短拖拉机中央拉杆的长度进行调整。

(3) 悬挂播种机升起时，如果拖拉机有翘头现象，可在拖拉机前轮加配重，以增加拖拉机的纵向稳定性。

2. 中耕机械的挂接实例

挂接悬挂式中耕机时，拖拉机悬挂机构的提升杆与下拉杆应以长孔连接，保持中耕机工作时整机仿形；调整悬挂机构的上拉杆和左右提升杆的长度，使中耕机主梁纵向和横向达到水平状态；通过调整下拉杆张紧链，使中耕机中心与拖拉机中心重合。

以 2BQ－6 型播种、中耕通用机为例：

(1) 采用三点悬挂。该机的上、下悬挂架上均设有上下两个悬挂孔，供不同配套动力选用。当用轮式拖拉机挂接时，一般用上悬挂架的下孔、下悬挂架的上孔；当用链式拖拉机挂接时，一般用上悬挂架的上孔、下悬挂架的下孔。

(2) 确定左、右下悬挂架中心距离 L。安装时，两个下悬挂架的水平距离应符合以下要求：铁牛－55 型拖拉机挂接，L＝800 m；东方红－75/802 型拖拉机挂接，L＝900～1 000 mm。

第六节　农机具的技术状态检查

→ 掌握农机具技术状态检查的基本知识和基本要求

→ 掌握几种典型的农业机械的技术状态检查规程

一、技术状态检查的基本知识

为了保证农业机械处于良好的技术状态，行之有效的方法是定期对农业机械的技术状态进行检查，督促农机用户和单位及时排除农业机械故障，认真地进行检修和技术保养，保持农业机械良好的技术状态，避免农机事故的发生，使农业机械更好地为农业生产服务。

农机具的技术检验有 3 类：初次检验、年度检验和临时检验。

由于各种农机具的工作原理、功用、构造和具体的技术要求不尽相同，因此，其技术检验项目和要求也各不相同。

农机具的一般检验要求是：

1. 对农机具的安全性能进行评定，没有安全措施的农机具不允许使用。

2. 农机具的各零部件必须完整无缺损，装备调整良好。

3. 操作台、杆、手柄、座位、踏板、扶手等均需符合安全要求。

4. 转动部件及操作机构应灵活自如、操作轻便，工作刃应锋利，所有螺钉、螺栓等紧固部件应按要求锁紧固定。

5. 安全销、重要部位的开口销不能使用代用件和用过的部件。

6. 监督检查农机具的技术档案，认真填写检查结果，保证资料、数据齐全。

二、常用农机具技术状态检查

1. 播种机械

以 24 行谷物条播机为例，说明播种机技术状态检查的主要内容。

（1）机架与传动机构

1）机架各部位不得有明显变形，无脱焊；机架对角线长度差不大于 15 mm；开沟器安装梁的弯曲度不大于 10 mm。

2）行走轮的径向和轴向摆差不大于 10 mm，辐条不应有断裂、松动和弯曲，轮轴与轴套间隙小于 1.5 mm。刮土板与行走轮圈的间隙应尽可能小，但不能妨碍轮子转动。

3）各传动齿轮应处于同一平面内，偏差不大于 1.5～2 mm；齿轮的轴向晃动量小于 2 mm，齿顶、齿根间隙在 2.5～3 mm 之间。

4）钩形链安装时，钩朝外并向着链条运动的方向，链条紧度以中间部分下垂量不大于 15～20 mm 为宜，传动机构传动过程中不应跳齿、打滑、跳链。

5）起落机构应动作灵敏可靠、转动灵活，滚轮直径磨损量小于 6 mm。

（2）种子箱与排种机构

1）种子箱不变形、不漏种，安装不倾斜、不晃动，箱盖开启灵活。

2）排种轴转动灵活；排种器与种子箱结合严密；排种器各部件完整无缺损；槽轮转动灵活，工作长度一致，误差在 1 mm 以内。

3）播量调节机构应操作灵活，能将槽轮工作长度从最大调至零，但不得自行滑移。

4）播深调节机构应灵活、无卡滞，压力弹簧及挡销位置正确无缺损。

5）卷片式输种、输肥管不应有变形或 2 mm 以上的间隙；弹力适当，用 40 N 的力拉伸输种、输肥管，松开手后其长度不应有变化。

（3）开沟器

1）开沟器圆盘刃口斜面宽度为 6～8 mm，厚度小于 0.4 mm；两圆盘最小距离不得大于 2 mm；两圆盘的径向偏差不大于 3～4 mm；圆盘的径向磨损极限为 25 mm。

2）开沟器圆盘不变形，在其刃口处允许有不超过 3 处深 1.5 mm、长 1.5 mm 的缺陷或崩刃。

3）开沟器圆盘转动灵活，刮土板与圆盘间隙为 1～2 mm。

4）开沟器安装应注意前端拉杆平直、不晃不摆，行距偏差小于 5 mm，装好后，开沟器前后列应错开，其下刃口处于同一水平面内。

2. 中耕机械

（1）主梁无明显变形，不弯曲，拉筋牢固。

（2）平行四杆仿形机构不变形、不晃动，仿形纵梁末端的摆动量应小于 4 mm。

（3）地轮转动灵活，不摆动；轮轴轴向窜动量不大于 2 mm；仿形轮应转动灵活，无变形、损坏。

（4）锄铲刃口锋利，刃口厚度小于 0.5 mm，松土凿形铲刃厚度小于 1.5 mm；铲柄不弯曲、不扭曲。

（5）追肥机构转动灵活，肥箱无变形、不漏肥；排肥调节机构动作灵便；输肥管不漏肥、不变形。

（6）除草、松土、培土及镇压碎土装置部件齐全。

3. 植保机械

（1）对拖拉机进行必要的技术保养和检修，使各部分达到正常的技术要求。根据选定的机具挂接形式，对拖拉机牵引挂接点、液压悬挂机构、动力输出轴等部分进行正确的检查调整。

（2）根据作物行距要求，调整好拖拉机和农具的轮距。当在作物封垄期作业时，拖拉机行走轮前应加装分禾器。

（3）对机组外露的传动部件，如动力输出轴、传动带、链条等应加装安全防护罩。

（4）对植保机具应全面检查与保养，对长期停放的机具要进行试运转，并备足适应农艺要求和农药制剂的喷雾头或喷粉（烟）头。

单元测试题

一、判断题（下列判断，正确的请打“√”，错误的请打“×”）

1. 轮式拖拉机的后轮（驱动轮）旋转时，给土壤一个向后的切向力，而土壤给驱动轮一个向前的反作用力，在这个反作用力的作用下，车轮克服了滚动阻力向前滚动，拖拉机便向前行驶。（ ）

2. 拖拉机的驱动力，是驱动轮作用在地面上驱使拖拉机行驶的力。（ ）

3. 地面对轮胎的切向反作用力的极限值，称为拖拉机的附着力。（ ）

4. 轮式拖拉机的附着系数值都大于履带式拖拉机的附着系数值。（ ）

5. 拖拉机在运动过程中，其行走装置对土壤进行挤压和剪切并使土壤变形，产生的阻力称为土壤阻力。（ ）

6. 拖拉机滚动阻力的大小，与拖拉机质量、行走装置的形式，以及土壤的类型、湿度、地表状态等因素有关。（ ）

7. 拖拉机在坡地上沿纵坡作业时，其重力可分解为两个力，即垂直于坡面的重力分力和平行于坡面的重力分力，而平行于坡面的重力分力称为拖拉机的坡度阻力。（ ）

8. 拖拉机抗翻倾和抗滑移的能力称为拖拉机的稳定性。（ ）

9. 拖拉机在纵向坡道上行驶时所具有的抗翻倾和抗滑移的能力为拖拉机的纵向稳定性。（ ）

10. 拖拉机在实际作业中，实际速度与理论速度的比值，称为打滑率。（ ）

11. 影响拖拉机打滑率的因素有驱动装置的结构、驱动装置上的载荷、牵引阻力的大小和土壤类型及状态。（ ）

12. 迅速交替地踏下和放松制动踏板（点刹法）可获得最大制动力，可防止拖拉机的侧滑。（ ）

13. 反向操作法是指装有转向离合器的拖拉机在下陡坡时，其转向操作方法与平路转向操作方法相反的一种操作方法。（ ）

14. 冬季使用拖拉机时，在入冬前要准备好冬季用的燃油、机油、齿轮油、润滑

脂、电解液和冷却水。（　　）

15. 冬季使用拖拉机，在起动前要先烘烤油底壳预热机油。（　　）

16. 冬季起动东方红—802 型拖拉机时，为便于起动，可以用小起动机预热主机。（　　）

17. 拖拉机冬季停车放水时，必须使水温降到 65℃以下方可放水。（　　）

18. 拖拉机冬季停车时，务必将水箱内的冷却水放干净。（　　）

19. 冬季使用拖拉机必须换用冬季润滑油。（　　）

20. 冬季，可以在机油内掺入一定比例的煤油、柴油或黏度较小的润滑油来稀释过于黏稠的机油。（　　）

21. 冬季气温过低时，可以在柴油中加入一定比例的煤油稀释。（　　）

22. 冬季使用蓄电池，应提高电解液的相对密度，以免冻结。（　　）

23. 拖拉机在冬季的冰雪道路上行驶，应慢行，不作急转弯，不经常换挡，不紧急制动。（　　）

24. 拖拉机在泥泞、沼泽、翻浆路上行驶的特点是：附着性能变差，行走装置的滑转易使拖拉机操纵失灵或产生侧滑、下陷。（　　）

25. 在有积水的路上驾驶拖拉机，因看不清水下情况，容易陷车，应快速通过不得停留。（　　）

26. 在泥泞路上驾驶拖拉机起步时，离合器踏板一定要缓缓松抬，有时可选择较高挡位起步，以防驱动轮打滑空转。（　　）

27. 涉水驾驶的路线选择应以捷径为原则。（　　）

28. 涉水驾驶时，要用低速挡平稳地驶入水中，行驶时，应保持足够的动力，再换用中速挡，一气通过。（　　）

29. 当拖拉机悬挂农具上陡坡时，可以利用倒挡行驶上坡。（　　）

30. 上坡行驶时，如发现拖拉机前轮离开地面抬起，应慢慢分离离合器，使其靠自重使前轮压回地面，同时注意制动，防止下滑。（　　）

31. 拖拉机下坡时，应注意挂低速挡慢行，严禁空挡滑行、下坡换挡、高速紧急制动等。（　　）

32. 拖拉机在横坡地上作业时，不要向下坡方向转弯。（　　）

33. 久雨天气行驶，要考虑到路基可能疏松和出现坍塌，要选择安全路面，靠右边行驶。（　　）

二、单项选择题（下列每题有 4 个选项，其中只有 1 个是正确的，请将其代号填在横线空白处）

1. 当拖拉机驱动轮旋转时，给土壤一个________力，而土壤给驱动轮一个向前的反作用力，车轮克服了滚动阻力向前滚动，拖拉机便向前行驶。

A. 向后的切向　　B. 向前的切向　　C. 向下的　　D. 作用

2．拖拉机驱动轮旋转时，对地面产生一个________力，引起地面对驱动轮产生一个与拖拉机行驶方向一致的切向反作用力，这也就是拖拉机的驱动力。

A．作用　B．反向　C．切向作用　D．切向反作用

3．地面对拖拉机驱动轮的切向反作用力的________称为附着力。

A．极限值　B．最小值　C．大小　D．平均值

4．拖拉机在运动中，其行走装置的摩擦变形以及对土壤挤压、剪切使土壤变形，土壤变形所产生的阻力的总和称为拖拉机的________阻力。

A．摩擦　B．土壤　C．滚动　D．行驶

5．为减小滚动阻力，履带式拖拉机行驶速度较高时，履带应________。

A．稍松些　B．尽量松些　C．尽量紧些　D．稍紧些

6．为减小滚动阻力，履带式拖拉机以较低速度工作时，履带应________。

A．稍松些　B．稍紧些　C．尽量松些　D．尽量紧些

7．拖拉机抗翻倾和抗滑移的能力，以及拖拉机能按照驾驶员给定的方向行驶和抵抗外界干扰的能力，称为拖拉机的________。

A．横向稳定性　B．稳定性　C．可靠性　D．保险性

8．拖拉机的稳定性主要有________稳定性。

A．前进和后倒　B．纵向和前进　C．纵向和横向　D．横向和后倒

9．拖拉机的纵向稳定性是指拖拉机在________行驶时具有的抗翻倾和抗滑移的能力。

A．坡道上　B．陡坡上　C．横坡上　D．纵向坡道上

10．拖拉机抗侧向翻倾和________的能力称为横向稳定性。

A．滑移　B．侧滑　C．滑转　D．滑动

11．拖拉机的打滑率是________。

A．实际速度与理论速度的比值　B．实际速度与滑转速度的比值

C．理论速度与滑转速度的比值　D．打滑损失的速度与理论速度的比值

12．使拖拉机获得最大制动力的状态是________。

A．制动鼓接近抱死而未抱死　B．制动踏板踏到底而制动鼓未抱死

C．制动踏板踏到 2/3 而制动鼓未抱死　D．制动踏板踏到底且制动鼓完全抱死

13．采用迅速交替地踏下和放松制动踏板的制动方法可获得________。

A．最短制动距离　B．最佳制动效果

C．最短制动时间　D．最大附着力

14．“反向操作法”只适用于________拖拉机。

A．轮式　B．履带式

C．装有转向离合器的　D．装有双差速器的

15．冬季使用拖拉机，油路最容易发生________等现象。

A. 凝结、渗漏　B. 结冰、堵塞　C. 堵塞、渗漏　D. 凝结、堵塞

16. 冬季使用拖拉机，由于道路积雪结冰，从而降低了拖拉机的________。

A. 牵引性能　B. 使用性能　C. 可靠性能　D. 速度性能

17. 冬季使用拖拉机，由于润滑油黏度增加使起动________增加，造成起动困难。

A. 次数　B. 阻力　C. 压力　D. 耗油

18. 冬季使用拖拉机，入冬前要做一次全面的________。

A. 技术检查　B. 技术检测　C. 技术保养　D. 技术检验

19. 冬季起动发动机应使用________℃的热水预热机体。

A. 65～75　B. 80～85　C. 90～95　D. 100 以上

20. 冬季使用拖拉机，在短时间内停止工作时，要注意冷却水的温度不能低于______℃。

A. 70　B. 60　C. 50　D. 40

21. 冬季拖拉机停车放水时，必须使水温降到________℃。

A. 40～55　B. 55～65　C. 60～70　D. 65～75

22. 冬季选用燃油时，其凝点应低于最低气温________℃。

A. 1～2　B. 3～5　C. 6～6.5　D. 7

23. 冬季，拖拉机必须换用________油。

A. 冬季润滑　B. 夏季润滑　C. 稀释润滑　D. 高凝点润滑

24. 冬季，在冰雪道路上驾驶拖拉机应慢行，不________，不经常换挡，不紧急制动。

A. 上坡　B. 下坡　C. 转弯　D. 急转弯

25. 拖拉机在特殊道路条件下行驶，行走装置的________易使拖拉机操纵失灵或产生侧滑。

A. 加速行驶　B. 匀速行驶　C. 滑转　D. 制动

26. 拖拉机在特殊道路条件下的驾驶应遵循：选择行驶路线、保持均匀车速、缓和操纵转向盘和尽量________的操作方法。

A. 避免制动　B. 避免滑行　C. 避免换挡　D. 避免停车

27. 驾驶拖拉机涉水前，首先要查清水的深度、流速、流向和________的情况。

A. 流量　B. 流动　C. 水底路面　D. 方向

28. 驾驶拖拉机涉水时，应保持________，避免途中换挡，停车和急转向。

A. 足够的动力　B. 足够的制动力　C. 灵活的转向　D. 灵活的变速

29. 拖拉机悬挂农具处于运输状态上坡时，特别要注意防止________翻倾。

A. 向前　B. 向左　C. 向后　D. 向右

30. 拖拉机上坡时，如发现前轮离开地面时，应迅速________，使其靠自身重力使前轮压回地面。

A. 制动　B. 换挡　C. 转向　D. 分离离合器

31. 驾驶拖拉机下坡时，应注意挂低速挡慢行，严禁空挡滑坡、下坡换挡和高速时________。

A. 紧急制动　B. 转向　C. 停车　D. 减速制动

32. 拖拉机在横坡地上作业时，应放宽轮距以提高________。

A. 牵引力　B. 稳定性　C. 动力性　D. 可靠性

33. 遇到久雨天气，拖拉机在傍山路、堤路或沿河道路上行驶时，不宜________行驶或停车。

A. 高速　B. 低速　C. 靠边　D. 靠右

34. 雾天驾驶拖拉机，应根据视线远近，适当降低车速，白天也要开亮________或近光灯。

A. 大灯　B. 小灯　C. 转向灯　D. 防雾灯

三、多项选择题（下列每题有多个选项，其中至少有2个是正确的，请将其代号填在横线空白处）

1. 拖拉机的行驶阻力，主要表现在________上。

A. 滚动阻力　B. 坡度阻力　C. 空气阻力
D. 土壤阻力　E. 加速阻力

2. 轮式拖拉机的滚动阻力主要来源于________等。

A. 道路　B. 坡道　C. 土壤的变形
D. 土壤的水分　E. 轮胎的变形　F. 轴承的摩擦

3. 履带式拖拉机的滚动阻力主要来源于________。

A. 道路　B. 坡道　C. 土壤的水分
D. 轮子轴承的摩擦　E. 轮子与链轨的摩擦　F. 链轨板变形

4. 拖拉机滚动阻力的大小与________等因素有关。

A. 拖拉机的质量　B. 拖拉机的功率　C. 行走装置的形式
D. 土壤类型　E. 拖拉机的速度　F. 附着系数

5. 拖拉机附着系数的大小与________有关。

A. 拖拉机的功率　B. 路面的类型　C. 拖拉机的类型
D. 滚动系数大小　E. 拖拉机的稳定性　F. 路面干湿度

6. 拖拉机的稳定性主要包括________。

A. 纵向稳定性　B. 横向稳定性　C. 制动稳定性
D. 转向稳定性　E. 加速稳定性　F. 使用的稳定性

7. 拖拉机在一定坡度的纵坡路上行驶，其________越不容易翻倾。

A. 质心高度越低　B. 质心高度越高　C. 质心位置离翻倾点越远
D. 质心位置离翻倾点越近　E. 速度越快　F. 速度越慢

单元 2

8. 提高拖拉机横向稳定性的措施是________。

A. 缩小拖拉机轮距　B. 降低拖拉机的质心高度　C. 加大拖拉机轮距

D. 提高拖拉机质心高度　E. 加大配重　F. 减轻配重

9. 影响拖拉机打滑的因素有________。

A. 驱动装置的结构　B. 驱动装置上的载荷　C. 土壤的种类和状态

D. 拖拉机的功率　E. 拖拉机牵引阻力的大小　F. 拖拉机牵引力的大小

10. 拖拉机冬季使用时，入冬前应做一次全面技术保养，特别要注意________和后桥部位的清洗。

A. 散热器　B. 蓄电池　C. 燃油系

D. 润滑系　E. 液压系统　F. 变速器

11. 特殊道路主要是指________。

A. 泥泞路　B. 搓板路　C. 沼泽地

D. 山路　E. 翻浆路　F. 傍山路

12. 在特殊道路条件下驾驶，如需换挡时，要做到________。

A. 准确　B. 动作敏捷　C. 制动平稳

D. 联动平稳　E. 换挡时机相应滞后　F. 换挡时机相应提前

13. 涉水驾驶，应做到________确保安全行驶。

A. 涉水前准备　B. 涉水前的调查　C. 涉水中谨慎驾驶

D. 防止惊慌失措　E. 涉水后仔细检查　F. 快速通过

14. 拖拉机在坡地上工作，坡地主要是指________。

A. 长坡　B. 短坡　C. 上坡

D. 下坡　E. 横坡　F. 陡坡

15. 夏季如遇大雨来临时，路上行人、车辆、牲畜惊慌易造成混乱，此时驾驶员应沉着谨慎、________。

A. 注意观察　B. 礼让行人　C. 及时转向

D. 降低车速　E. 及时变速　F. 勤按喇叭

四、技能试题

第一题　轮式拖拉机定位倒车驾驶（不带农具）

1. 内容及操作要求

拖拉机定位倒车驾驶场地如图 2—8 所示。

（1）车辆前进，车在起点线鸣笛起步，穿过 11～12 号桩杆后移位，一进一退完成，将车停正。

（2）按原前进路线倒车，前车轮到终止线停车。

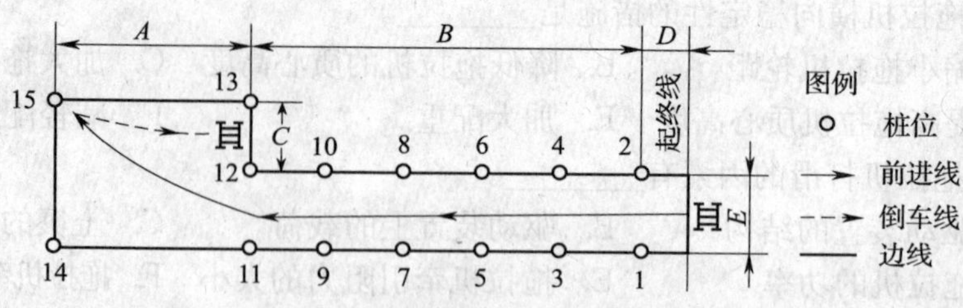

图 2—8　拖拉机定位倒车驾驶场地

（3）要求操作平稳，不准半联动离合器，不准原地打方向，中途不停车、熄火，不准擦碰桩杆，不准压线、出线。

尺寸：A＝2 倍车长，B＝500 cm，C＝车宽＋30 cm，D＝50 cm，E＝车宽＋30 cm，边线用白粉画线，宽 2 cm。

2. 准备工作

（1）设备准备。装备齐全、转向灵活的拖拉机 1 台。

（2）工、量具准备。常用工具 1 套、秒表 1 只、桩杆 15 根、桩脚 15 个，桩高不低于2.5 m。

3. 考核时限

（1）基本时间。准备时间 1 min，正式操作时间 3 min。

（2）时间误差。每超过 30 s，从总分中扣除 1 分，不足 30 s 按 30 s 计算，超过 1 min 终止考试。

4. 评分项目及标准（见表 2—3）

表 2—3　**评分项目及标准**

序	评 分 要 素	配分	评 分 标 准	得分	备注
1	操作平稳	10	起步冲、停车急、车速不稳各扣 2 分，起步熄火扣 4 分		
2	不准半联动离合器（起步除外）	15	半联动离合器一次扣 10 分		
3	正确使用方向		使用错误、原地打方向扣 5 分		
4	行进中不准停车、熄火	75	途中停车、熄火一次各扣 10 分		
5	不准擦、碰桩杆		擦杆一次扣 5 分，碰倒一次扣 10 分		
6	不准压线、出线		压线一次扣 5 分，出线一次扣 10 分		
7	按行驶路线行驶		未按规定路线行驶不得分		

第二题　履带式、轮式拖拉机田间作业驾驶

1. 内容及操作要求

履带式、轮式拖拉机田间作业驾驶考核图如图 2—9 所示。

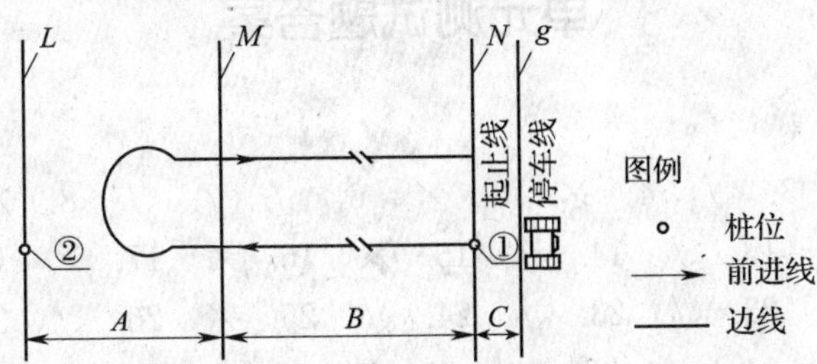

图 2—9　履带式、轮式拖拉机田间作业驾驶考核图

在拖拉机液压悬挂装置上固定一个划线器，考试时，从停车线 g 至桩杆①处驶入考场，驶向地边线 L 上的桩杆②，拖拉机行驶 50 m，同时用划线器划出一条线，提升划线器，如划出的线基本成直线，即可让拖拉机掉头，前轮（履带）和划出的直线保持一定距离（50 cm 左右），从地头线 M 处驶回起止线 N 处，同时再划一条直线，划出的直线与桩杆①②的连线需基本平行。

尺寸：A（地头宽度）$=2.7R+1/2$ 机组工作幅度＋机组长度（R 为拖拉机许用最小转弯半径），$B=50$ m，$C=2$ m。

2. 准备工作

（1）设备准备。根据考生情况准备装备齐全的履带式或轮式拖拉机 1 台。

（2）工、量具准备。桩杆 2 根（杆高不低于 2.5 m）、秒表 1 只、卷尺 2 把（长度分别为 50～100 m 和 1～2 m）、划线器 1 套。

3. 考核时限

（1）基本时间。准备时间 10 min，正式操作时间 10 min。

（2）时间误差。每超过 1 min，从总分中扣除 1 分，不足 1 min 按 1 min 计算，超过 3 min 终止考试。

4. 评分项目及标准（见表 2—4）

表 2—4　　**评分项目及标准**

序号	评分要素	配分	评分标准	得分	备注
1	操作平稳	10	起步冲扣 5 分，起步熄火扣 15 分，停车急扣 5 分，车速不稳扣 5 分		
2	不准半联动离合器	10	半联动离合器一次扣 10 分		
3	中途不准停车、熄火	10	中途停车、熄火各扣 10 分		
4	划线直	35	出现一次弯曲扣 20 分		
5	往、返两线平行	35	测量两线间的距离，共测 3 点，平均误差 60 mm 以上扣 20 分		

单元测试题答案

一、判断题

1. √　2. ×　3. √　4. ×　5. ×　6. √　7. √　8. ×　9. √　10. ×
11. √　12. √　13. √　14. √　15. ×　16. ×　17. ×　18. √　19. √
20. ×　21. √　22. √　23. √　24. √　25. ×　26. √　27. √　28. ×
29. √　30. ×　31. √　32. ×　33. ×

二、单项选择题

1. A　2. C　3. A　4. C　5. D　6. A　7. B　8. C　9. D　10. B　11. D
12. A　13. B　14. C　15. D　16. A　17. B　18. C　19. C　20. D　21. A
22. B　23. A　24. D　25. C　26. A　27. C　28. A　29. C　30. D　31. A
32. B　33. C　34. D

三、多项选择题

1. AB　2. CDEF　3. CDE　4. ACD　5. BCF　6. AB　7. ACF　8. BC
9. ABCE　10. CDF　11. ACE　12. BDF　13. ACE　14. CDE　15. ADF

第3单元

机组作业

第一节　播种作业

→ 了解排种器的类型、结构、播种作业方法和规程、作业质量标准

→ 掌握播种机的调整方法

一、排种器的工作原理

排种器是播种机的主要工作部件之一。它的功用是将种子箱中的种子按要求的播量排出，所以它的工作性能好坏将直接影响播种质量，甚至影响田间管理和作物收成。

对排种器的要求是：播量稳定可靠，排种均匀，不损伤种子，通用性好，播量调整范围大，调整方便可靠，能适应多种作业速度等。

排种器有外槽轮式、内槽轮式、拨轮式、型孔（水平圆盘、垂直圆盘、倾斜圆盘、窝眼轮、型孔带）式、离心式、气力（气吸、气吹、气送）式多种。常用的是外槽轮式、水平圆盘式、垂直圆盘式和气吸式等。

1. 外槽轮式排种器

国内外条播机广泛应用外槽轮式排种器播种，外槽轮式排种器如图 3—1 所示。其通用性好，能播各种粒型的光滑种子，如麦类、高粱、豆类、玉米、谷子和油菜子等。

外槽轮式排种器由外槽轮、排种杯、阻塞轮、排种舌、排种轴、清种方轴等组成。外槽轮表面一般设有 10～12 个轴向凹槽，排种轴通过轴销带着外槽轮转动，用外槽轮齿将种子排入输种管。改变凹槽在排种杯内的工作长度或改变外槽轮转速，就可以改变排种量。阻塞轮的作用是阻塞外槽轮自杯内移出后空出的位置。阻塞轮能随外槽轮一起轴向移动，但不能转动。

外槽轮式排种器可以借改变排种舌在排种杯底部销锁的位置来改变外槽轮与排种舌的间隙，间隙过小易损伤种子，过大则排种量不稳，一般依所播种子的尺寸确定间隙值。排种舌还可以绕铰链轴垂直放下，便于清理种子箱及种子杯内的残留杂物。

2. 水平圆盘式排种器

水平圆盘式排种器如图 3—2 所示，主要用于中耕作物穴播和精量播种。其主要部件为一安装在种子筒底部的水平圆盘，有槽盘式和型孔盘式两种。有的在圆盘周边开成

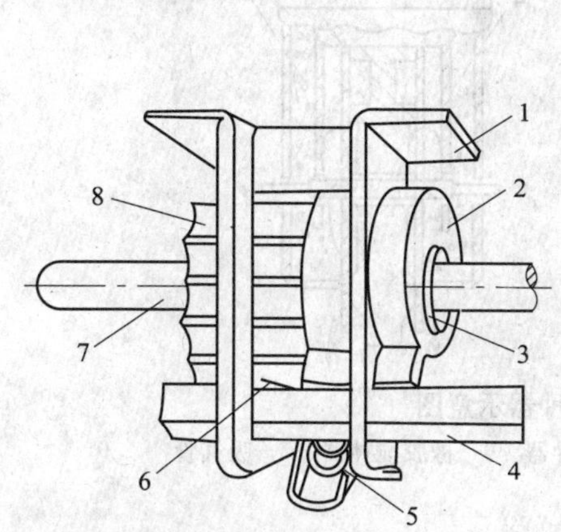

图 3—1　外槽轮式排种器

1—排种杯　2—阻塞轮　3—挡圈

4—清种方轴　5—弹簧　6—排种舌

7—排种轴　8—外槽轮

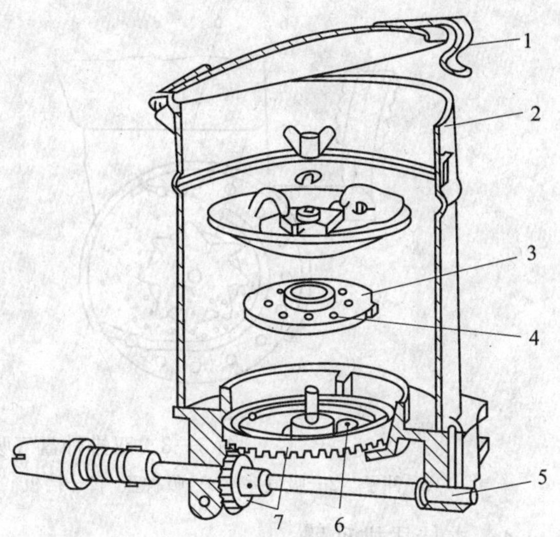

图 3—2　水平圆盘式排种器

1—种子筒盖　2—种子筒　3—水平圆盘

4—排种孔　5—传动轴

6—底座孔　7—锥齿轮

锯齿形槽口，有的在盘的周边开有方形槽口，还有的在排种盘上均布有圆孔，称为型孔。型孔中可容几粒种子的为穴播型型孔；若孔中只能容一粒种子，则为单粒型型孔，可用于精量播种。近年随着气吸式排种器的推广应用，水平圆盘式排种器已渐渐被淘汰。

3. 气力式排种装置

气力式排种装置主要用于精量播种。它通常是利用气流压力差从种子室摄取种子并依次将其排出，实现精量播种。目前主要用于精播中耕作物，如玉米、甜菜、大豆、高粱等。

气力式排种器一般有气吸式、气吹式、气送式 3 种。常用的是气吸式。

气吸式排种器对种子的几何尺寸要求不严格，通用性好，适当排列吸孔还可以实现穴播，用吸孔吸种可提高播种机作业速度，但不适宜播种带绒棉子。

气吸式排种器由真空泵（风机）、吸气管、吸气室、吸种盘等构成。吸种盘是一个竖直、带有吸孔的排种盘。盘的前面是种子室，盘的背面是吸气室，吸气室通过吸气管与真空泵（风机）相连，吸种盘密封着吸气室的端面。这样，风机工作时就在吸种盘的两面形成压力差，吸种盘上的吸种孔便成了气流通道。作业时吸（排）种盘旋转，在充种区，种子受吸力作用被吸附在吸种孔处。带有种子的吸种孔在通过刮种器时，被刮去多余种子并保持吸种孔吸住一粒种子。吸种孔在开沟器上方转到吸气室以外，种子失去了吸附力便靠自重经输种管落入种沟内。图 3—3 所示为双排种盘气吸式排种器示意图。

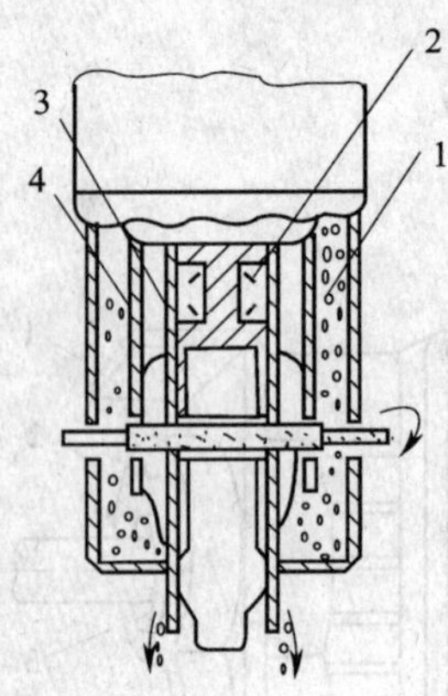

图 3—3　双排种盘气吸式排种器示意图

1—种子　2—吸气室　3—吸种盘　4—挡板　5—刮种器　6—橡胶搅拌器　7—吸气管

4. 夹持式排种器

夹持自锁式穴播器由夹持自锁式取种装置、接种杯、滚筒、成穴器、挡种板等零部件组成，如图 3—4 所示。

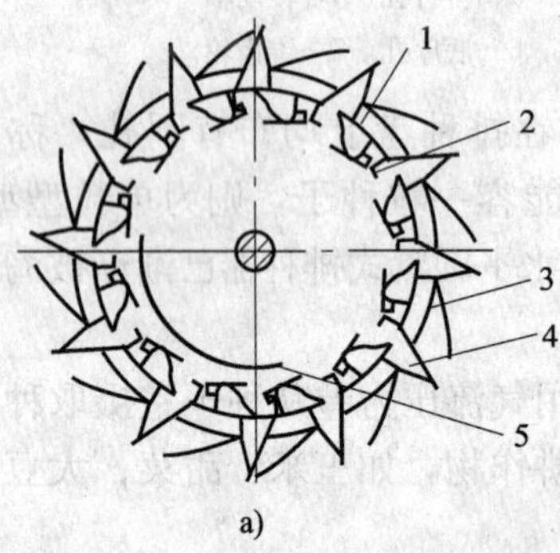

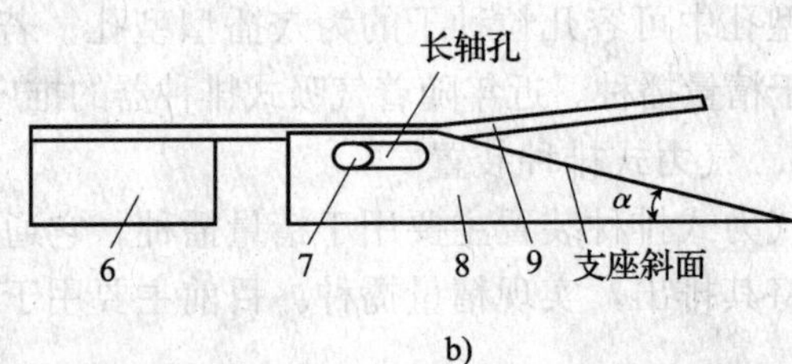

图 3—4　夹持自锁式穴播器

a）穴播器结构图　b）取种装置示意图

1—取种装置　2—接种杯　3—滚筒　4—成穴器　5—挡种板　6—重块　7—横轴　8—支座　9—夹持板

取种装置的示意图如图 3—4b 所示，重块和夹持板固连在一起，夹持板上有一横轴，横轴安装在支座上的长轴孔内，夹持板和重块相对支座有一定的转动和移动。

工作时，穴播器在苗床上滚动，取种装置随之作回转运动。穴播器种子室中的种子主要集中在种子室一侧作环流运动。取种装置夹持板与支座斜面之间有一个夹角，形成 V 形槽，当取种装置经过种子群时，种子在重力和种子群力等的作用下进入 V 形槽。

随着取种装置的上升，重块在自身重力作用下绕横轴转动，进入V形槽中的一粒种子在重块杠杆力的作用下被夹持板夹持住；或进入V形槽中的一粒种子在重力或种子群力的作用下被卡在V形槽中，即被自锁住。随着取种装置离开种子群，未被夹持或自锁住的多余种子在重力等作用下从取种装置上自行落下，实现清种。当取种装置运动到种子室另一侧时，在重块的离心力作用下，夹持板绕横轴反向转动，夹持板张开，被夹持的种子在重力等作用下落入接种杯。在重块沿支座长轴孔移动的过程中，夹持板相对支座斜面向下移动，种子便解除自锁落入接种杯。随着穴播器的滚动，接种杯中的种子进入成穴器，成穴器在苗床上掘穴并打开，种子在重力、离心力的共同作用下落入穴底，完成投种。

二、播种机的主要调整和计算

1. 播量的调整（以2BF－24A型谷物条播机为例）

（1）调整方法。谷物条播机播种时，播种量不但要符合计划亩播量的要求，而且各行排种量必须保持一致。因此，对于各个排种器应当进行必要的调整，调整方法因排种器形式不同而异。

外槽轮式排种器谷物条播机：排种量的大小和行间排种量的一致性与排种轴的传动比、排种槽轮的工作长度有关。因此，在进行试验调整前，应先根据计划亩播量选定适宜的排种传动比，并对排种槽轮的工作长度和排种间隙的一致性进行检查和调整。

检查调节排种间隙时，先把播量调节手柄固定在“0”位，再将排种间隙调节手柄固定在最低处。此时，逐个检查各排种舌，各排种舌应与阻塞轮凸齿相接触，如有未接触者，先将其紧固螺栓松开，向上轻轻敲击排种舌，使之与阻塞轮凸齿相接触，然后再进行紧固。

检查调节排种槽轮工作长度时，将播量调节手柄固定于“0”位，此时，各排种器的阻塞轮的左端应与内齿挡盘紧贴。逐个检查，发现未贴紧者，松开该排种器左、右卡箍，轻敲阻塞轮使之和内齿挡盘靠紧，再将卡箍紧靠阻塞轮和排种槽轮，重新紧固。

调节排种量时，在选定排种传动比后，把播量调节手柄和排种间隙调节手柄固定在适当位置，把机架水平垫起，使行走轮离开地面，放下开沟器。往种子箱内加入2/3容积的种子，在各输种管下端系上接种杯或接种袋，顺转几圈行走轮，使排种器内充满种子。倒出接种杯内的种子，重新系好，然后按20～25圈/min的转速，均匀地转动行走轮一定圈数。依次称量接种杯内的种子质量，如果称量结果和每个排种器平均应排种子的质量都不一致（超过平均值±3%）时应适当左、右移动播量调节手柄；如果只有个别排种器的排种量不一致，应将该排种器左、右卡箍松开，适当左、右移动排种槽轮。

调节后再进行试验，直至所有排种器的排种量与平均应排种子量相符为止。

（2）播种量的理论计算。每个排种器平均应排种子量，可根据计划公顷播量和试验时行走轮的转动圈数按下式计算

$$G=\frac{QD\pi B}{10\ 000n}N$$

式中 G——每个排种器平均应排种子量，kg；

Q——每公顷计划播种量，kg/hm^2；

D——地轮直径，m；

B——播种机工作幅宽，m；

n——播种行数（即参加工作的排种器数）；

N——试验时行走轮的转动圈数。

（3）播种量的简易计算。播幅 3.6 m 的 2BF－24A 条播机在工作场地调整播量时，可用简便播量调整法，其口诀为："调整播量不用算，大动轮转动 48 圈半。"就是说，这样幅宽的条播机大动轮（地轮）转 48.5 圈，一台播种机作业面积正好是一亩（0.067 hm^2）地，半台是半亩（0.033 5 hm^2）地，试验时若转动一边大动轮 48.5 圈，则总下种量是亩（0.067 hm^2）播量的一半。

单元 3

2. 开沟器的配置

播种准备工作中，应对播种机开沟器的位置是否合格进行检查，如果不合要求，应进行调整或重新安装。有些谷物条播机上带有开沟器安装样板，根据样板上的标记，可以决定各种作物行距时开沟器的安装位置。如果没有样板，可按以下方法配置播种机的开沟器。

（1）计算开沟器安装数目

$$N=\frac{L_k-B_I}{B}-1$$

式中 L_k——开沟器梁长度，cm；

B_I——一个开沟器拉杆的安装宽度，cm；

B——行距，cm；

N——开沟器数，取整数。

（2）安装开沟器。按求得的开沟器数 N 配置开沟器。若 N 为奇数，则在播种机中心线处安装第一个开沟器，以后每隔一行距分别向两侧安装其余开沟器；若 N 为偶数，则在开沟器梁中点左右两侧各半个行距处，先各安装一个开沟器，然后再按上述原则逐次安装其余开沟器。

（3）划行器臂长的计算。划行器臂长与播种机连接台数、播种方法（梭式、向心式、离心式等）以及驾驶员对印目标有关，如图 3—5 所示。

1）轮式拖拉机连接单台播种机，对印目标取拖拉机中央时，划行器臂等长，即

$$L_{左}=L_{右}=B$$

如驾驶轮式拖拉机作业。

2）偏位驾驶，拖拉机连接单台播种机，采用梭式播法，轮式拖拉机以右前轮中心为对印目标，履带式拖拉机以链轨右边缘为对印目标，则划行器臂长不相等，可按下式计算

$$L_{右}=B-\frac{l}{2}$$

$$L_{左}=B+\frac{l}{2}$$

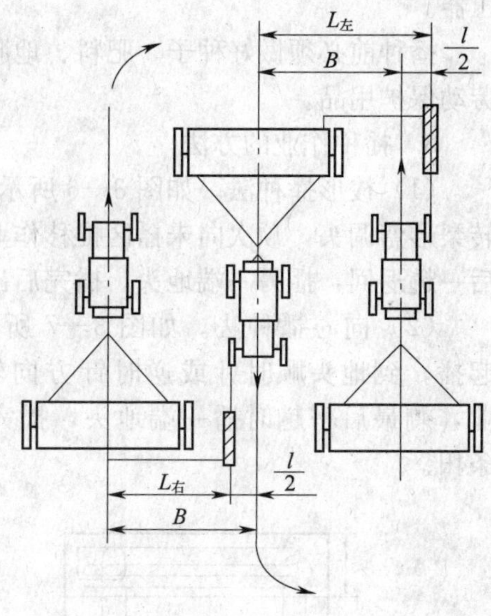

图 3—5　划行器臂长计算

式中　$L_{右}$——右划行器臂长（自播种机中心算起），m；

$L_{左}$——左划行器臂长（自播种机中心算起），m；

B——播种机幅宽，m；

l——前轮中心距或两链轨最外缘的距离，m。

三、播种作业的方法与规程

1. 播种作业的田间准备

（1）条田的边角、引渠地埂要尽量修直取正，清除地表残茬、石头、废膜等。

（2）地表平整，表土细碎。

（3）对作业中不易看清、不能排除的障碍物，应作出明显标志。

（4）检查道路、桥涵宽度能否通过机组。

（5）规划作业小区，每个小区的宽度应是作业幅宽的整数倍。

（6）划出地头起落线，转弯地带宽度应为工作幅宽的整数倍。

（7）在第一播种行程上插标杆，标杆高度为 1.6～1.8 m。

2. 播种作业的机组准备

（1）播种机组必须实行定机、定人、定岗位责任制，并配足辅助工作人员。机组人员必须通过培训、考核、练兵，并持有播种手合格证，才能顶班驾驶，进行播种作业。

（2）机具选型、编组。密植作物选用条播机，中耕作物选用精量或半精量播种机；小麦播种机前应带筑埂器，挂接位置正确、刮土均匀；中耕作物播种机后面挂接覆土镇

压器。

播种前必须做好种子、肥料、地膜等准备工作，并准备必要的手套、围巾、口罩等劳动保护用品。

3. 播种作业的方法

（1）梭形播种法。如图 3—6 所示，机组从条田的一端进地，顺一侧开播，到地头转梨形弯调头，顺次向未播区推移作业。播完倒数第二趟后接着播一端地头，然后从最后一趟返回，播另一端地头，播完后出地，地头留 2～3 个播幅。

（2）向心播种法。如图 3—7 所示，机组从规划小区或自然条田的左侧或右侧起播，到地头顺时针或逆时针方向转弯，由另一侧地边返回。照此向中间推移作业，剩最后一趟时播一端地头，播完后返回播另一端地头。此法适用于地边整齐的条田。

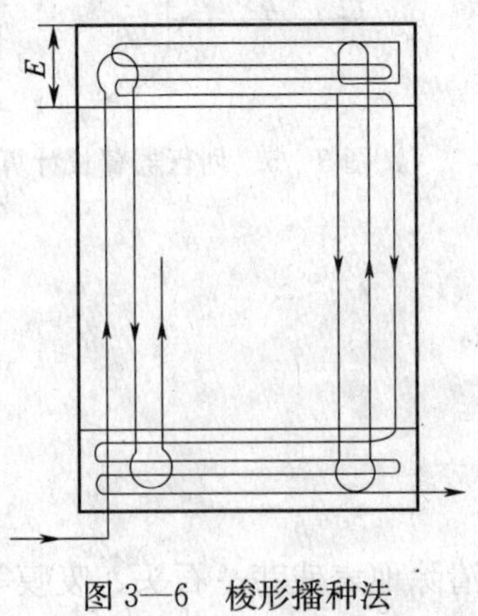

图 3—6　梭形播种法

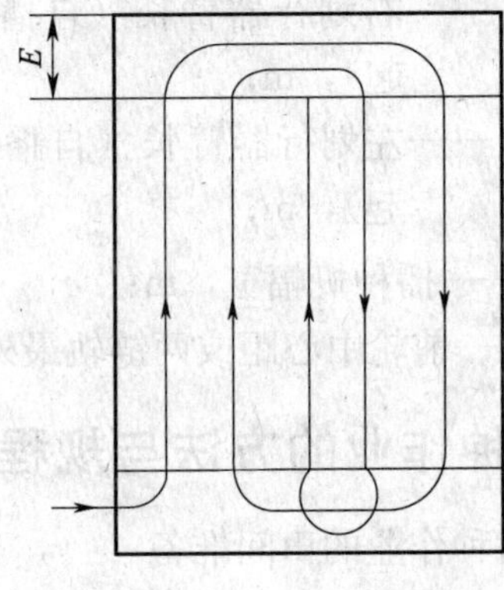

图 3—7　向心播种法

（3）离心播种法。如图 3—8 所示，机组从规划小区或自然条田的中心播起，一般顺时针右转弯作业，从倒数第四圈起转大圈，同时播两端地头，播完后结束作业出地。

（4）两区套播法。如图 3—9 所示，面积大的条田可划分为若干作业小区，进行两区套播。小区宽度必须是机组幅宽的整数倍，机组从小区左侧开始播种，到地头后提开沟器，右转弯，从第二区右侧（以驾驶员的方位为准）返回，如此推移，最后播两个地头，地头宽度由机组宽度确定。

（5）梭形四大圈播种法。如图 3—10 所示，这种方法的突出优点是播地头时消除了有环节转弯，有利于以后中耕作业，但土地规划必须认真严格，即在条田四周预留 4 个工作幅宽，先进行梭播，最后绕行 4 圈播完整个条田。若机组入地和出地在地头同一端，则该地头应留 5 个播幅宽，不在同一地头则留 4 个播幅宽。最后 4 大圈行走方向取决于梭播作业最后一趟的运行方向。

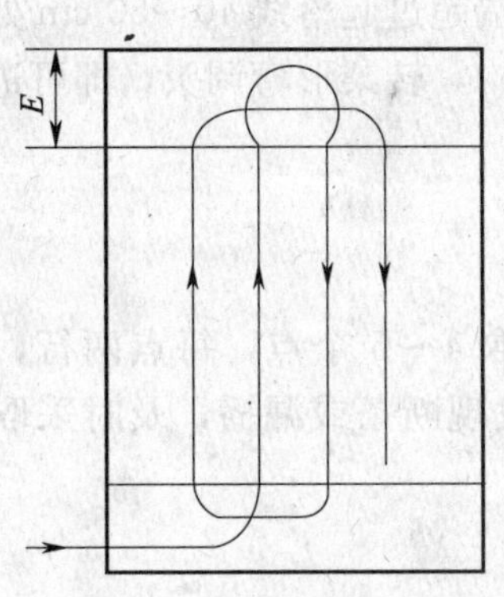

图 3—8　离心播种法

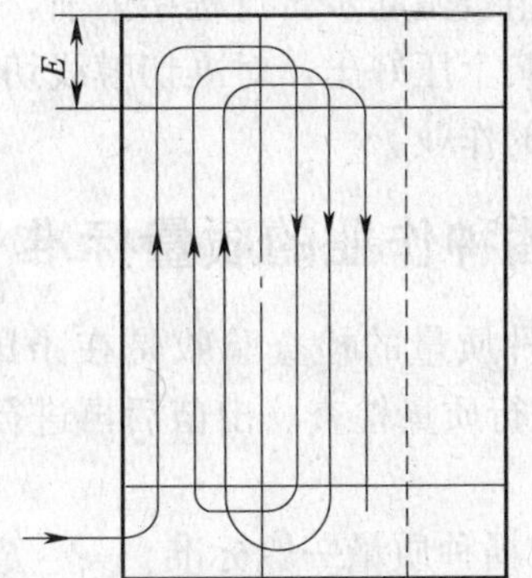

图 3—9　两区套播法

（6）小麦沟植沟播法。播种机上加装开沟器，可开出宽 40～60 cm，深 12～15 cm 的种植沟，在沟的对应位置安装 3～4 个一组的圆盘开沟器，其行距为 10～15 cm，播后需镇压。

（7）铺膜播种法。铺膜播种一般为单台悬挂或牵引机组，采用梭形播法。方法同上述，地头也采用梭播法，播完一个地头，再顺地边最后一个行程，播到另一地头，播完另一地头后出地。

4. 播种作业的程序

播种作业是农田机械作业的关键项目，对后期作物长势、能否丰产有着决定性意义。因而，作业前应认真进行机械调试和试播。

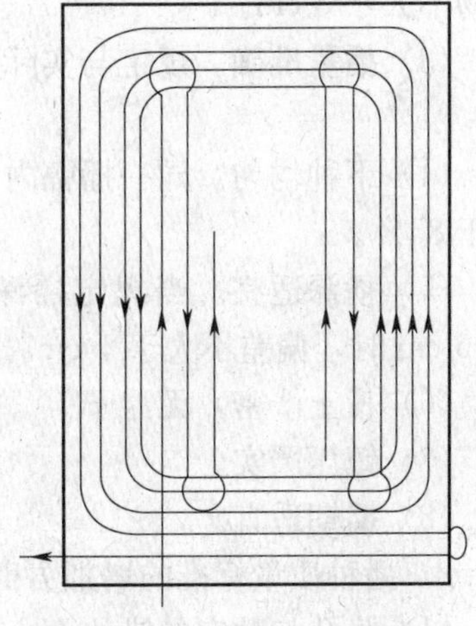

图 3—10　梭形四大圈播种法

"调试"即不加种子的试机，以检查播种机的划行器、开沟器、行距、交接行等是否符合要求。"试播"应在农户和机组共同参与下进行，确定作业质量符合规定要求时才开始正式播种。

第一行程播种作业时，应顺标杆直线行驶、匀速前进，中途不停车，地头转弯时再检查一次，核对播种量、行距、覆土情况，必要时再进行调整。

正常播种作业时速一般不超过 6 km/h，接近地头起落线前 10～15 m 时减速，先升起划行器，到起落线时升起圆盘开沟器，然后转弯到下一个行程起落线。作业中一般不应换挡变速和停车，故障排除尽量在地头进行。

铺膜播种机组尤其应重视"试机"和"试播"准备工作。除上述各项要求外，应重点检查铺膜机构工作状况和作业质量。

在机组对准第一行程标杆时，拉出膜铺在膜床上，将膜的端头对齐切膜线，压好土，机组缓慢起步。行程结束前，在机组覆土装置末端超过起落线 40～50 cm 处停止作业，在膜上压好土，对准切膜线切断膜，提升工作机构，转梨形弯调头，即可进行下一个行程的作业。

四、播种作业的质量标准

播种质量的检查验收是在条田两条对角线上各取 4～5 个点，每点两行，每行取 10 m 进行质量检查。出苗后再进行一次检查验收，发现断条或漏播，及时采取补救措施。

1. 播种质量一般标准

（1）播行端直。在 50 m 内，直线误差不大于 8～10 cm。

（2）行距一致。在同一播幅内，偏差不大于 1 cm。交接行偏差不大于 2 cm，中耕作物不大于 8 cm。

（3）播量准确。规定与实际下种量之间的偏差，大粒种不大于 2%，小粒种不大于 3%。

（4）下种均匀。同一播幅内，各行下种量偏差不大于 6%，穴播的穴粒数合格率应大于 85%。

（5）播深适宜。当规定播深为 3～4 cm 时，偏差不大于 0.5 cm；当规定播深为 5～6 cm 时，偏差不大于 1 cm。

（6）覆土严密，无浮子。

（7）镇压严实。

（8）播期适宜。

2. 播种质量标准的增加方面

（1）膜孔与种穴的错位率小于 3%。

（2）地头铺膜整齐，起落一致。

（3）膜孔覆土率不小于 95%。

（4）地膜两侧应可靠地埋入土中。

五、播种机械的主要调整内容与实例

以兵团目前推广较多的 2BM 系列棉花精量铺膜播种机为例：

1. 调整的内容

各工作部件的安装必须以每一工作单组的中心线为基准左右对称安装。

（1）推土板的调整。松开推土板的紧固螺栓，以镇压滚筒下的平面为基准，适当将推土板下调，推土板的前顶端要向上抬头 5～10 mm，调整好后拧紧推土板紧固螺栓。

(2) 行距调整。以各个工作单组中心为基准调整膜内行距，再微调各个工作单组机架之间的距离，使之达到播种要求的行距。

(3) 开沟圆片调整。调整开沟圆片前，应先确定膜床宽度，一般为地膜宽度减去15～20 cm。先调整开沟圆盘的角度和深度，从后往前看，开沟圆片呈内八字形且与前进方向各成20°左右，圆盘入土深度为50～60 mm。再以镇压辊中心为基准调整开沟圆盘的相对位置，以达到所需的膜床宽度。

(4) 覆土圆片的调整。覆土圆片的位置与角度等与土壤结构、播种速度有很大关系，要根据具体情况来调整。

(5) 覆土滚筒漏土间隙的调整。覆土滚筒靠近膜边的第一个漏土间隙为15～20 mm，第二个漏土口的间隙为25～40 mm；漏土口中心线一般应在穴播器鸭嘴的中心外侧5 mm左右。

(6) 压膜轮的调整。调整压膜轮时，应使压膜轮走在开沟圆盘开出的沟内，并使压膜轮圆弧面紧贴沟壁，以产生横向拉伸力，使地膜平贴于地面，保证膜边覆土状况良好，减少打孔后种子与地膜的错位。

(7) 点种器的调整。气吸式精量穴播器出厂前都是经种子试验台调试合格的产品，各零件已位于最佳位置，不得随意改变零件的相对位置，更不得拆卸。穴播器腰带一般不要拆卸，如必须拆卸，应先做好标记，重新安装时按标记装回。

(8) 风机传动总成的调整

1) 风机主要技术参数。风机类型为离心式，风机转速为4 400 r/min，风机压力为140～180 mm汞柱，齿轮油温升≤30℃，风机轴承部件温升≤35℃。

2) 风机使用调整方法

①齿箱齿轮在出厂之前都加注了适量的齿轮油，工作一段时间缺油时，就必须按使用说明书的要求加注齿轮油。

②风机楔形带的张紧度直接影响风机风压的大小和稳定性，还决定着楔形带的使用寿命。楔形带张紧度的检查是用手在带中部加压，楔形带垂直移动距离应为1～1.5 cm。

③检查完油面和楔形带张紧度后必须进行磨合，小油门运转3 h，再中油门运转1 h，检查有无冲击、噪声，温升是否在规定范围之内，有无漏油等现象。

④风机额定转速4 400 r/min，按传动比计算，拖拉机输出转速达到310 r/min即可。但考虑到风机楔形带打滑以及根据试验结果，输入转速应高一些，使拖拉机输出转速为340 r/min比较合适。

2. 发现空穴率增高和出现断条现象的解决方法

(1) 检查鸭嘴是否被泥土堵塞，检查刷种器是否在合适的位置。

(2) 打开观察孔，检查种子室是否有塑料薄膜等废物堵塞吸种孔，或缠绕在刷种器上；检查种子在进种口及输种过道是否有架空现象。

（3）检查气压是否达到要求（由于气吸管漏气或风机楔形带过松等原因，可造成气压达不到要求）。

（4）检查气吸盘位置是否固定（气吸盘是靠其边缘上的小凸块与点种器侧盘小槽来固定位置的，若在更换气吸盘时，小凸块没有放入侧盘小槽或螺钉没有紧固，都会使气吸盘的位置出现偏差）。

3. 更换取种盘的方法

将穴播器总成卸下，放在干净的地方，取出种室盖，细心取出调整垫圈，卸掉分种器和取种盘上的紧固螺钉，拿出分种器，取出取种盘。安装前，首先检查大小O型密封圈是否在密封槽中，然后检查断气块及弹簧是否安装到位，再安装取种盘和分种器（气吸盘凸块必须位于侧盘小槽内，保证气吸盘的相对位置）；螺钉需交叉、对称、逐步、均匀拧紧，保证气吸室不漏气。注意按原样装好调整垫圈及键条，盖好种室盖，拧紧开槽螺母，转动穴播器无阻滞现象即可。

4. 穴播器其他方面的检查

检查活动鸭嘴，活动鸭嘴必须转动灵活，不得锈死和卡滞，否则应及时修理或更换；检查活动鸭嘴与固定鸭嘴的相对位置，其张开度应保持在 16～20 mm 范围内，否则应予调整。

第二节 中耕作业

→ 了解中耕机械的结构组成、作业方法和规程、作业质量标准

→ 掌握中耕机械的调整方法及中耕工作部件的选择与配置

一、中耕机工作部件的工作原理

中耕机的工作部件分为锄铲式（固定安装式）和回转式两类。锄铲式应用较广，按作用可分为除草铲、松土铲和培土器 3 种类型。防止土壤压苗的工作部件称为护苗器。

1. 除草铲

除草铲的功用是除草和松土，有单翼铲、双翼铲和通用铲 3 种。

（1）单翼铲。单翼铲由单翼铲刀和铲柄构成，如图 3—11 所示，主要用于锄草和松土。中耕时，单翼铲分别置于幼苗的左右两侧，所以有左翼铲和右翼铲两种形式，安装时要使左翼铲和右翼铲对称。

单翼铲刀部分由水平切刃和垂直护板组成。水平切刃用来切除杂草和松碎表土，安装时应保持水平，铲背稍加抬起；因带有垂直护板，可防止土块压苗，因而可使锄铲安装位置靠近幼苗，增加中耕面积。护板下部有刃口，可防止挂草堵塞和用于垂直切土。

(2) 双翼铲。双翼铲由双翼铲刀及铲柄两部分构成，如图 3—12 所示。双翼铲分双翼除草铲和通用铲两种。双翼铲铲刀部分由铲尖、铲翼、铲刃、铲胸及铲面 5 部分组合而成。

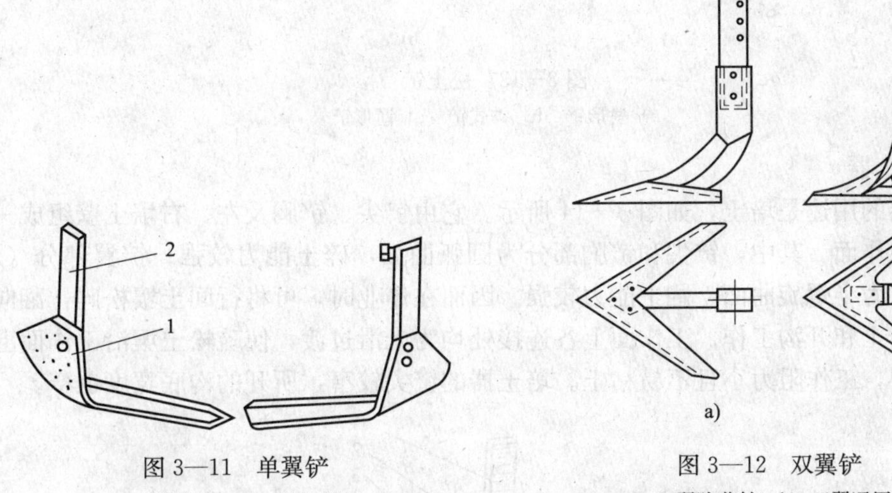

图 3—11 单翼铲

1—单翼铲刀 2—单翼铲柄

图 3—12 双翼铲

a) 双翼除草铲 b) 双翼通用铲

双翼除草铲除草作用强，松土作用较弱，主要用于除草。双翼通用铲是除草、松土兼用的一种锄铲，工作深度较深。两者的区别是双翼除草铲的铲面较平缓，而双翼通用铲铲面较陡峭。

2. 松土铲

松土铲用于中耕作物的行间深层松土。它使土壤疏松但不翻转，松土深度可达 13～16 cm。

松土铲由铲尖和铲柄两部分构成。铲尖是工作部分，它的种类很多，常用的有凿形、铧式和箭形 3 种，如图 3—13 所示。凿形铲铲幅窄，入土能力强，用于行间深层松土，也可用于垄帮深松。它能松动铧式铲中耕松土时形成的坚硬犁底层和非犁铧耕作地，进一步扩大作物后期生长需要的疏松土层，为作物根系创造良好的生长环境。入土深度 12～14 cm，上下土层搅混较少，但碎土能力差。由于其结构简单，磨损后易于锻延修复，目前应用最为广泛。

箭形铲对土壤的作用范围较凿形铲大，碎土性能好。用于深松耕作层以下的土壤，深松垄沟和中耕时深松行间，应用日趋广泛。铧式松土铲多用于东北垄作地的松土作业。

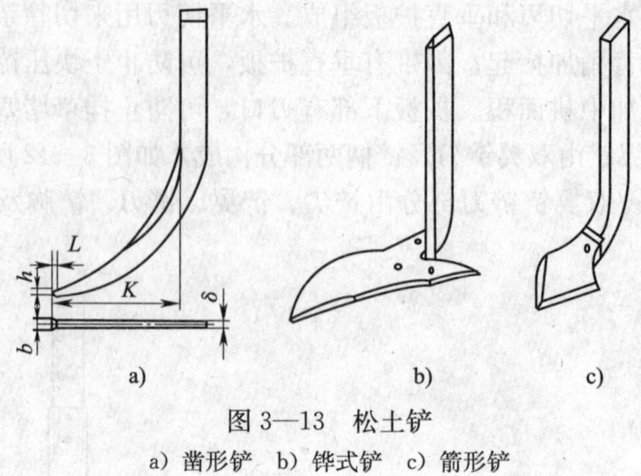

图 3—13　松土铲

a）凿形铲　b）铧式铲　c）箭形铲

3. 培土器

培土器的用途是培土，如图 3—14 所示。它由铲尖、铲胸及左、右培土壁组成一个双向犁体工作面。其中，铲尖和铲胸部分为圆弧曲面，碎土能力较强；铲翼部分（左、右培土壁）为半螺旋曲面，翻土能力较强。因而在作业时，可将行间土壤松碎，翻向两侧，完成培土和开沟工作。工作面上各连接处均为光滑过渡，使疏松土壤沿工作面上升时不受阻碍，工作阻力小且不易粘土。培土器的铲尖较窄，所开的沟底宽度也窄。

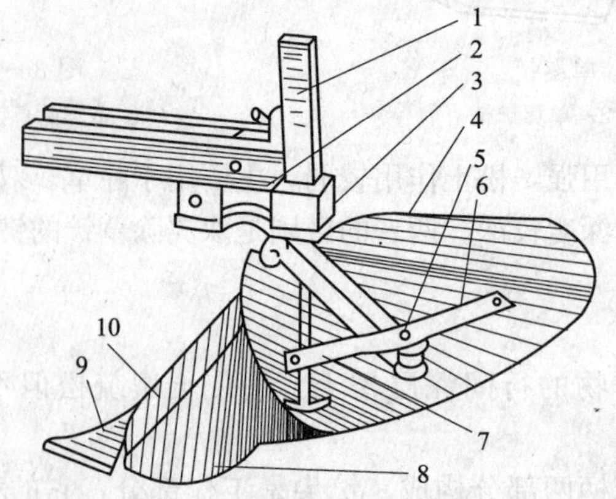

图 3—14　曲面型培土器

1—铲柱　2—纵梁　3—连接器　4—右培土壁　5—调节螺栓
6—右调节臂　7—左调节臂　8—左培土壁　9—铲尖　10—铲胸

二、中耕工作部件的配置要求与方法

1. 配置要求

行间中耕锄铲的类型应根据中耕作业项目、作物行距、土壤条件、作物和杂草情况等因素进行选择。一般情况下，第一遍苗期中耕时，如果只要求除草，选择单翼铲和双翼铲即可；如果同时要求除草和松土，可在单翼铲前或后面加装松土铲。第二遍中耕时，禾苗已长高，可选用双翼铲。

锄铲的配置应满足不损伤幼苗、不漏锄、不堵塞和与播种行距相符等要求。除草铲排列时，两相邻行间要有重叠量，以防止机具偏驶漏锄和避免锄铲间杂草滑脱。锄铲前后须错开一定距离。为防止埋苗，锄铲外缘与作物行间要留出护苗带，一般应有10～15 cm。行间中耕时，随着中耕次数的增加，中耕深度逐次增加，护苗带也应随着苗的生长和根部的逐渐发达而加宽。培土铲应按垄距、开沟深度和需要的培土高度选择适当规格尺寸的铧铲和培土板的张开宽度。

2. 配置方法

锄铲常用的配置方法有 8 种，如图 3—15 所示。

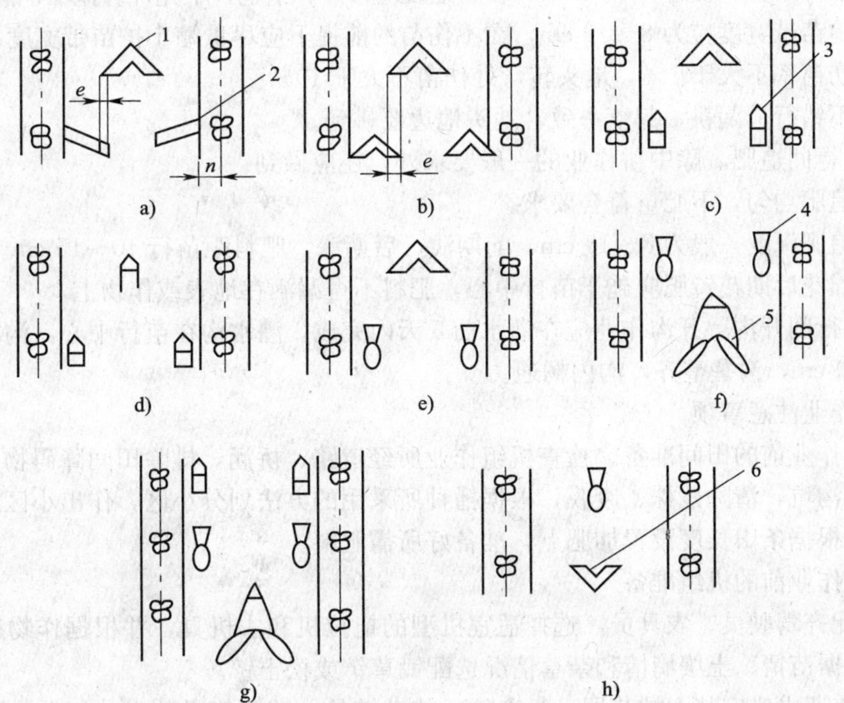

图 3—15　锄铲的配置

a）一般土壤苗期中耕　b）一般土壤中后期中耕　c）板结地除草、松土

d）板结地松土　e）一般土壤中耕追肥　f）一般土壤追肥、开沟

g）板结土壤松土、追肥、开沟　h）棉田后期追施花铃肥

1—双翼铲　2—单翼铲　3—松土铲　4—施肥开沟器　5—培土器　6—覆土器

（注：图中 e 为重叠量；n 为护苗带。）

为使中耕锄铲不伤苗、不压苗，接合行的中耕范围应是正常各行的一半或稍宽，配备时，中耕机最外侧中耕接合行的锄铲数应减少，邻接下一行程则应选用窄尺寸的铧铲，入土深度可减少一半，并卸去外侧培土板。

中耕机组的工作幅及作业行数应与播种机组的工作幅和行数相同，或者播种机工作幅是中耕工作幅的整数倍以避免中耕机跨播种机接合行作业。

三、中耕作业的方法与规程

中耕作业通常包括行间中耕、行间追肥、行间开沟等作业项目。

1. 农业技术要求

（1）行间中耕。根据地面杂草及土壤墒度情况适时进行。一般，第一次行间中耕在显行后进行；地膜覆盖作物可提前于显行前进行。

1）中耕深度一般为 10～18 cm，耕后地表应松碎、平整，不允许有拖堆、拉沟现象。

2）护苗带宽度应为 8～12 cm，在不伤苗的前提下应尽量缩小护苗带宽度。

3）伤苗率不大于 1%，地头转弯处伤苗不大于 10%。

4）不错行、漏耕，起落一致，地头地边要耕到。

单元 3

（2）行间追肥。除中耕作业的一般要求外，还应做到：

1）追肥均匀，下肥量符合要求。

2）追肥深度一般为 8～15 cm，前期浅，后期深，肥料距苗行 10～15 cm。

3）棉花后期花铃肥应施于苗行中心，肥料不得漏洒在地表或作物上。

（3）行间开沟。开沟作业应在灌水前 5 天内完成。灌水沟在苗行中心，沟深15 cm，宽 30～40 cm，沟垄整齐，沟内畅通。

2. 作业注意事项

（1）作业前的田间准备。检查机组作业所经道路、桥涵，排除田间障碍物，填平临时毛渠、沟坑，清除残株、废膜，根据播种所采用的方法划分小区，作出小区进出地段的标志，根据条田长度设置加肥点，准备好所需肥料。

（2）作业前的机组准备

1）配齐驾驶员、农具员，选择适宜机型的拖拉机和农机具，并根据作物行距调整轮距；根据苗情、土壤墒情和杂草情况选配锄草铲或松土铲。

2）前期中耕应装上护苗器，行走轮、传动链轮、链条等需装上分行器，追施花铃肥时也应有护苗措施。

3）按要求进行机组的调整与锄铲的配置。

4）肥料应过筛，达到流动性好、无杂质的目的。

（3）作业要求

1）作业前机组人员必须熟悉作业路线，按指示标志进入地块和第一行程位置。

2）悬挂机组的悬挂机构应处于浮动位置，作业速度不大于 6 km/h，草多、板结地块不大于 4 km/h。

3）机组升降工作部件应在地头线上进行，后续作业的行走路线必须与第一次相同。

（4）中耕作业第一行程走过 20～30 m 后，应停车检查护苗带宽度、杂草铲除情况和伤苗情况等，发现问题及时排除。追肥作业时应检查施肥开沟器与苗行的距离，不合要求应及时调整；检查排肥量及排肥通畅情况；在草多地块作业时，应随时清除拖挂杂草；要经常保持铲刃锋利。

四、中耕机械的主要调整

以悬挂式中耕机的使用调整为例：

1. 耕深的调整

（1）松土铲耕深一般为 80 mm。松开固定松土铲柄的卡子，可调整松土铲柄的位置，向上调可使耕深变浅，向下调则变深。

（2）铧子的耕深，可通过调整安装在仿形轮支臂上的调深丝杠来实现。向右拧耕深变浅，向左拧则耕深增加。

2. 犁踵的调整

工作时，若犁踵不着地，应将固定螺钉松开，后移一个孔位，使犁踵着地。

3. 护苗器的调整

（1）通过改变护苗板左右支板固定的销孔来调整护苗带的宽窄。调整时应保持两支板固定的销孔位置相对应，以免使护苗板偏向一侧。

（2）护苗板的高度可通过护苗板支板上的孔和护苗板转动架上的孔进行调整。向上移则护苗板升高，向下移则护苗板降低。

（3）护苗板的前后位置可通过移动固定在犁辕上的护苗板转动架进行调整。

4. 铧子的更换与分土板开度的调整

（1）起垄时用大号铧子。

（2）趟第一遍地时用铧溜子，不带分土板。

（3）趟二遍地时用中号铧子，分土板开度调至中间位置。

（4）趟三遍地时用大号铧子，分土板开度由作业要求和作物种类而定。

5. 行距调整

（1）对有调行机构的中耕机，可扳动操纵杆来调整行距。

（2）对没有调行机构的中耕机，可移动前支臂和地轮支臂在主梁上的固定位置来调整行距。

6. 中耕机和拖拉机挂接后的调整

（1）中耕机左右水平的调整。转动拖拉机悬挂机构斜拉杆的调节螺杆，以改变斜拉杆的长度，即可调节左右水平。

（2）中耕机前后水平的调整。转动拖拉机悬挂机构中央拉杆的调节螺杆，以改变中央拉杆的长度，即可调节前后水平。

第三节　植保作业

→ 了解植保机械的结构组成、作业方法和规程、作业质量标准

→ 掌握植保机械的调整方法及中耕工作部件的选择与配置

一、植保机械的特点与原理

植保机械按施药方法可分为喷雾机、弥雾机、超低量喷雾机、喷粉机和喷烟机等；根据动力配备不同，又分为手动式、机动式、机引式和航空防治机械等。机动式采用固定的发动机带动植保机械工作，而机器本身的移动须靠人力搬运。机引式则由拖拉机或自身供给动力，并被牵引或悬挂作业。航空植保是指利用农用飞机及喷洒装置喷洒化学药剂的措施。航空植保具有经济、及时、喷洒效率高、不碰伤植物、不受地形条件限制等特点，适用于大面积的平原和林区。

喷雾机的主要工作部件主要由以下几个方面组成：

1. 液泵

液泵是喷雾机的重要组成部分，其作用是将药液转化为高压药液，通过喷头雾化喷洒在农作物上。喷雾机常用的液泵有往复式和旋转式两大类。

（1）往复泵。往复泵分柱塞泵、活塞泵和隔膜泵等。

往复式活塞泵是喷雾机中使用较多的一种，有单缸、双缸和三缸等形式。单缸活塞泵，如皮碗式活塞泵和皮碗式气泵，多用于手动喷雾机上，双缸和三缸泵多用于机动喷雾机。活塞泵具有较高的喷雾压力及良好的工作性能。

隔膜泵工作时通过摇杆机构（或曲柄连杆机构）带动隔膜作往复运动，使泵体内的体积发生变化，从而引成压力的变化，在泵内外压力差的作用下，不断地将药液通过进水管吸入泵室，随后经出水球阀压入空气室，并经出水管接头、喷杆和喷头洒到农作物上。

（2）旋转泵。旋转泵分离心泵和滚子泵等。

目前常用的离心泵有普通式和自吸式两种。普通式离心泵由叶轮、泵轴及泵体等组成，工作前首先向泵体内充满液体，当叶轮作高速旋转时，泵中液体在叶轮离心力的作用下，被甩向四周，再沿泵体内壁从出液口喷出。同时，在叶轮的进液口处，因失水产生局部真空，药箱或液管中的液体，在大气压力作用下，经进液口流进泵体，而后被叶轮甩出，完成排液过程。

滚子泵又称离心转子泵，它由转子、滚柱、泵体等组成。转子是径向开有槽的圆柱体，每个槽内各装一个直径等于槽宽的尼龙圆柱滚子。转子和泵体内壳有一个偏心距，当转子高速旋转时，滚子在离心力作用下紧贴在泵体内壳的表面，形成密封的工作室，该室的容积大小随转子转角的变化而变化。在进液口一侧，由于工作室容积不断扩大，形成局部真空而吸液；在排液口一侧，由于工作室不断缩小，压力增加而排液。

2. 往复泵的空气室

因为往复泵的工作有吸液和排液过程，吸液时将无液体排出，故其排液量是脉动的。为了获得均匀的排液量，往复泵必须与空气室配合使用。活塞在排液过程中，高压药液进入空气室，使空气室顶部的空气受到压缩，药液储存起来，不至对喷头有过大的冲击压力。活塞在吸液过程中，高压药液的压力显著下降，此时，空气室内的压缩空气膨胀，使药液从空气室内排出，对低压药液增压。空气室具有稳定压力的作用，以保持喷雾机正常工作。

3. 喷头

喷头的作用是使药液雾化和使雾滴均匀分布。其工作质量的好坏直接影响病虫害的防治效果。按照药液雾化原理的不同，喷头分为通用喷头、弥雾喷头和超低量喷头 3 类。

(1) 通用喷头（液力喷头）。常用于具有一定压力药液的喷雾机上。

1) 涡流式喷头。喷头内制有导向部分，高压药液通过导向部分产生螺旋运动。按结构的不同，涡流式喷头分为切向离心式喷头、涡流片式喷头和涡流芯式 3 种形式。因喷出的是锥状雾体，又称为圆锥雾喷头，多用于喷洒农药。常用的是切向离心式喷头。

2) 扇形喷头。分为狭缝式和冲击式（反射式）两种，药液经喷孔喷出后形成扁平扇形雾，喷射分布面积为一矩形。由于雾滴较大，多用于喷洒除草剂。

3) 撞击式喷头。它由扩散片、喷嘴、喷嘴帽和喷管等组成。喷嘴常制成锥形腔孔，出口孔径为 3～5 mm。雾化时，由喷雾胶管流出的高压药液，通过喷嘴到达出口处，由于过水断面逐渐减小，流速逐渐增高，形成高速射流液柱，射向远方。喷出的液流与相对静止的空气撞击和摩擦，从而克服其本身的表面张力和黏滞力，被细碎为雾滴。如果装上扩散片，阻击液流，可使近处农作物得到均匀雾滴，增大喷洒面积。多用于大田作业和果树植保作业。

(2) 弥雾喷头（气力式喷头）。弥雾喷头是利用较小的压力将药液流导入高速气流场，在高速气流（有时在气流通道内装有板、轮、扭转叶片等）的冲击下，药液流被雾化。在风机风力的作用下，将细小雾滴吹送到较远的目标。弥雾机大多采用这种喷头。

弥雾喷头种类较多，可分为扭转叶片式、网栅式、远喷射式、转轮式等，但其工作原理及其效果基本相同。

（3）超低量喷头。超低量喷头是将药液输送到高速旋转的雾化元件上（如圆盘等），在离心力的作用下，药液沿着雾化元件外缘抛射出去，雾化成细小雾滴（雾滴直径为15～75 μm）。“超低量”一词一方面是指雾化后的雾滴容量（直径小）小，另一方面是指单位面积的施药量极少，每亩施药小于0.3 L，故称为超低量喷雾。

超低量喷头的主要工作部件是一个旋转的圆盘。旋转圆盘有平面单圆盘、带孔凹面单圆盘和凹面双层齿盘3种形式，其中，以凹面双层齿盘应用最广，其结构如图3—16所示。它由两个前、后重叠的凹面齿盘组成，前齿盘直接与动力连接。当动力驱动双齿盘作高速旋转时，注入在齿盘中心附近的药液在齿盘离心力作用下，克服了齿盘对药液的摩擦阻力，沿盘表面均匀而连续不断地向外缘扩展，扩展面积越大，其药液膜也就越薄。当药液膜扩展至齿盘拐角处时，药液膜部分甩出或分流到另一齿盘上。药液膜经前、后两齿盘相互交换地扩展，直至两齿盘边缘的锯齿尖处，极薄的药液膜在齿尖集中成雾滴并迅速飞离齿盘。由于雾滴直径很小，随风飘移，最后沉降在农作物上。

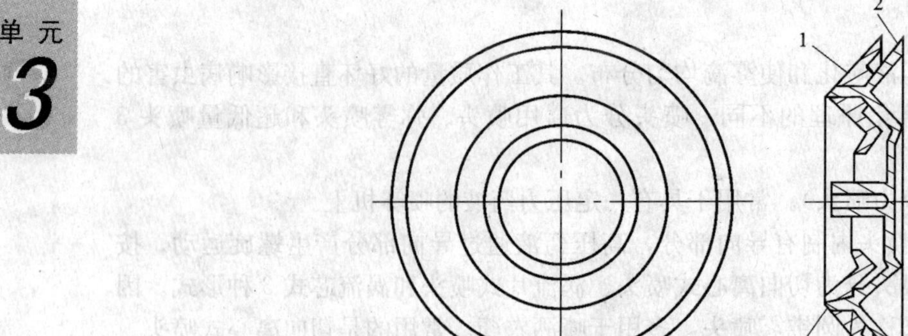

图3—16　凹面双层齿盘

1—后齿盘　2—前齿盘　3—隔片　4—铆钉

4. 防滴装置

防滴装置如图3—17所示，用于防止停喷时还有后滴或防止药液未达到一定压力时有前滴的现象。

防滴装置由防滴球、喷头连接件、防滴弹簧、滤网和喷头帽等组成。开始喷药时，药液压力达到一定值，克服弹簧压力后才能喷出，防止了前滴。停喷时，输液管内压力降低，弹簧将球阀关闭，管内残留药液被阻在管内，防止了后滴。也有采用橡胶薄膜取代防滴球的，其原理相同。

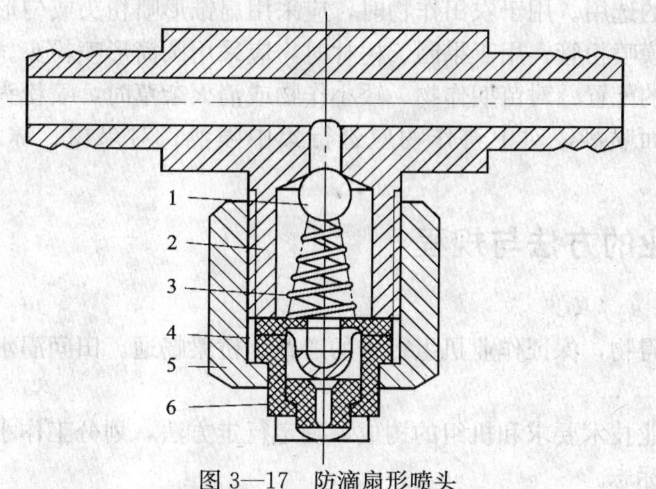

图 3—17　防滴扇形喷头

1—防滴球　2—喷头连接件　3—防滴弹簧
4—滤网　5—压紧螺母　6—喷头帽

5. 调压阀

调压阀用来调节液泵的工作压力，并起到安全阀的作用。调压阀主要由调压轮、回水室、卸压手柄、阀门和弹簧等组成。

二、植保机械的配置要求

1. 喷雾机

(1) 全面喷雾的喷头配置。采用水平喷杆，在喷杆上等距离安装由上向下喷的喷头，水平喷杆距地面的高度为 40～60 cm。

(2) 行间喷雾的喷头配置。作物生长前期采用垂直向下喷雾，喷头位于植株行顶上方约 30 cm 处，圆锥雾流的宽度应比植株的最宽处每边大 10～12 cm；当植株增高、叶片增多时，采用增加吊挂喷杆的多喷头组合喷雾器，将位于吊挂喷杆上位置较高的侧面喷头安装成水平喷雾，位置较低的则安装成倾斜向上的喷雾，使组合雾流全方位喷向植株。

(3) 行间除草剂喷雾的喷头配置。当利用水平喷杆在行间进行除草剂喷雾时，喷头应距地面 30～50 cm，采用喷雾角较大的喷头时，可适当减小高度。水平喷杆上的喷头应安装在植株行距的正中央。

(4) 侧面喷雾的喷头配置。对葡萄架及连续成行的树木进行侧面喷雾时，采用垂直喷杆，喷头距树冠的距离为 30～60 cm。喷头在喷杆上的配置应使各喷头的圆锥雾流在遇到树冠表面之前相交叉，交叉面距树冠 15 cm。

2. 喷粉机

（1）喷粉头的选用。用于农田作物时，应采用扁锥形喷粉头或勺形喷粉头，如有条件尽量采用长薄膜喷粉管；用于果园、树林时，应采用圆筒形喷粉头。

（2）喷粉头的配置。对苗期作物、矮小作物或消灭杂草时，喷粉头应等距安装在作物上方，向下全面喷洒；对中耕作物应进行集中喷洒；对果树、林木等应进行侧向喷洒。

三、植保作业的方法与规程

1. 田间准备

（1）清除障碍物，保证作业机组行进的道路、桥梁畅通。田间灌水毛渠、坑、沟应填平。

（2）根据农业技术要求和机组的构成，确定行走方法，划分工作小区，确定转弯地带，并作出明显标志。

（3）标出机组第一行程路线，并插上标杆，一般，第一行程选择直长边开始运行。

（4）准备充足的水源，若在渠道取水，则应提供具有良好性能的过滤装置，确保水质清洁。

2. 机组准备

（1）机组人员配备应根据不同作业项目而定（一般配 1～2 人）。机组人员必须熟悉植保机械的构造、使用与维护保养，了解农药安全使用知识。驾驶员需持有驾驶证，此外，应由专业植保人员配制药剂。

（2）应根据所选用农药的剂型（粉剂、油剂、乳剂）及病虫害情况选用植保机具型号。一般为单台作业，由轮式拖拉机悬挂或牵引，作业速度一般为 4～6 km/h，按作物行距调整好轮胎轮距，动力输出部分应加装护罩。喷头配置应根据作业要求而定，全面喷雾时，在水平喷杆上等距离安装喷头，喷杆距地面 40～60 cm；行间喷雾时，应根据作物行距配置喷头，作物前期采用垂直向下喷，中后期则加装吊杆喷头，使叶面、叶背均能附着药雾。

3. 植保作业的方法和程序

（1）机组应按划定的各个工作小区的作业顺序进行作业，通常采用梭形行走路线。地头转弯采用半圆形弯，最后收尾完成地头喷雾作业。

（2）机组应进行试喷，主要测试喷药量和喷雾均匀度。试喷作业的地点在停车场内，便于观察药剂分配是否均匀，并正常喷洒 3～5 m，计算出喷药量与农业要求是否相符。

（3）机组开始正常作业时，工作速度应平稳、一致，发动机应保持额定转速，以保证泵压的稳定。检查机组行走路线中有无伤苗、压苗、漏喷，田间喷雾作业适宜的气温不高于 30℃，交接行重叠度不大于工作幅宽的 3%。

四、喷量的调整与测定

1. 喷头喷量的调整

通常，根据防治病虫害和除莠的要求，规定单位面积应施农药的有效剂量，这可以通过调节药液的浓度、喷雾的喷量及改变喷雾作业时的行走速度实现。液力式喷雾机喷量的调整主要靠更换不同喷孔尺寸的喷头实现。即，作业前根据单位面积上喷施药液量的多少选择合适的喷孔尺寸，从而确定喷头喷量。药液浓度确定以后，作业时只需调节行走速度即能满足单位面积施药的有效剂量。行走速度可按下式计算

$$v=\frac{600q}{BQ}$$

式中 v——作业时的行走速度，km/h；

q——喷雾机每分钟的施药量，kg/min；

Q——每公顷应施药液量，kg/hm^2；

B——喷雾机喷幅（针对性喷雾实际喷幅或飘移喷雾有效喷幅），m。

2. 喷量的测定

可用塑料软管罩住喷头，下接容器，按作业时的喷雾压力和喷孔尺寸喷雾，用秒表计时，测定单个喷头喷量（kg/min）。总喷量等于喷杆上各喷头喷量之和。

3. 使用混药器时药液浓度的计算

混药器的作用是将母液与大量的水按一定比例自动均匀混合，以达到科学喷洒的目的。工农—36 型机动喷雾机上采用了射流式混药器，在大喷量情况下配合喷枪工作(不适用于一般喷头。)

使用混药器一定要注意混药器吸入母液的浓度，以最终确定喷枪喷射浓度。

每秒钟喷枪喷出的药液量和每秒钟吸入的母液量分别与 1 kg 原药液掺水后在喷枪喷出的量和混药器吸入量成正比。即

$$A:(C+1)=B:(D+1)$$

一般 C 值比 1 大得多，故将（$C+1$）中的 1 略去不计，则上式变为

$$A:C=B:(D+1)$$

得

$$D=\frac{BC}{A}-1$$

式中 A——喷枪单位时间的喷药量，kg/min；

B——混药器单位时间吸入的母液量，kg/min；

C——1 kg 原药液所掺和的水量（kg），为农艺要求给定值，如农艺要求喷洒浓度为 1∶1 000，则 C 为 1 000；

D——相应母液中，1kg 原药液所掺和的水量，kg。

则喷枪喷出药液的浓度（农艺要求）为 $1:C$；母液桶内母液相应的稀释浓度为 $1:D$。

上式中，A 和 B 的值由试验确定。

五、植保作业的质量标准

1. 作业中的检查。目测农药喷施状况，应均匀一致，射程稳定；工作部件应不堵、不漏；观察叶子和茎秆上药量的附着状况。

2. 植保作业的质量验收。应根据农业技术要求逐项检查，并检查伤苗、压苗情况，损失总量不大于1%，交接行无漏喷；作业后经过一段时间，检查药效情况，进行前后对比，确定作业质量水平。

六、植保机械的调整的操作要点

1. 按规定浓度配制溶液。

2. 测定喷头的喷量。用塑料软管罩住喷头，下接容器，按作业时的喷雾压力和喷孔尺寸喷雾，用秒表计时，测定单个喷头喷量（kg/min）。总喷量等于喷杆上各喷头喷量之和。

3. 按机器的喷头数和安装间距确定作业幅宽（即有效喷幅）。

4. 考虑到作业时机车驱动轮的滑转和田间具体情况等因素的影响，应在正式喷雾前进行试喷。在第一个行程喷药结束后，检查药液箱内的液面，确定喷出的药液量与所要求的喷药量是否相符；如不符，可改变行走速度。

第四节 施肥作业

→ 了解施肥机械的构造、工作过程、施肥作业方法

一、施肥机械的构造与工作过程

由于肥料的物理性状不同，施肥方法及施肥机也不同。撒厩肥机由肥料箱、输肥器及撒肥装置等组成；而化肥深施机则由开沟器、输肥管、肥料箱及排肥装置等组成。

1. 排肥装置

播种施肥机和中耕追肥机上采用不同形式的排肥装置。

（1）星轮式排肥装置。星轮式排肥装置目前国内外使用较普遍。它主要由挡肥板、星轮、排肥轴等组成，如图 3—18 所示。工作时，旋转的星轮将星齿间的化肥强制排出，常采用 2 个星轮对转以消除肥料架空和锥齿轮的轴向力。星轮背面的凸棱 A 和 B 可把进入星轮下面的肥料推送到排肥口以清除积肥。星轮式排肥器的排肥稳定性变异系数的变化范围为 8%～27%。

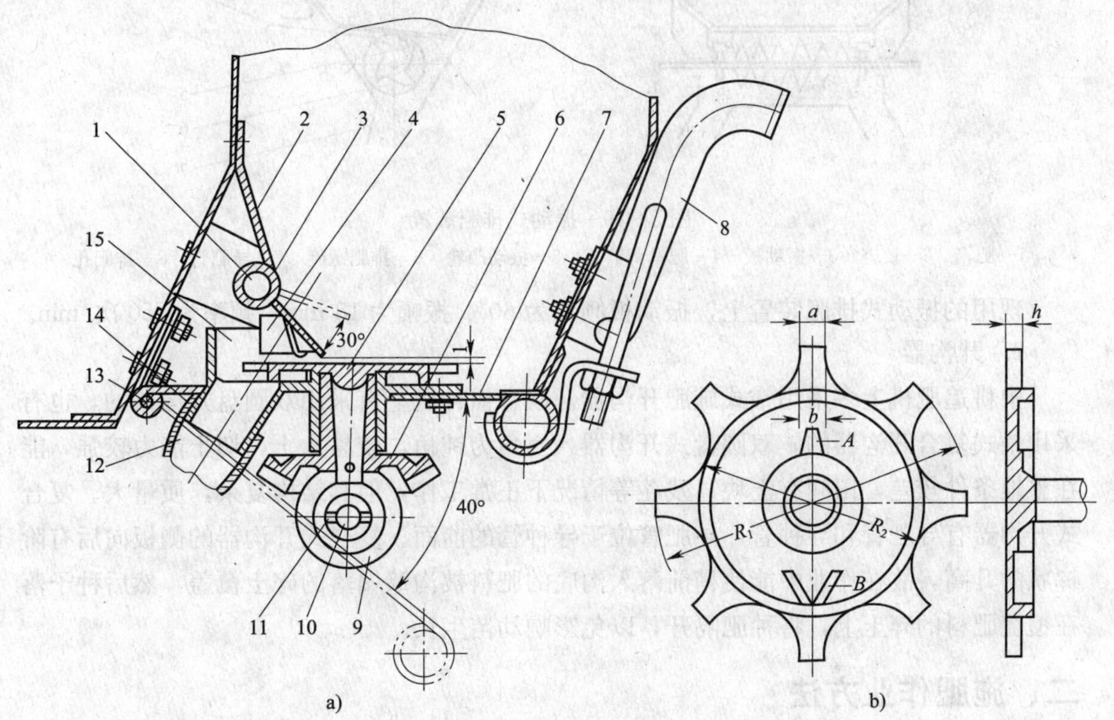

图 3—18　星轮式排肥装置

a）总体　b）星轮

1—活门轴　2—挡肥板　3—排肥活门　4—导肥板　5—星轮　6—大锥齿轮　7—活动箱底　8—箱底钩　9—小锥齿轮　10—排肥轴　11—轴销　12—输肥管　13—铰链轴　14—卡簧　15—排肥器支座

这种排肥器的肥箱底部装有活页式铰链，箱底可以打开，便于清除残存的化肥；星轮的拆卸也很方便。排肥量的调节可以通过调节手柄改变排肥活门的开度来实现。

（2）振动式排肥装置。振动式排肥装置由肥箱、振动板、振动凸轮等组成，如图 3—19 所示。工作时，凸轮使振动板不断振动，使化肥在肥箱内循环运动，可消除肥箱内化肥的“架空”。并使之沿振动板斜面下滑，经排肥口排出。排肥量大小用调节板调节，对流动性较好的化肥，可更换调节板。由于振动关系，肥料排量受肥箱内肥料多少、肥料密度、黏结力等的影响较大，排肥量的稳定性和均匀性较差。

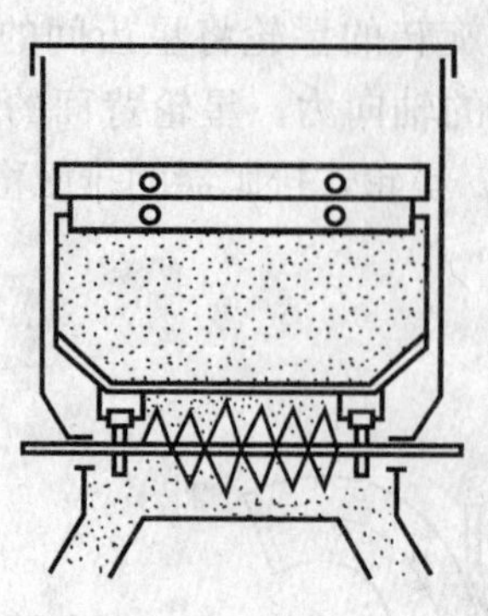

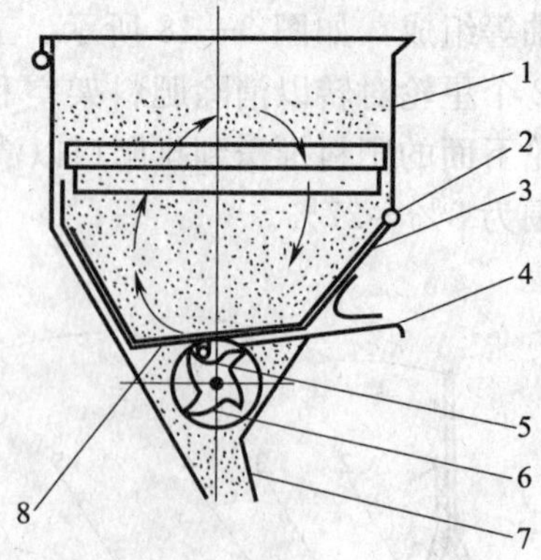

图 3—19 振动式排肥装置

1—肥箱 2—铰链 3—振动板 4—肥量调节板 5—振动凸轮 6—排肥螺旋 7—导肥管 8—排肥孔

现用的振动式排肥装置上，振动板倾角为 60°、振幅为 18 mm、频率为 250 次/min。

2. 开沟器

中耕追肥机上多采用锚式施肥开沟器。联合播种机上有采用双圆盘开沟器的，也有采用锚式复合开沟器的。双圆盘式开沟器入土角为钝角，较易入土，切土能力较强，能在整地条件较差，田间有土块、残茬等情况下正常工作，但其结构复杂，质量大。复合式开沟器有导肥管和导种管，导肥管位于导种管的前面。复合式开沟器的侧板向后有阶梯状的升高，故在作业中能使稍前落入沟底的肥料被沟壁塌落的碎土覆盖，然后种子落在覆盖肥料的碎土上，将种肥隔开，以免影响幼苗生长。

二、施肥作业方法

1. 施基肥

在耕地或播种前，将肥料施于地表，然后用犁或耙翻土覆盖，称为施基肥。一般采用撒施的方式。所用机具有厩肥撒播机和化肥撒播机。也有采用垄施的，这种方法的好处是肥料集中，撒施均匀。

2. 施种肥

播种的同时施肥称为施种肥，一般施化肥和颗粒肥料。施肥开沟器配置在排种开沟器的一侧或前方，可以进行侧施或种底层深施。

3. 追肥

在作物生长期间将肥料施于作物根系附近或直接喷洒在作物茎叶上，称作追肥。一般追肥与中耕同时进行。常用的机具有中耕施肥机、液氨施肥机等。

单元测试题

一、判断题（下列判断，正确的请打“√”，错误的请打“×”）

1. 外槽轮排种器是通过调节外槽轮转速和外槽轮工作长度来改变播种量的。（ ）

2. 气吸式排种器对种子的几何尺寸要求不严格，通用性好。（ ）

3. 开沟器的作用就是开出种沟。（ ）

4. 双圆盘式开沟器入土角为钝角，较易入土，切土能力较强，能在整地条件较差，田间有土块、残茬等情况下正常工作。（ ）

5. 播种作业前的准备工作包括田间准备、机组准备以及种子、肥料和地膜准备。（ ）

6. 24 行播种机在场地“调试”（即不加种子的试机）合格后，保证播种机的划行器、开沟器、行距、交接行等符合要求，一般不需要再进行田间试播。（ ）

7. 除草铲只能用来除草，它有单翼铲、双翼铲和通用铲 3 种结构形式。（ ）

8. 第一遍苗期中耕时，如果只要求除草，选择单翼铲和双翼铲即可。（ ）

9. 为了在中耕作业时锄铲不伤苗、不压苗，接合行的中耕范围应是正常各行行距的 1/4。（ ）

10. 一般土壤，中后期中耕时应根据行距，选择 2～3 个双翼铲进行作业。（ ）

11. 中耕作业时护苗带一般取 8～12 cm。（ ）

12. 中耕作业的作业速度一般不超过 6 km/h。（ ）

13. 中耕作业机组升降工作部件应在地头线上进行。（ ）

二、单项选择题（下列每题有 4 个选项，其中只有 1 个是正确的，请将其代号填在横线空白处）

1. ________排种器对种子的几何尺寸要求不严格，通用性好，还可以实现穴播，可提高播种机作业速度，但不适宜播种带绒棉子。

A. 气吸式　　B. 气吹式　　C. 气送式　　D. 气压式

2. 采用播幅为 3.6 m 的 2BF－24A 条播机进行场地播量调整，如果农业技术要求每公顷播种小麦 300 kg（20 kg/亩），那么调整时转动一侧大地轮 48.5 圈，该侧各排种器的总下种量应当是________kg。

A. 20　　B. 10　　C. 15　　D. 30

3. ________入土角为钝角，较易入土，切土能力较强，能在整地条件较差，田间有土块、残茬等情况下正常工作，但结构复杂，质量大。

A. 滑刀式开沟器　B. 锄铲式开沟器　C. 芯铧式开沟器　D. 双圆盘式开沟器

单元 3

4. 开沟器梁长 370 cm，一个开沟器拉杆的安装宽度为 10 cm，作物行距为 30 cm。则该机应配置________个开沟器。

A. 12　　B. 10　　C. 11　　D. 14

5. 轮式拖拉机连接单台 2BF—24A 谷物条播机，对印目标取拖拉机中央，拖拉机前轮轮距为 120 cm，播种机幅宽为 360 cm。若从播幅中间算起，该机左右划行器臂长应为________ cm。

A. 360，360　　B. 360，240　　C. 240，240　　D. 240，360

6. 若播种机组从规划小区或自然条田的中心播起，顺时针右转弯作业，从倒数第四圈起转大圈，同时播两端地头，播完后结束作业出地，这样的作业方法叫做________。

A. 梭形播种法　　B. 向心播种法

C. 离心播种法　　D. 梭形四大圈播种法

7. 一般情况下，第一遍苗期中耕时，如果只要求除草，选择________即可。

A. 单翼铲　　B. 凿形铲　　C. 单翼铲和双翼铲　　D. 松土铲

8. 中耕作业时，护苗带的宽度应为________ cm，在不伤苗的前提下应尽量缩小护苗带。

A. 5～10　　B. 8～12　　C. 4～8　　D. 10～18

9. 中耕作业中，悬挂机组的液压系统应处于________。

A. 中立位置　　B. 压降位置　　C. 浮动位置　　D. 提升位置

三、多项选择题（下列每题有多个选项，其中至少有 2 个是正确的，请将其代号填在横线空白处）

1. 外槽轮式排种器的突出优点是________，能播各种粒型的光滑种子，如麦类、高粱、豆类、玉米、谷子和油菜子等。

A. 排种精度高　　B. 通用性好　　C. 可靠性高　　D. 无需调整

2. 外槽轮式排种器是通过调节________来改变播种量的。

A. 外槽轮转速　　B. 外槽轮工作长度

C. 外槽轮与排种舌的间隙　　D. 外槽轮的直径

3. 水平圆盘式排种器可以通过更换排种盘（又叫型孔盘）实现________。

A. 单粒播种　　B. 精量条播　　C. 穴播　　D. 撒播

4. 在下列开沟器中，________入土角为钝角，能在整地条件较差，田间有土块、残茬等情况下正常工作。

A. 滑刀式开沟器　　B. 锄铲式开沟器

C. 芯铧式开沟器　　D. 双圆盘式开沟器

5. 一般情况下，第一遍苗期中耕时，如果只要求除草，选择________即可。

A. 单翼铲　　B. 凿形铲　　C. 双翼铲　　D. 松土铲

6. 中耕作业第一行程走过 20～30 m 后，应停车检查________等，发现问题及时排除。

A. 铲刃磨损情况　B. 护苗带宽度　C. 伤苗情况　D. 杂草铲除情况

7. 根据用途不同和作业要求，中耕工作部件主要有________3类。

A. 除草铲　B. 凿形铲　C. 松土铲

D. 培土器　E. 双翼铲

四、简答题

1. 如果拖拉机作业时的行走速度为 6 km/h，喷雾机施药量为 10 kg/min，喷雾机的喷幅为 12 m，试计算每公顷应施药液量（kg/hm^2）。

2. 喷雾机的喷量是怎样测定的？

3. 使用混药器时要注意混药器吸入母液的浓度，以最终确定喷枪喷射浓度。

设喷枪单位时间喷药量 A 为 40 kg/min，混药器单位时间吸入的母液量 B 为 1 kg/min，喷枪喷出药液的浓度（农艺要求）$1:C=1:1\,000$。

求母液稀释浓度 $1:D=$？

4. 植保作业中的作业质量检查主要包括哪些内容？

五、技能试题

第一题　条播机划行器的调整（给定拖拉机、条播机和播种作业的行走路线）

1. 内容及操作要求

(1) 确定依据

1）条播机在地里的行走路线（梭形、向心、离心等，一般为梭形）。

2）驾驶员对印目标，轮式车一般按水箱盖，居中间；履带车常按右履带内侧。

3）拖拉机前轮距或履带距，正位驾驶时该条件不用。

4）条播机幅宽（最外两个开沟器间距＋一个行距）B。

(2) 计算

1）梭播正位驾驶，则

$$L_{右}=B$$
$$L_{左}=B$$

2）梭播右偏位驾驶，则

$$L_{右}=B-\frac{l}{2}$$

$$L_{左}=B+\frac{l}{2}$$

(3) 划行器臂长调整。若划行器臂长是从播种机幅宽的中间点量起的，则从条播机的中轴线向左右两侧分别量取 $L_{右}$、$L_{左}$ 距离，即是调节划行器伸缩臂后划行器圆盘的位置。

2. 准备工作

(1) 材料准备。答题纸若干。

(2) 设备准备。2BF－24A 型条播机 1 台。

(3) 工、量具准备。5 m 卷尺一个。

3. 考核时限

（1）基本时间。准备时间 20 min，正式操作时间 40 min。

（2）时间允差。每超过 5 min，从总分中扣除 2 分，不足 5 min 按 5 min 计算，超过 15 min 终止考试。

4. 评分项目及标准（见表 3—1）

表 3—1 **评分项目及标准**

序号	评分要素	配分	评分标准	得分	备注
1	能根据给定条件确定 4 个调整依据	40	少一个扣 10 分		
2	计算结果正确	30	公式正确给 10 分，计算结果正确给 20 分		
3	调整方法正确，结果准确	30	调整方法正确给 10 分，调整结果正确给 20 分		

第二题 24 行播种机播量的试验与调整（给定播种机，播种量 300 kg/hm^2）

1. 内容及操作要求

（1）播种量的理论计算

方法 1：可按下式计算每个排种器平均应排种子量：

$$G=\frac{QD\pi B}{10\ 000n}N$$

式中 G——场地试验时行走轮（地轮）转动 20 圈，每个排种器应排出种子量，kg；

Q——每公顷计划播种量，kg/hm^2；

D——地轮直径，m（这里是 1.08 m）；

B——播种机工作幅宽，m（这里是播种机整个幅宽的一半，1.8 m）；

n——播种行数（即参加工作的排种器数，这里是播种机全部排种器数的一半）；

N——试验时行走轮（地轮）转动圈数（这里取 20 圈）。

方法 2：可进行简易计算

按“调整播量不用算，大地轮转动 48 圈半”的口诀计算，试验时，转动一边大地轮 48.5 圈，12 个排种器的总下种量应当是亩（0.067 hm^2）播量的一半，即 10 kg。

（2）调整方法

1）各行一致性调整。主要是对各个排种槽轮工作长度的一致性和排种间隙的一致性进行检查和调整。

检查排种槽轮工作长度时，将播量调节手柄固定于“0”位，此时，各排种器的阻塞轮的左端应与内齿挡盘紧贴。否则，应予以单独调整。

检查排种间隙时：

①先把播量调节手柄固定在“0”位。

②再将排种间隙调节手柄固定在最低处。

③逐个检查各排种舌，各排种舌应与阻塞轮凸齿相接触。

④如有未接触者，应予单独调整。

2）排种量调整

①先选定一种排种传动比。

②使行走轮离开地面，放下开沟器。

③往种子箱内加入种子，在各输种管下端系上接种杯或接种袋，顺转几圈行走轮，使排种器内充满种子。

④倒出接种杯内的种子，重新系好。

⑤按 20～25 r/min 的转速，均匀地转动行走轮 20 圈。

⑥依次称接种杯内的种子质量，称量结果应与计算结果相同，误差为±9 g。

⑦若有个别排种器的排种量与平均应排种子量不一致，应将该排种器左、右卡箍松开，适当左、右移动排种槽轮。直至所有排种器的排种量与平均应排种子量相符为止。

⑧若通过播量调节手柄达不到播量调整要求，则应选择另一种传动比，再进行排种量调整。

2. 准备工作

（1）材料准备。接种杯或接种袋 12 个（组）、答题纸若干。

（2）设备准备。2BF－24A 型条播机 1 台。

（3）工、量具准备。30 cm 直尺 1 个、台秤 1 个、锤子 1 把、活扳手 1 把。

3. 考核时限

（1）基本时间。准备时间 20 min，正式操作时间 50 min。

（2）时间允差。每超过 5 min，从总分中扣除 2 分，不足 5 min 按 5 min 计算，超过 15 min 终止考试。

4. 评分项目及标准（见表 3—2）

表 3—2 **评分项目及标准**

序号	评分要素	配分	评分标准	得分	备注
1	能按两种方法之一计算播种量，计算结果正确	20	方法正确给 10 分，结果正确给 10 分		
2	能正确进行各个排种槽轮工作长度一致性的检查和调整	20	会检查给 10 分，会调整且调整正确给 10 分		
3	能正确进行各个排种槽轮排种间隙一致性的检查和调整	30	会检查给 16 分，4 个步骤少一步扣 4 分；会调整且调整正确给 14 分		
4	排种量调整，方法正确、步骤完整	30	方法正确给 14 分，少一个步骤扣 2 分；调整正确、熟练给 16 分		

5. 操作要点及注意事项

（1）能按两种方法之一进行播种量计算，计算结果正确。

（2）能正确进行各个排种槽轮工作长度的一致性检查和调整。

（3）能正确进行各个排种槽轮排种间隙的一致性检查和调整。

（4）排种量调整，方法正确、步骤完整。

第三题 24 行播种机的田间试验与调整

1. 内容及操作要求

（1）按要求完成调试工作，即不加种子进行试机。检查播种机的划行器、开沟器、行距、交接行等是否符合要求。

调试要求：

行距一致性：在同一播幅内，偏差不超过 1 cm。交接行偏差不大于 2 cm，中耕作物不大于 8 cm。

播行直线性：在 50 m 内，直线误差不得大于 8～10 cm。

（2）按要求完成试播工作，确定作业质量符合规定要求时开始正式播种。

试播时的检查内容和要求：

1）播量要准确，规定与实际下种量之间的偏差不超过 3%。

2）下种要均匀，同一播幅内，各行下种量偏差不超过 6%。

3）播深要适宜，播深偏差不超过 0.5 cm。

4）无浮子。

5）镇压严实。

6）试播应在第一行程播种作业时进行。要求直线、匀速前进，中途不得停车，地头转弯时再检查、核对播种量、行距、覆土情况，必要时进行调整。

进行上述第一、第二项检查时，可以轻轻扒开土层，数出种粒数或称出种子质量。

2. 准备工作

（1）设备准备。2BF－24A 型条播机 1 台。

（2）工、量具准备。30 cm 直尺 1 个、铁锹 1 把、500 g 称量天平 1 个、活扳手 1 把。

3. 考核时限

（1）基本时间。准备时间 20 min，正式操作时间 50 min。

（2）时间允差。每超过 5 min，从总分中扣除 2 分，不足 5 min 按 5 min 计算，超过 15 min 终止考试。

4. 评分项目及标准（见表 3—3）

表 3—3　　评分项目及标准

序号	评 分 要 素	配分	评 分 标 准	得分	备注
1	完成调试工作的检查内容	20	4 个检查项目少一个扣 5 分		
2	调试的结果符合要求	20	4 个调试结果错一个扣 5 分		
3	完成试播工作的检查内容	30	检查内容少一个扣 6 分		
4	正确进行试播行程作业	20	5 个要求少一个扣 4 分		
5	按要求进行试播检查，结果应符合要求	10	误差超标一个扣 2 分		

5. 操作要点及注意事项

(1) 完成调试工作的检查内容。

(2) 调试的结果应符合要求。

(3) 完成试播工作的检查内容。

(4) 正确进行试播行程作业。

(5) 按要求进行试播检查，结果符合要求。

第四题　播种作业实例（给定作物种类、拖拉机型号、播种机型号和地块）

1. 内容及操作要求

(1) 按要求进行田间准备

1) 条田的边角，引渠地埂尽量修直取正，清除地表残茬、石头、废膜等。

2) 对作业中不易看清、不能排除的障碍物，应作出明显标志。

3) 检查道路、桥涵宽度能否通过机组。

4) 规划作业小区，每个小区的宽度应是作业幅宽的整数倍。

5) 划出地头起落线，转弯地带宽度应为工作幅宽的整数倍。

6) 在第一播种行程上插标杆。

(2) 正确进行播种作业

1) 播种作业时速一般不超过 6 km/h。

2) 接近地头起落线前 10～15 m 时减速，先升起划行器，到起落线时升起圆盘开沟器，然后转弯到下个行程起落线。

3) 作业中一般不应换挡变速和停车，故障排除尽量在地头进行。

(3) 会进行播种作业中的检查

1) 作业中应经常检查排种、排肥情况和种子箱、排种杯、输种管、开沟器等有无杂物、泥土堵塞，必要时清理调整。

2) 每作业 2～3 hm^2（30～50 亩），机组应自检作业质量，核对排种、排肥量，必要时进行调整，并按规定紧固、润滑各部位。

3) 作业中，种子箱内的种子量不得少于其容积的 1/4。作业中途因故停车，必须将开沟器升起，倒退 2～3 m，再放下开沟器划行器继续播种。播种机上不得超员、超重。

2. 准备工作

（1）材料准备。标杆 1 根，高度为 1.6～1.8 m。

（2）设备准备。2BF－24A 型条播机 1 台、拖拉机 1 台。

（3）工、量具准备。30 cm 直尺 1 个、铁锨 1 把、500 g 称量天平 1 个、活扳手1 把。

3. 考核时限

（1）基本时间。准备时间 20 min，正式操作时间 50 min。

（2）时间允差。每超过 5 min，从总分中扣除 1 分，不足 5 min 按 5 min 计算，超过 15 min 终止考试。

4. 评分项目及标准（见表 3—4）

表 3—4　　　　评分项目及标准

序号	评 分 要 素	配分	评 分 标 准	得分	备注
1	正确进行田间准备	40	6 个步骤各占 6 分，准备熟练给 4 分		
2	正确进行播种作业	30	3 个作业要求各占 10 分，其中操作不熟练各扣 3 分		
3	正确进行作业中的检查	30	3 项检查内容各占 10 分，其中操作不熟练各扣 3 分		

第五题　选择和配置中耕工作部件，并绘出配置图

给定条件：玉米的第一次中耕作业，行距配置为 60 cm×60 cm。要求护苗带宽度为 12 cm，完成松土、除草和开沟工序。

1. 内容及操作要求

（1）选择中耕工作部件

1）除草。选单翼铲和双翼铲组合。

2）松土。在双翼铲后面加装单列松土铲。

3）开沟培土。应按垄距、开沟深度和需要的培土高度选择规格尺寸为 30～35 cm（留出护苗带）的培土铲。

（2）配置工作部件并绘制配置图

1）除草。单翼铲配置在两侧靠苗带位置，护苗带取 10 cm。双翼铲与单翼铲前后、左右重叠量取 20 cm。

2）松土。松土铲在双翼铲后面 15～20 cm 处加装。

3）开沟培土。培土铲配置在松土铲后，距松土铲 25～30 cm。

2. 准备工作

（1）材料准备。答题纸若干。

(2) 工、量具准备。30 cm 直尺 1 把、20 cm 三角板 1 副。

3. 考核时限

(1) 基本时间。准备时间 20 min，正式操作时间 50 min。

(2) 时间允差。每超过 5 min，从总分中扣除 1 分，不足 5 min 按 5 min 计算，超过 15 min 终止考试。

4. 评分项目及标准（见表 3—5）

表 3—5　　评分项目及标准

序号	评分要素	配分	评分标准	得分	备注
1	能列举各种中耕工作部件的作用	25	除草、松土铲和开沟培土器 3 类能说出 5 种部件各给 5 分		
2	能正确选择中耕工作部件	25	选择正确给 15 分，说出理由给 10 分		
3	能正确配置中耕工作部件	25	方法正确给 15 分，配置数值正确给 10 分		
4	按配置要求正确绘制配置图	25	图形正确给 15 分，绘制熟练给 10 分		

第六题　中耕作业

操作铁牛—55 拖拉机、3Z—6 型中耕机（或其他指定中耕机）进行中耕作业，作业项目包括松土、除草和开沟，或根据实际情况选定。

1. 内容及操作要求

(1) 正确进行中耕工作部件的选择和配置。

(2) 正确应用护苗措施（护苗带、护苗器、分行器等）。

(3) 能按要求进行机组的调整（耕深、工作部件前后位置等）。

(4) 拖拉机的液压系统处于浮动位置；作业速度不超过 6 km/h。

(5) 机组升降应在地头线上进行。

(6) 能正确进行下列作业检查

1) 中耕作业第一行程走过 20～30 m 后，应停车检查护苗带宽度、杂草铲除情况和伤苗情况等。

2) 检查排肥量及排肥通畅情况。

3) 检查铲刃锋利情况。

2. 准备工作（工、量具准备）

30 cm 直尺 1 把。

3. 考核时限

(1) 基本时间。准备时间 20 min，正式操作时间 50 min。

(2) 时间允差。每超过 5 min，从总分中扣除 1 分，不足 5 min 按 5 min 计算，超过 15 min 终止考试。

4. 评分项目及标准（见表 3—6）

表 3—6　　评分项目及标准

序号	评分要素	配分	评分标准	得分	备注
1	中耕工作部件的选择和配置	20	除草、松土铲和开沟培土器选择正确给 10 分，配置正确给 10 分		
2	能正确考虑护苗措施	10	选择护苗带正确给 5 分，说出其他护苗措施给 5 分		
3	机组的调整正确，步骤完整	20	方法正确给 10 分，调整正确给 10 分		
4	机组作业符合要求	20	速度正确给 10 分，转弯升降正确给 10 分		
5	能主动进行作业检查，检查项目完整	30	不加提示进行检查给 10 分，检查项目完整给 10 分，检查内容准确、熟练给 10 分		

第七题　在给定条件下制定植保作业的工艺（笔答）

小麦齐穗期预防赤霉病，喷洒药剂为灭菌灵，药液浓度为 0.03%，每公顷施用量为 135 kg（亦可根据当地农业技术要求而定），作物行距为 15 cm，给定地块长、宽。使用铁牛－55 型拖拉机，悬挂式喷雾机幅宽为 12 m。

1. 内容及操作要求

（1）根据上述技术要求和机组构成，确定行走方法，划分工作小区，确定转弯地带，并做出明显标志（绘制草图）。

（2）标出机组第一行程路线，并插上标杆。

（3）按作物行距调整好轮胎轮距，动力输出部分应加装护罩。

（4）在水平喷杆上等距离安装喷头，喷杆距地面高度 40～60 cm。喷头间距应能够使给定高度下的喷洒带有 10～15 cm 的重叠。

（5）安排场地试喷，测试喷药量和喷雾均匀度。

（6）提出作业要求

1）工作速度应平稳、一致。

2）发动机应保持额定转速。

3）机组作业中不得伤苗、压苗和漏喷。

4）气温高于 30℃时不应进行喷雾作业。

5）确定交接行的重叠度等。

2. 准备工作（材料准备）

答题纸若干。

3. 考核时限

（1）基本时间。准备时间 20 min，正式操作时间 50 min。

（2）时间允差。每超过 5 min，从总分中扣除 2 分，不足 5 min 按 5 min 计算，超过 15 min 终止考试。

4. 评分项目及标准（见表 3—7）

表 3—7　评分项目及标准

序号	评分要素	配分	评分标准	得分	备注
1	行走方法正确，工作小区划分、转弯地带设置正确，草图清晰、正确	20	4 个项目每答出一个给 5 分		
2	能正确标出机组第一行程路线，并插上标杆	10	2 项内容，各 5 分		
3	正确调整轮胎轮距	10	方法正确给 5 分，调整准确给 5 分		
4	喷头、喷杆的安装要求正确	10	提出高度、喷头间距的要求，分别给 5 分		
5	能够安排场地试喷，写出测试喷药量和喷雾均匀的方法	20	2 项内容，各 10 分		
6	拟定作业要求	30	5 项作业要求，各给 6 分		

第八题　喷头喷量的试验和确定

进行棉花的第三次叶面喷施。要求喷洒 2%过磷酸钙溶液，每公顷用量 1 125 kg，试确定喷头的喷量。

1. 内容及操作要求

（1）应按规定浓度配制溶液。

（2）喷头喷量的测定。用塑料软管罩住喷头，下接容器，按作业时的喷雾压力和喷孔尺寸喷雾，用秒表计时，测定单个喷头喷量（kg/min）。总喷量等于喷杆上各喷头喷量之和。

（3）按机器的喷头数和安装间距确定作业幅宽（即有效喷幅）。然后按以下公式计算所需的工作速度

$$v=\frac{600q}{BQ}$$

（4）考虑到作业时机车驱动轮的滑转和田间具体情况等因素的影响，应在正式喷雾前进行试喷。在第一个行程喷药结束后，检查药液箱内的液面，确定喷出的药液量与所

要求的喷药量是否相符；如不符，可改变行走速度。

2. 准备工作

（1）材料准备。水源。

（2）设备准备。12 m 幅宽的悬挂式喷雾机 1 台。

（3）工、量具准备。5 kg 台秤 1 台、秒表 1 只、水桶若干。

3. 考核时限

（1）基本时间。准备时间 20 min，正式操作时间 50 min。

（2）时间允差。每超过 5 min，从总分中扣除 2 分，不足 5 min 按 5 min 计算，超过 15 min 终止考试。

4. 评分项目及标准（见表 3—8）

表 3—8 评分项目及标准

序号	评分要素	配分	评分标准	得分	备注
1	配制药液方法正确	20	计算准确，操作熟练		
2	掌握喷头喷量的测定方法，以及总喷量的计算方法	30	2 个项目，各 15 分，操作不熟练扣 5 分		
3	确定作业幅宽，计算所需的工作速度	30	2 个项目，各 15 分		
4	试喷及其调整	20	试喷操作、作业速度调整正确分别给 10 分		

单元测试题答案

一、判断题

1. √ 2. √ 3. × 4. √ 5. √ 6. × 7. × 8. √ 9. × 10. √ 11. √ 12. √ 13. √

二、单项选择题

1. A 2. B 3. D 4. C 5. A 6. C 7. C 8. B 9. C

三、多项选择题

1. BC 2. AB 3. AC 4. AD 5. AC 6. BCD 7. ACD

四、简答题

1. **解：**

已知 $v=6$ km/h，$q=10$ kg/min，$B=12$ m。

则 $$Q=\frac{600q}{Bv}=600\times10/(12\times6)=83.3\ \text{kg/hm}^2$$

答： 每公顷应施药液量为 83.3 kg。

2. **答：** 可用塑料软管罩住喷头，下接容器，按作业时的喷雾压力和喷孔尺寸喷雾，用秒表计时，测定单个喷头喷量（kg/min），总喷量应等于喷杆上各喷头喷量之和。

3. **解：**

$$D=(BC/A)-1$$
$$=1\ 000/40-1=24$$

答： 母液稀释浓度为 1∶24，即 1 份母液要加 24 份水。

4. **答：** 植保作业中的检查内容主要是：目测农药喷施状况，应均匀一致，射程稳定；工作部件应不堵、不漏；观察叶子和茎秆上药液的附着状况。

第4单元

故障分析与排除

第一节　发动机常见故障分析与排除

- 了解发动机的结构组成及功用
- 熟悉发动机的常见故障及原因，掌握发动机常见故障的排除方法

发动机由燃油系、曲柄连杆机构、配气机构、冷却系、润滑系等组成。

一、燃油系

1. 构造与作用

燃油系的作用是将一定量的清洁燃油按一定的喷雾要求准时地供入气缸，与气缸内的空气形成良好的可燃混合气。

柴油机燃油系可分为低压油路和高压油路两大部分。低压油路由燃油箱、滤清器、输油泵以及低压油管等组成；高压油路由喷油泵、喷油器和高压油管等组成。喷油泵的功用是根据发动机各气缸的工作次序和负载大小定时定量地向各缸喷油器输送高压柴油；喷油器的功用是将喷油泵送来的高压柴油以雾状喷射到燃烧室中。

2. 常见故障分析与排除

发动机常见故障的特征、原因及排除方法见表 4—1。

表 4—1　　发动机故障分析与排除

故障特征	故障原因	排除方法
发动机打不着火	起动汽油机转速不足，且工作不稳	（1）若油路不通或阻塞，应清洗、吹净油路 （2）若火花微弱或间断，应更换火花塞 （3）若点火提前角不对，应正确调整提前角 （4）若可燃混合气成分不对，应及时调整
	未使用减压机构或减压位置不对	将减压手柄放在“预热 1”的位置上，打开气缸体左侧检视口，用转动推杆的办法检查气门是否被顶开
	发动机零件有卡住的地方	卸下油底壳，用摇把摇转曲轴，使零件松动
	发动机被冻住（冬季）	将冷却水和润滑油加热后，重新灌入

续表

故障特征	故障原因	排除方法
发动机打不着火	发动机虽被带动，但不着火： (1) 发动机排气管冒白烟 1) 预热不够 2) 减压手柄位置不对 3) 燃油系统内有空气 4) 喷油器喷雾不良 5) 开始供油时间不对 6) 气缸内压力不足 (2) 排气管无烟或有时小股冒烟 1) 手油门未拉开 2) 油箱开关未打开或油箱没油	 重新预热 将减压手柄放到工作位置 按油路顺序排除空气 重新调整或换用新喷油器 调整供油提前角 见本表“气缸压力不足”故障的排除方法 将手油门拉开 将油箱开关打开，或加入燃油
发动机工作不稳定，有断火现象	发动机预热不够	拉上水箱保温帘，用中速预热
	燃油系统内有空气	按顺序排除空气
	柴油箱盖通气孔堵塞	清洗疏通通气孔
	柴油供应不正常 (1) 各缸供油不均匀度过大 (2) 柴油泵柱塞弹簧损坏 (3) 泵杆被卡住 (4) 喷油器雾化不良 (5) 各缸压缩压力差别太大 (6) 气门间隙不当 (7) 气门弹簧折断 (8) 气门弹簧弹力不足	 检查柱塞副供油量不匀度，调节柱塞副位置 更换柱塞弹簧 找出泵杆运动不灵活的原因，排除故障 调整或更换喷油器 提高压力过低的气缸压力 调整气门间隙 更换气门弹簧 在发动机运转时依次调节弹簧，以增加其刚度，此时若发动机工作情况没有好转，则应更换该弹簧
发动机动力不足	油路堵塞而供油量不足	疏通油路和油箱通气孔
	空气滤清器及进气管路不畅	清洗空气过滤网及管路内壁
	柴油泵柱塞磨损	将柴油泵拆下，在试验台检查后确定更换与否
	喷油器雾化不良	调整或更换喷油器
	气缸压力不足	见本表“气缸压力不足”故障的排除方法
	供油提前角不对	调整供油提前角

续表

故障特征	故障原因	排除方法
气缸压力不足（以起动机高速挡带动时，气缸压力应为 30～32 MPa，最低不小于25 MPa）	气门间隙过小或没有间隙	重新调整气门间隙
	气门杆在导管内卡住	用煤油清洗导管
	气门与气门座贴合不严	按气门的严密性标准研磨气门
	活塞环磨损过多或失去弹力	更换活塞环
	气缸和活塞间的间隙过大	活塞处于上止点时，活塞裙部与气缸的间隙最大不得超过 0.5 mm
发动机冒烟	冒黑烟（表明燃烧不良） （1）发动机负载过大 （2）喷油器喷雾不良 （3）开始供油时间过迟 （4）进气不足	 减少负载，发动机不能长时间超负载工作 检查喷雾质量，必要时更换喷油器 调整供油提前角 检查空气滤清器，并清洗滤芯
	冒白烟（表明发动机过冷，柴油未完全燃烧） （1）发动机未经热车即加负载 （2）气缸压力不足 （3）开始供油时间过迟 （4）油中有水，使其不能完全燃烧	 拉起水箱保温帘，用中转速热车至水温、油温正常 见本表“气缸压力不足”故障的排除方法 调整供油提前角 放出油路中的水
	烟色灰蓝或淡蓝 （1）油底壳油位过高 （2）活塞环积炭或磨损 （3）活塞和气缸间隙过大 （4）空气滤清器油盘油位过高	 放出多余机油 用煤油清洗，磨损严重者应更换 更换活塞或气缸套 倒出多余机油
发动机内有敲击声	开始供油时间不对	调整供油提前角
	一个或数个喷油器的喷油压力调得过高	调整喷油器
	气门间隙不当（低速时，在气门室处可清楚地听到敲击声）	调整气门间隙
	气门弹簧折断（气门室有叮当的金属敲击声，发动机工作不稳定，且有断火现象）	立即关死油门，更换折断的弹簧

续表

故障特征	故障原因	排除方法
发动机内有敲击声	活塞销与连杆衬套间隙增大（低速或转速突变时在气缸上部有响亮的金属敲击声）	更换磨损的零件
	活塞环与环槽间隙增大（沿气缸上下各处均有类似小锤轻击铁砧的声响）	更换活塞环，必要时更换活塞
	活塞与气缸间隙大（沿气缸全长均有轰隆而清晰的敲击声，以低速或转速突变时更为显著。将该气缸断油，则响声消失或显著减弱）	更换磨损的活塞或气缸套
	连杆轴承间隙增大	修磨曲轴的连杆轴颈，磨修曲轴，选配相应尺寸的连杆轴承，使配合间隙恢复到技术标准
	主轴承间隙增大（在气缸底中下部有钝器敲击声）	修磨曲轴的主轴颈，必要时更换主轴瓦
发动机过热	水温表失灵，读数不准	用水银温度计验证
	水箱护罩网或水箱散热芯子风道被污泥堵塞	清除泥污，并用压缩空气吹净
	水箱散热管被水垢及污物堵塞	用碱水清洗或将其拆下清洗
	风箱传动带松弛	调节传动带张紧度
	水泵叶轮固定销折断	更换固定销
	在夏季，机油油路未经过散热器	调节“冬、夏”开关至“夏”位置
	供油时间过迟	重新调整供油提前角
发动机转速不稳定	喷油泵柱塞或供油拉杆被卡住，仅在转速有很大变动时，调速器才移动供油拉杆	找出被卡住原因并排除
	调速器弹簧失灵	检查并更换失灵的弹簧
发动机飞车	空气滤清器机油盘内机油过多	倒出多余的机油
	调速器内的机油过多	放出多余的机油
	调速器驱动齿轮与套管打滑	拆下柴油泵与调速器送修理厂检修调整
	喷油泵供油拉杆卡住	拆下柴油泵与调速器送修理厂检修调整
	柱塞在最大供油量的位置上卡住	拆下柴油泵与调速器送修理厂检修调整

二、曲柄连杆机构

1. 构造与作用

曲柄连杆机构是发动机实现工作循环，完成能量转换和向外输出动力的机构。

曲柄连杆机构包括活塞组、连杆组和曲轴飞轮组 3 部分。

(1) 活塞组。由活塞、活塞环和活塞销等零件组成。

(2) 连杆组。由连杆、连杆螺栓、连杆轴承、连杆小头衬套等零件组成。

(3) 曲轴飞轮组。由曲轴、主轴承和飞轮等零件组成。

2. 常见故障分析与排除

(1) 气缸垫烧坏

1) 现象。气缸垫烧坏是常发生的故障，气缸垫烧坏后就失去了密封作用，容易产生窜气、漏气现象。烧损的部位不同，表现的特征也不同。如，发生在两缸之间、气缸与冷却水孔窜通、气缸与缸盖螺孔相通、气缸与缸体上润滑油孔相通等，就会分别产生窜气、压缩力不足、水箱中冒气泡、排气管冒白烟甚至排水、上水箱的水面有黄黑色机油泡沫等现象。

2) 排除方法。引起故障的原因不同，排除故障的方法也不同。

①气缸垫稍有烧损，即应更换。

②如缸体与气缸盖接合面不平，需加以铲刮修理。

③如气缸套凸出高度超差或不一致，需加以调整或修理，使其达到规定值。各缸凸出高度相差不大于 0.05 mm。

(2) 气缸套、活塞和活塞环过度磨损

1) 现象。气缸套、活塞和活塞环过度磨损，使活塞与气缸套间的间隙过大，造成漏气、压缩力不足，起动困难，发动机功率不足，燃烧不完全，排气冒黑烟；曲轴箱通气口也冒烟，机油窜入燃烧室，排气冒蓝烟，机油消耗增加；活塞与气缸间有敲击声。

2) 排除方法。拆卸，检查活塞环开口间隙、活塞裙部与气缸间隙。如活塞与气缸套磨损不严重，可更换活塞环，安装活塞环时，开口应错开安装，同时将气缸套旋转 90°安装；如磨损严重，则需镗缸并更换加大尺寸的活塞；如连杆弯曲，则需同时校直连杆。

(3) 拉缸

1) 现象。气缸套与活塞受到机械刮伤，甚至活塞被卡死在气缸内，发动机突然熄火，曲轴不能转动。

活塞与缸套配合间隙过小或发动机温度过高均会造成发动机拉缸。而活塞环折断或活塞环开口间隙过小会加速气缸壁的磨损，重则造成拉缸。

2）排除方法。如果轻微拉缸，可用细砂布打光气缸和活塞表面后再用；严重时需镗缸或更换气缸套与活塞、活塞环；安装活塞销时，如发现挡圈变形或弹力不够，应予以更换。

（4）烧瓦

1）现象。发动机运转吃力或突然熄火，排气管冒黑烟，摇曲轴时转不动，或可转动但存在异常响声。

轴承间隙过大或过小，曲轴轴颈磨损或圆度、圆柱度超标，各主轴承不同心，油底壳缺油或油道堵塞，机油质量不符合要求等都易造成烧瓦。

2）排除方法。在发动机处于减压和温度降低的情况下转动曲轴。

①连杆轴瓦烧瓦。表现是：转动曲轴时在活塞上、下止点附近感到阻力最大，而在上、下止点之间阻力显著变小。应更换连杆轴瓦，同时检查曲轴轴颈是否被烧损或圆度、圆柱度偏差是否过大，如是，应及时修理。

②主轴瓦烧瓦。表现是：转动曲轴一圈感到很紧，阻力无显著变化。应及时更换主轴瓦。

三、配气机构

1. 构造与作用

配气机构的功用是按发动机的工作顺序和工作循环的要求，定时开启和关闭各缸的进、排气门，以保证及时地吸入新鲜空气（或新鲜混合气）和排出废气；在压缩和作功行程严密地关闭气门，保证气缸的密封，确保发动机正常工作。

配气机构由气门组、气门传动组和驱动组 3 部分组成。

（1）气门组。由气门、气门座、气门导管、气门弹簧等组成。

（2）气门传动组。由挺杆、推杆、摇臂、摇臂轴和调整螺钉等组成。

（3）驱动组。由凸轮轴和配气正时齿轮等组成。

2. 常见故障分析与排除

（1）气门关闭不严

1）现象。此故障表现为气缸压缩力减小，发动机起动困难；发动机冒黑烟，功率下降；不减压摇转曲轴，可听到漏气声。

2）原因与排除方法

①气门与气门座之间有积炭。发动机长期工作使气门与气门座的接触环带磨损，甚至出现积炭、烧损、剥落和斑点，从而造成漏气。若积炭较轻，可研磨气门与气门座；若积炭较严重，应先磨气门，再铰修气门座，然后再研磨气门和气门座。

②气门与气门导管的配合间隙过大，应调整气门导管与气门间隙，若无法调整，应

更换气门导管。

③气门弹簧的弹性不足，一般是调紧气门弹簧，若气门弹簧失效，应更换气门弹簧。

④气门间隙过小，在气门热胀后，会造成气门关闭不严，应调整气门间隙。

(2) 气门处有敲击声

1) 现象。此故障表现为在气门室能听到清脆的“嗒、嗒、嗒”的响声，在气缸体与气缸盖处也能听到金属敲击声。

2) 原因与排除方法

①气门间隙不当或摇臂轴固定螺母松动，摇臂头、气门尾杆磨损等，应重新调整气门间隙，或更换磨损的零件。

②气门头撞击活塞顶，是气门间隙过小或气门弹簧折断等原因造成的，应调整气门间隙或更换气门弹簧。

(3) 气门脱落

1) 现象。表现为发动机突然熄火，并伴有较大敲击声。

2) 原因与排除方法。气门杆上的安全卡簧或锁夹脱出或气门弹簧折断，应重新安装安全卡簧或气门座锁夹，若是气门弹簧折断，应更换气门弹簧。

(4) 气门座圈脱落

1) 现象。发动机有“特、特、特”的声音，来自发动机的上部。

2) 原因与排除方法。装配深度不够，或热胀冷缩不均匀，应调换气门座圈，重新铰削研磨。

四、冷却系

1. 构造与作用

冷却系的功用主要是对受热零件进行冷却，以保证发动机在最适宜的温度状态下工作，既防止零件过热，又能充分发挥发动机的有效功率。

拖拉机发动机冷却系有空气冷却和水冷却两种。

(1) 空气冷却系。又称为风冷，它是采用空气作为冷却介质，将发动机零件吸收的热量直接散发到大气中去。165F 型汽油机采用空气冷却系。

(2) 水冷却系。用水作为冷却介质，将零件吸收的热量通过冷却水带走，再以一定的方式散发到大气中去。与空气冷却系相比较，水冷却虽然使发动机的结构变得复杂，但冷却均匀可靠，而且效果好。目前，拖拉机多采用水冷式发动机。按冷却水散发方式不同，水冷却系又可分为蒸发式和循环式两种类型。

1) 蒸发式。它的水箱通过加水口与大气相通，气缸周围和气缸盖中设有水套，水套与水箱直接连通。蒸发式水冷却系对发动机的冷却过程是让冷却水吸收受热零件的热量，水受热后变为蒸汽，将热量散发到大气中去。正常情况下，保持水温在100℃左右。使用中允许水沸腾，但要注意水面的高低，及时加冷却水。因为这种方式冷却强度小，不够可靠，耗水量大，所以用于小型发动机上。如S195型柴油机就采用这种方式。

2）循环式。使冷却水在冷却系中不断循环，对高温零件进行冷却，并把热量散发到大气中去。可分为温差循环式和强制循环式两种。

①温差循环式。又称热流式，是利用水的温差所产生的自然对流来实现循环，达到散热目的的。所以采用这种方式的水冷却系温差大、冷却不均匀、冷却能力不强，一旦缺水，自然对流就会中断，冷却不可靠，只用在小型固定发动机上，如，AK－10型起动机上采用这种水冷却系。

②强制循环式。又称压流式，是利用水泵强制冷却水在水套和散热器间不断地循环流动来达到散热目的的，如图4—1所示。

强制循环式水冷却系工作比较可靠，冷却水循环流动得快，散热能力强，水箱容积小，目前，一般发动机普遍采用这种方式的水冷却系。

强制循环式水冷却系主要由散热器、风扇、水泵、温度调节装置和冷却水套组成。

2. 常见故障分析与排除

（1）水温过高

1）现象。发动机温度过高，会产生早燃，减少充气系数，使发动机工作粗暴，功率下降，燃料消耗量增加；温度过高，润滑油的黏度下降，并大量烧损和氧化，加剧机件的磨损。

2）原因及排除方法

①水泵风扇传动带过松或风扇离合器工作失常。检查风扇运转情况：若风扇传动带过松打滑，可拧松发电机调节支架的调整螺钉，向外扳动发电机，再拧紧调整螺钉。风扇传动带松紧度的检查方法为：用拇指在传动带中央加上30～40 N的压力，传动带下沉量为10～15 mm，说明张力正常。若风扇离合器工作失常，可调整、修理或更换。

②水泵损坏。检查水泵工作情况：打开散热器盖，突然提高或降低发动机转速，观察冷却水液面是否明显降低或升高，或在怠速工况下观察冷却水的搅动情况，若无明显升降或搅动，则说明水泵有故障，需对水泵进行检修。

③冷却水不足。检查和添加散热器中的冷却水。

④节温器工作失常。节温器的故障检查：拆下节温器，将其吊在盛有热水的容器中加热，并测量水温，观察节温器阀门开始打开和完全打开时的温度。节温器完全打开的空隙应不小于大循环管口的横截面积，如过小则说明节温器损坏，必须更换。

⑤散热片间有杂物堵塞，散热片大面积倒伏或散热器脏污过多，堵塞严重。清洗散热器或拆开散热器清除杂物。

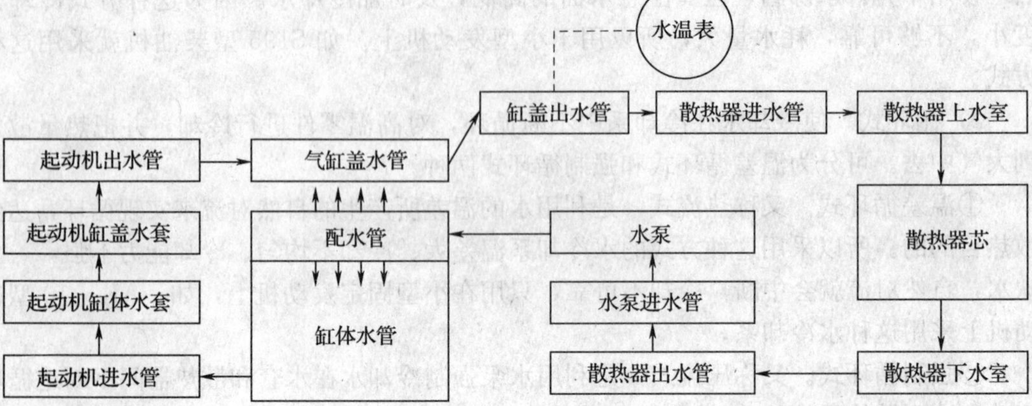

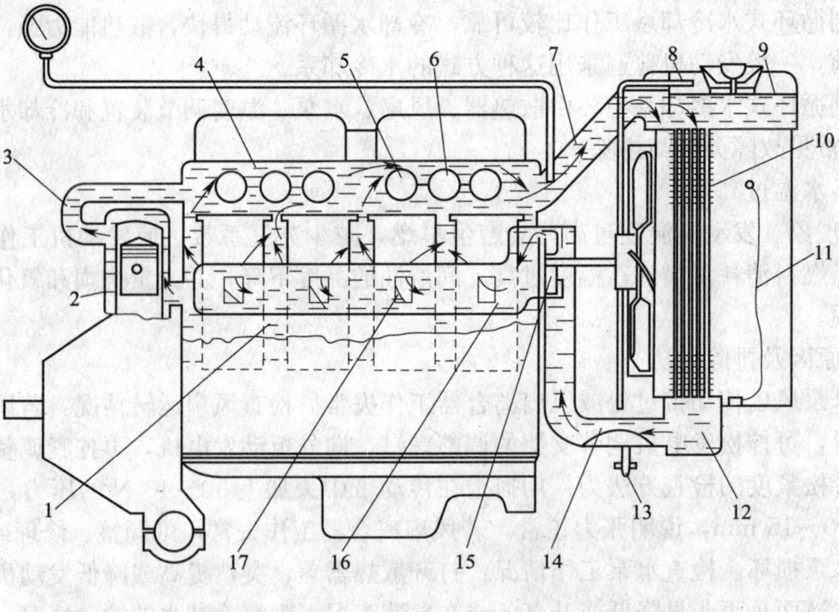

图 4—1　4125A4 型柴油机冷却系

1—缸体水套　2—起动机水套　3—起动机出水管　4—缸盖水套　5—涡流室　6—进气道　7—缸盖出水管　8—溢水管　9—散热器上水室　10—散热器芯　11—保温帘　12—散热器下水室　13—防水栓　14—出水管　15—水泵　16—配水管　17—分水孔

⑥水温表或水温感应塞失效。在冷机状态时，将玻璃棒式直感温度计插入水箱的水中，观察车上的水温表与温度计是否一致，若不一致，可先更换水温感应塞，若水温表仍指示过高，则为水温表故障；反之，则为水温感应塞故障。

⑦护风罩损坏，百叶窗打不开或开不足。检查护风罩的损坏情况及安装位置，对车用发动机，还应检查百叶窗的打开程度。

⑧油底壳内机油不足或机油黏度过低。检查和添加发动机机油，并合理选用机油。

⑨供油时间过迟、混合气过稀。检查供油提前角或供油量，按规定进行调整。

⑩气缸体、气缸盖结垢和沉淀物过多。选用合适的清洗剂，通过化学的作用，使水垢从不溶解物质转化为可溶解物质，进行清洗。

⑪发动机长期超负载工作。减小负载。

（2）水温过低

1）现象。发动机温度过低，混合气不能很好地雾化和燃烧，产生的热能也少，并且热量被大量带走，热能损失多，结果发动机功率下降，耗油量增加。

2）原因及排除方法

①节温器阀门处于常开状态。可在发动机低温状态下观察散热器内冷却水的循环状况，然后再进行判断。

②百叶窗不能完全关闭，或冬季保温装置不良，引起冷却系水温过低。

（3）冷却液泄露

1）进出水管或接口泄漏。检查水管是否老化或刮伤，接口处喉码是否松动或密封不良。通过外观检查，给予调整或更换。

2）散热器泄漏。散热器腐蚀或破损造成泄漏，可做水压试验或外观检查，发现泄漏，可焊补修复。

3）水泵漏水。主要原因是水泵水封圈损坏或水泵密封垫损坏，可通过外观检查进行拆检修理。

4）气缸体、气缸盖水道漏水。原因是气缸体、气缸盖本身有铸造缺陷或使用不当产生裂纹。可通过着色或水压试验检查，判断漏水部位并修理。

5）气缸垫处漏水。原因是气缸垫水道口冲坏或湿式缸套突出量不符合要求。应根据故障原因更换气缸垫或调整缸套突出量。

6）湿式缸套水封圈处漏水。原因是水封圈老化或破损，这时更换水封圈即可。

五、润滑系

1. 构造与作用

润滑原理：在两零件接触表面间加入润滑油，润滑油具有一定的黏性，能附着在零件表面，将接触表面间凹凸不平的地方填平，并把两接触面隔开，形成一层油膜。当油膜将零件接触面完全隔开，在两零件发生相对移动时，两表面并不直接接触，只是附着在表面的一层油液随零件移动，而在油液内部层与层之间发生摩擦，即油膜内部的液体摩擦代替了两零件间的固体摩擦，因此减小了摩擦阻力和两零件接触表面的磨损。

润滑系的功用：借助润滑系，实现液体摩擦，减少零件的磨损，减少发动机的摩擦功率损失。除此之外，还有冷却、清洗、密封和防腐蚀的作用。

润滑方式：由于发动机各零件的载荷大小、运动速度高低及所处位置不同，所以要求的润滑强度和润滑方式也不相同。根据润滑油被送到润滑部位的方法不同，润滑方式可分为以下 3 种：

（1）压力式。该方式是用机油泵以一定压力将润滑油连续不断地输送到零件摩擦表面，如曲轴的主轴承、连杆轴承及凸轮轴轴承等。

（2）飞溅式。该方式是借助运动零件激溅或甩出的油滴或油雾，将润滑油送到零件露在外面的摩擦表面。如：缸壁、配气凸轮等。

（3）重力式。该方式是借润滑油的自重滴落到摩擦表面。如配气机构的推杆、挺柱等。

润滑系的组成：目前，柴油机多采用综合式润滑系，一般包括以下工作装置和检视设备：油底壳、机油泵、机油滤清器、机油散热器、加油放油装置、各种阀门、油管及油道、检视设备（油尺、压力表、温度表）。

2. 常见故障分析与排除

（1）机油压力过低

油压过低是润滑系常见的故障，危害很大，轻则加速磨损，重则烧瓦抱轴。机油压力过低故障原因分析与排除见表 4—2。

表 4—2　　机油压力过低故障原因分析与排除

故障现象	故障原因分析	排除方法
机油压力过低	油量不足，机油黏度过低、变质	补足或更换机油
	柴油或冷却水进入油底壳	检查机油中是否有水分或柴油，若有，进一步检查
	机油泵工作不正常	检修机油泵
	机油滤清器堵塞或渗漏	清洗滤清器或更换
	限压阀调整弹簧弹力调节过低，或弹簧折断	调节或更换弹簧
	油管接头松动或油管破裂漏油，油道严重泄漏	紧固油管接头或更换油管
	发动机曲轴轴承或连杆轴承间隙过大，或凸轮轴轴承间隙过大	检查发动机曲轴轴承或凸轮轴轴承，并调整间隙
	机油压力表失准或传感器失效	检查压力表或传感器，并修复或更换

(2) 机油压力过高。机油压力过高将使机油泵负载增大，磨损增加，同时，消耗功率增加。机油压力过高故障原因分析与排除见表 4—3。

表 4—3　机油压力过高故障原因分析与排除

故障现象	故障原因分析	排除方法
机油压力过高	机油的黏度过高	更换机油
	限压阀调整不当	调整减压阀减压弹簧
	新装配的发动机曲轴轴承或连杆轴承间隙过小	检查曲轴轴承或连杆轴承间隙，并调整
	气缸体主油道堵塞	清洗油道
	机油滤清器滤芯堵塞	清洗滤芯，或更换
	机油压力表失准或传感器失效	用新压力表、传感器和旧件进行对比试验，检查旧件是否失效，若失效，更换

(3) 机油温度过高。正常机油温度应为 69～89℃。机油温度过高会加速机油的氧化变质，使其黏度下降，润滑性能恶化。机油温度过高故障原因分析与排除见表 4—4。

表 4—4　机油温度过高故障原因分析与排除

故障现象	故障原因分析	排除方法
机油温度过高	内燃机长时间超负载工作	减小负载
	冷却系散热不良	检修冷却系
	气缸、活塞密封性差	更换活塞环
	温度转换开关位置不当	调整温度转换开关的位置
	机油散油器堵塞	清洗机油散油器或更换
	油底壳油量不足	添加机油

(4) 油底壳油面升高。油底壳油量只会减少，不应增多，油面升高是反常现象。油底壳油面升高故障原因分析与排除见表 4—5。

(5) 机油消耗量过大。使用中，油底壳机油减少是正常现象，一般消耗量不大于 6.8 kg/(kW·h)，若消耗过多，则说明存在故障。机油消耗量过大故障原因分析与排除见表 4—6。

表 4—5　　油底壳油面升高故障原因分析与排除

故障现象	故障原因分析		排除方法
油底壳油面升高	漏水	气缸套阻水圈损坏	更换阻水圈
		气缸盖或机体有裂纹	修复或更换
		气缸盖闷头松动	紧固或更换
		气缸盖垫片局部烧损	更换垫片
	漏柴油	柱塞套和油体内腔的环形平台接触不良	更换专用垫片或柱塞套
		柴油箱开关底座处漏油，油从调速杆处渗入齿轮室	检查并排除

表 4—6　　机油消耗量过大故障原因分析与排除

故障现象	故障原因分析		排除方法
机油消耗量过大	机油渗漏	放油螺塞松动	拧紧放油螺塞
		油底壳破裂	更换油底壳
		曲轴油封损坏，主轴承盖、油底壳等处纸垫损坏，密封不严	更换油封及纸垫
		机油油路漏油，油管破裂，缸盖罩壳垫片、齿轮室垫片、油底壳垫片或后盖垫片损坏	修复或更换
	发动机烧机油	活塞环装反，活塞环磨损，边间隙、开口间隙过大	正确装配活塞环或更换活塞环
		活塞环卡死在槽内	清除积炭，更换活塞环
		活塞与缸套间隙过大	更换活塞或缸套
		气门导管严重磨损	更换气门导管

第二节 底盘常见故障分析与排除

→ 了解底盘的结构组成及功用

→ 熟悉底盘的常见故障及其原因，掌握底盘常见故障的排除方法

底盘由离合器、变速器、后桥、转向系等组成。

一、离合器

1. 构造与作用

离合器的主要功用为：

（1）切断动力。切断发动机和传动系之间的动力传递，以保证变速器顺利挂挡和换挡。

（2）传递动力。保证拖拉机平稳起步和传递足够的扭矩。

（3）防止过载。在传动系转速突然变化或扭矩剧增时，离合器自动打滑，以保护传动系的机件不受损坏。

离合器主要由主动部分、从动部分、压紧装置和操纵机构组成。

离合器根据其传递动力的方式不同，可分为摩擦式和液力式两种：摩擦式离合器是利用摩擦面相互靠紧时在接触面间产生的摩擦力来传递扭矩；液力式离合器是利用液体作为工作介质来传递扭矩。

目前，拖拉机上广泛采用盘式摩擦式离合器。下面以东方红－802 型拖拉机的离合器为例予以说明。

东方红－802 型拖拉机的离合器是单片、干式、弹簧压紧式单作用盘式摩擦式离合器。结构如图 4－2 所示，由主动部分、从动部分、压紧机构、操纵机构和小制动器几部分组成。

1）主动部分。由飞轮、压盘和离合器盖等组成。离合器盖用螺栓固定在飞轮上，并与飞轮一起旋转。压盘为铸铁件，具有一定的厚度，以便吸收较多的热量。离合器盖的外圆表面上铆有 3 个销座，座孔内压入的方头驱动销分别嵌入压盘外缘的 3 个缺口内，使压盘在驱动销的驱动下，与飞轮一起旋转，并可以作轴向移动。

2）从动部分。由从动盘总成和离合器轴等组成。从动盘总成由钢片、甩油盘、轮毂和摩擦衬片组成。钢片上有 6 条径向切口，以防止受热产生翘曲。钢片两面铆有摩擦衬片。钢片与甩油盘一起铆接在带有内花键的轮毂上。

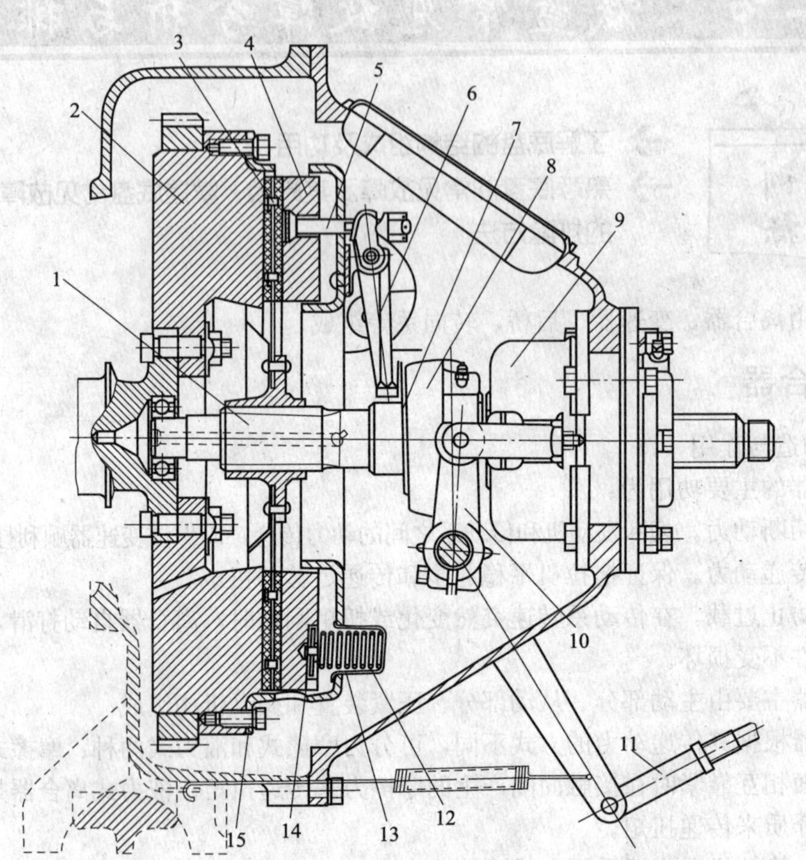

图 4—2　东方红－802 型拖拉机离合器

1—离合器轴　2—飞轮　3—从动盘　4—压盘　5—分离拉杆　6—分离杠杆　7—分离轴承　8—分离套筒　9—支架　10—分离拨叉　11—拉杆　12—压紧弹簧　13—弹簧座　14—隔热垫片　15—离合器盖

3）压紧机构。由均匀分布在压盘端面上的 15 个螺旋弹簧组成。压盘与弹簧之间装有隔热垫片，防止弹簧受热而刚度减小。

4）操纵机构。由分离杠杆、分离拉杆、分离轴承以及与踏板相连的全部杆件组成。3 个分离杠杆均匀分布安装在离合器盖上，可以绕销摆动。分离杠杆的外端经圆柱垫圈调整螺母与分离拉杆连接，分离拉杆可以拉动压盘作轴向移动。分离轴承安装在分离轴承座内，分离轴承座滑套在支架的前部，可以作轴向移动。分离拨叉连接在分离轴承座两侧的耳销上。

5）小制动器。东方红－802 型拖拉机的离合器轴上设有小制动器，用以在离合器分离时，迅速使离合器轴停止转动，以利于换挡。因为履带式拖拉机行驶速度低，当分离离合器进行换挡时，拖拉机很快就减速停车。而这时离合器的从动部分、万向节及变速器第一轴在惯性力作用下仍继续转动。因此，只有使离合器轴迅速停转，才能在换挡时不至于打齿。

东方红－802 型拖拉机离合器工作示意如图 4—3 所示。小制动器主动盘上铆有摩擦衬片，毂内有月牙键与离合器轴相连。小制动器制动盘的两个凸耳再从支架的窗口伸出，并通过拉销、弹簧、拉套与分离轴承座上的耳销相连，支架窗口只允许制动盘轴向移动，而不允许其转动。

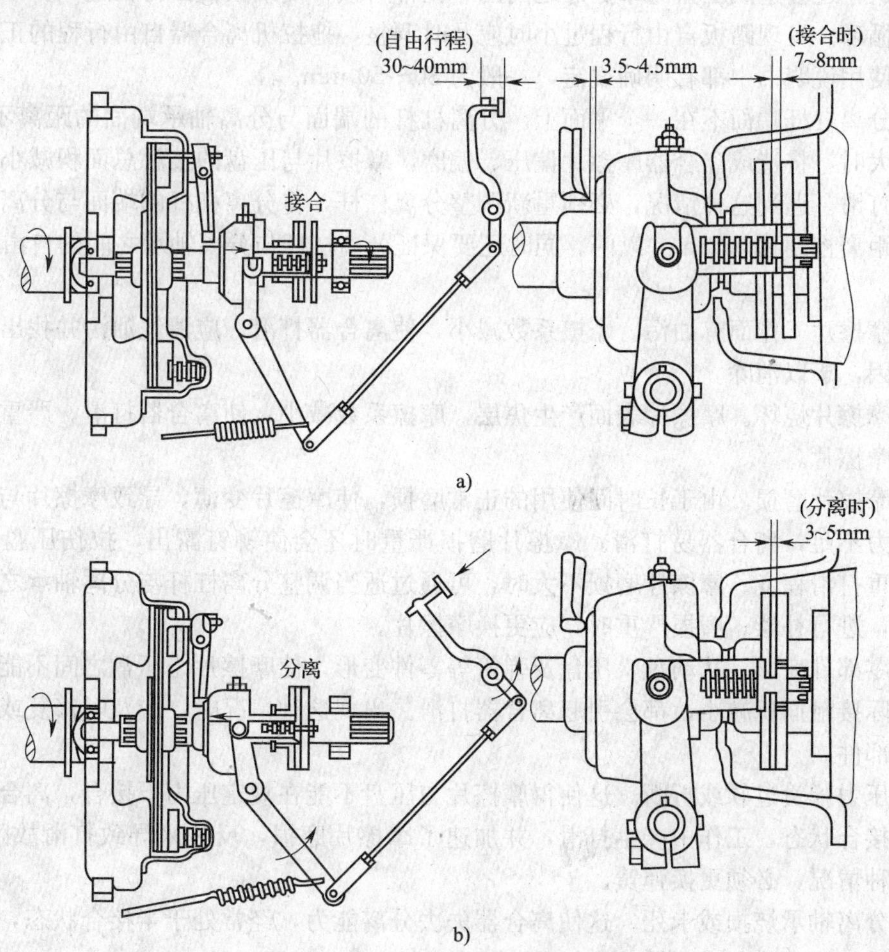

图 4—3　东方红－802 型拖拉机离合器工作示意图

a）离合器接合状态　b）离合器分离状态

2. 常见故障分析与排除

（1）离合器打滑

1）现象。离合器接合时由于打滑使主动盘与从动盘之间产生相对转动，从而使发动机动力不能可靠地传递给变速器，表现出低挡位起步迟缓、高挡位起步困难、负载作业动力性差等现象。

2）原因及排除方法

①踏板自由行程过小。这可能引起分离杠杆与分离轴承之间的自由间隙消失，分离轴承靠压在分离杠杆端面上，使离合器经常处于半接合状态，工作时打滑，不能传递规定的扭矩，还会造成压盘与摩擦片之间的非正常磨损，使踏板自由行程进一步减少，形成恶性循环。发现踏板自由行程过小时应及时调整，拖拉机离合器自由行程的正常值在各自的使用说明书中都有明确规定，一般为 30～50 mm。

②分离杠杆端面不在一个平面上。分离杠杆的端面与分离轴承端面的距离不一致，偏差过大时，将造成离合器摩擦片偏压、偏磨，摩擦片与压盘的接触总面积减小，导致离合器打滑。遇到这种情况，必须重新调整分离杠杆，将分离杠杆的端面与分离轴承端面间的距离控制在 0.2 mm 以内。同时还要保证分离杠杆与分离轴承之间的自由间隙符合规定。

③摩擦片工作面有油污。摩擦系数减小，使离合器打滑。应清洗油污并找出出现油污的原因，予以消除。

④摩擦片烧坏。摩擦片表面产生焦层，摩擦系数减小，使离合器打滑。严重烧损者应更换摩擦片。

⑤摩擦片磨损。由于长时间使用的正常磨损，使摩擦片变薄，导致摩擦片与压盘之间的压力不足，离合器易打滑。摩擦片磨损严重时还会使铆钉露出，拉伤压盘工作表面，加重打滑程度。摩擦片磨损不大时，可通过适当调整分离杠杆与分离轴承之间的自由间隙，进行补偿；磨损严重时，应更换摩擦片。

⑥零部件变形。从动盘、压盘及弹簧等零件变形，使摩擦片与压盘之间不能正常压紧或实际接触面积减小，都会引起离合器打滑。出现这种情况时，应及时修复或更换变形的零部件。

⑦压力弹簧过软或折断。这使得摩擦片与压盘不能在规定压力下接合，离合器经常处于半接合状态，工作中产生打滑，并加速了摩擦片磨损，反过来导致打滑故障加重。出现这种情况，必须更换弹簧。

⑧分离轴承烧损或卡死。这使离合器失去分离能力，经常处于半接合状态，造成离合器打滑。应当修复或更换分离轴承。

⑨摩擦片破损。应更换摩擦片。

（2）离合器分离不彻底

1）现象。离合器分离时，从动盘仍然转动，换挡时变速器内有撞击声，变速杆抖动振手，换挡困难。

2）原因及排除方法

①离合器间隙调整不对。离合器间隙是指离合器处于接合状态时，分离杠杆端面与分离轴承端面之间存在的间隙，若间隙过大，会造成离合器分离不彻底。离合器间隙的大小以离合器踏板踩到底时，摩擦片与压盘彻底分离为原则，一般为 2～4 mm，须按出厂说明书进行调整。

②分离杠杆变形。分离杠杆变形会造成离合器分离不彻底，应修复或更换分离杠杆，并对分离杠杆进行正确调整，使 3 个杠杆的端面在一个平面上，误差不得超过 0.2 mm。

③分离杠杆端面严重磨损。这使分离杠杆高度不够，导致离合器间隙过大。应调整或更换分离杠杆。

④摩擦片总成的内花键及变速器Ⅰ轴的外花键出现锈蚀、损伤或变形。使摩擦片不能沿轴向正常滑动，造成分离不彻底。应修复或更换不合格的零部件。

⑤摩擦片破裂或钢片变形。这会造成摩擦片总成翘曲，导致分离不彻底。应更换摩擦片或校正钢片。

⑥离合器内有杂物。若泥土、秸秆等杂物进入离合器的压力弹簧中，会造成分离困难或不能彻底分离。应彻底清除杂物，并查明其来源，杜绝杂物再次进入。

二、变速器

1. 构造与作用

（1）变速器的功用。变速器是传动系中重要的组成部分。其主要功用如下：

1）变速变扭。变换排挡，可以改变传动比，使之在不改变发动机自身转速和扭矩的情况下，改变拖拉机的驱动力和行驶速度。

2）减速增扭。将发动机的转速降低，扭矩增加。

3）实现不熄火停车。变速器处于空挡时，可使拖拉机在不熄火的情况下实现长时间停车，并实现发动机无负载起动。

4）变速器处于倒挡时，实现拖拉机倒退行驶。

5）输出标准转速扭矩，实现拖拉机的动力输出。

拖拉机变速器可分为无级式和有级式。

无级式变速器又可分为机械式、液力式和电力式 3 种。无级式变速器在一定范围内可以获得任意一种传动比，这使发动机在功率的利用和提高拖拉机生产率等方面，都具有一定的优越性，但在传动效率、制造成本以及结构等方面，仍有不足和急待解决的问题。

有级式变速器是目前广泛采用的形式，且多采用机械式传动，即常见的齿轮传动式变速器。有级式变速器又可分为简单式变速器（可分为两轴式和三轴式两种）和组合式变速器。

（2）变速器的工作原理

1）减速增扭原理。如图 4—4 所示，两齿轮啮合靠轮齿传递动力。如果主动小齿轮齿数为 8，从动大齿轮齿数为 16，则小齿轮转一圈，大齿轮只转半圈，从动齿轮的转速因而降低。由扭矩的计算公式 $T=Fr$ 可知，在作用力相等的情况下，半径大则扭矩大，半径小则扭矩小。而两齿轮轮齿接触面上的作用力相等，且大齿轮直径大于小齿轮，这样在降低了大齿轮的转速的同时又增大了大齿轮的扭矩。所以小齿轮带动大齿轮旋转，既降低了转速，又增大了扭矩，起到了减速和增扭的作用。

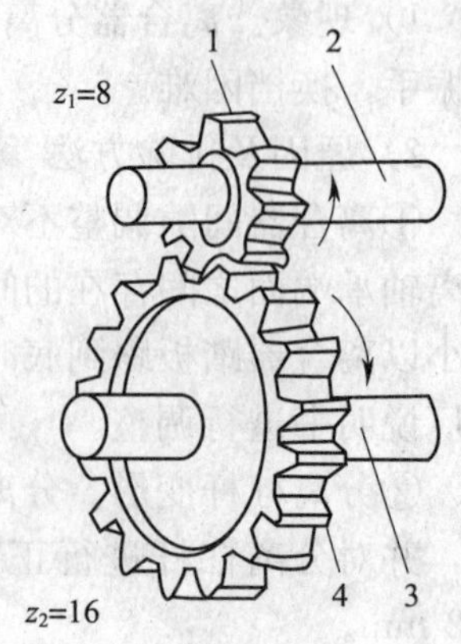

图 4—4　减速增扭原理

1—主动小齿轮　2—主动轴　3—从动轴　4—从动大齿轮

主动齿轮的转速与从动齿轮的转速之比称为传动比，其大小取决于两齿轮的齿数（或直径），以 i 表示传动比，则

$$i=\frac{n_1}{n_2}=\frac{z_2}{z_1}$$

式中　n_1——主动齿轮的转速，r/min；

n_2——从动齿轮的转速，r/min；

z_2——从动齿轮的齿数，r/min；

z_1——主动齿轮的齿数，r/min。

2）变速变扭原理。如图 4—5 所示，齿轮式变速器通常采用滑动齿轮进行变速变扭。当某一对齿轮啮合传递动力时，其他齿轮脱开啮合。当变速器通过几个齿数不同的滑动齿轮分别与几个具有不同齿数的齿轮相啮合时，就可以获得不同的传动比。传动比表示从动齿轮转速降低的倍数，或者说是从动齿轮转速增大的倍数。主动轴上的动力经过一对啮合齿轮传给从动轴，获得一种传动比，又叫一个排挡。将主动轴上不同的齿轮分别与从动轴上不同的齿轮啮合，便可得到不同的传动比，也就可以得到相应的不同排挡。所以，变速器换挡后，从动轴在获得几种不同转速的同时，也分别获得了几种大小不同的扭矩，实现了变速变扭的目的。

3）倒退原理。拖拉机以前进挡行驶时，假设变速器内有两个齿轮啮合，如图 4—6 所示，此时，若主动轴以顺时针方向旋转，从动轴在从动齿轮带动下必然以逆时针方向旋转。要实现拖拉机倒退行驶，只需在主、从两齿轮之间，再增加一个中间齿轮。使主动轴上的动力经 3 个齿轮两次啮合传给从动轴，就可以使从动轴以顺时针方向旋转，从而实现倒退行驶。

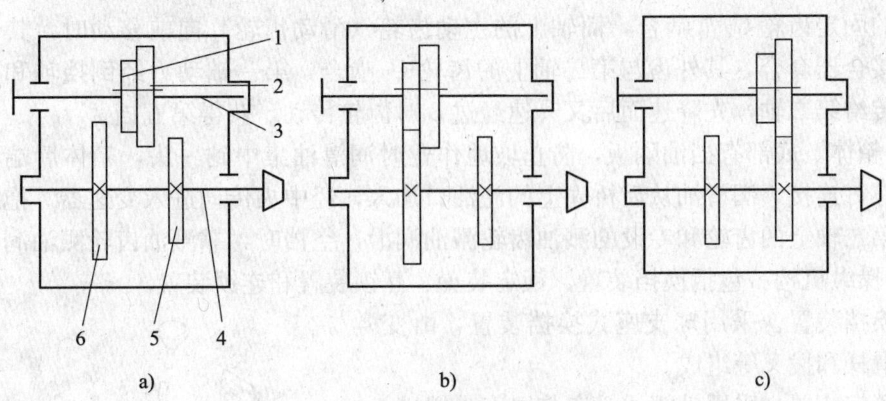

图 4—5 变速变扭原理

a）空挡 b）第一种排挡 c）第二种排挡

1，2—主动齿轮 3—主动轴 4—从动轴 5，6—从动齿轮

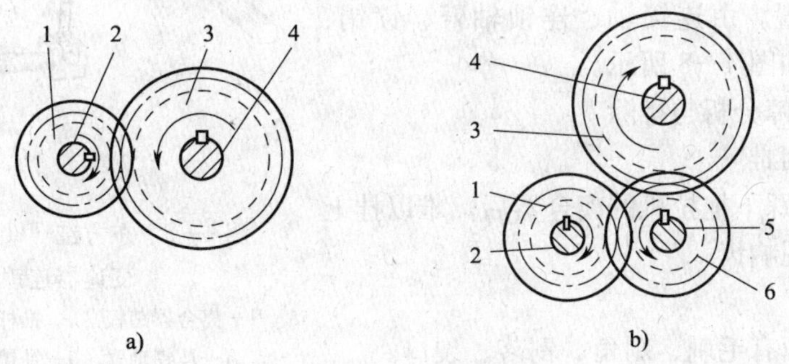

图 4—6 倒退原理

a）前进挡 b）倒退挡

1—主动齿轮 2—主动轴 3—从动齿轮 4—从动轴 5—倒挡轴 6—倒挡齿轮

（3）变速器的结构。东方红－802 型拖拉机变速器如图 4—7 所示。采用简单式变速器，是由传动部分、箱体和操纵机构组成。

1）传动部分。共有 4 根轴 14 个齿轮，可得到 5 个前进挡和一个倒挡。动力输入轴为第一轴，输出轴为第二轴。

①一、二、三、四挡由第一轴上的主动齿轮（滑动齿轮）A_1，A_2，A_3，A_4与第二轴上的从动齿轮 B_1，B_2，B_3，B_4分别啮合获得。

②倒挡轴上有两个齿轮，其中固定齿轮 C_2与第一轴上的固定齿轮 C_1常啮合，另一个是倒挡主动齿轮（是滑动齿轮）A_6，如果把 A_6与第二轴上的齿轮 B_4啮合，则动力经 C_1，C_2，A_6，B_4传给第二轴，就获得了倒挡。

③为获得行驶速度较高的第五挡，而附加了五挡中间轴，其上的固定齿轮 C_3 与倒挡轴上的固定齿轮 C_2 常啮合，而轴上的主动齿轮（滑动齿轮）向前移动时，其内齿与轴上的接合器套合，其外齿与第二轴上的齿轮 B_5 啮合，第一轴动力经倒挡轴和五挡中间轴再传给第二轴，先降速而后又升速经过 3 对齿轮传动，获得第五挡。

2）箱体。底部有挡油隔板，防止坡地作业时润滑油集中到一头，箱体后端面与后桥壳以螺钉连接，润滑油从后桥壳上的注油口加入，经中央传动进入变速器。拖拉机工作时靠第二轴上的齿轮和专设的溅油齿轮溅油润滑，空挡时，靠溅油齿轮溅油润滑。

3）操纵机构。包括换挡装置、锁定装置、互锁装置和连锁装置。

①换挡装置。采用球支座式换挡装置，由变速杆、滑杆和拨叉等组成。

②锁定装置。采用锁销式锁定装置，由锁销、弹簧及滑杆上有确定位置的 V 形槽构成。

③互锁装置。采用导板式互锁装置，即“王”字槽导板。

④连锁装置。由连锁轴、连锁轴臂、锁销、推杆等组成。如图 4—8 所示。

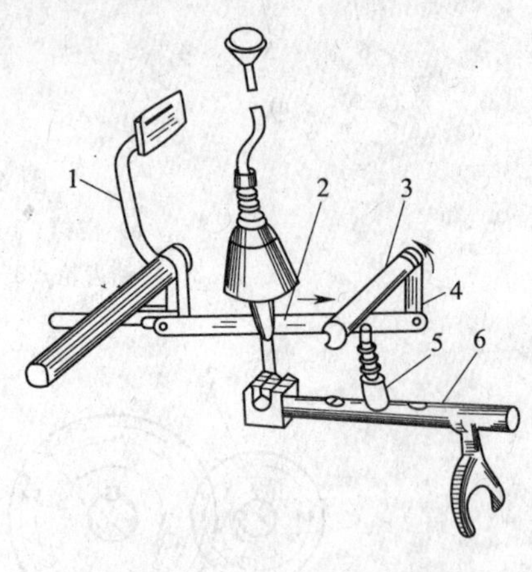

图 4—8　东方红－802 型拖拉机变速器连锁装置

1—离合器踏板　2—推杆　3—连锁轴　4—连锁轴臂　5—锁销　6—滑杆

单元 4

2. 常见故障分析与排除

（1）挂挡困难

1）现象。踩下拖拉机的离合器后，难以挂上所需挡位或出现响齿。

2）原因

①齿轮端面有毛刺、剃角、剥落、裂口。

②拨叉或拨叉轴有毛刺。

③变速杆或拨叉轴有弯曲。

④乱挡。

⑤操纵杆连接处有松动。

⑥离合器分离不彻底。

3）排除方法

①齿轮端面有毛刺、剃角、剥落、裂口时挂挡会发出响声，应修去毛刺或更换齿轮。

②变速杆、拨叉轴弯曲或变形，应予以校正或更换。

③乱挡时，应拨正齿轮的位置。

④对分离不彻底的离合器进行调整、检修。

（2）自动脱挡

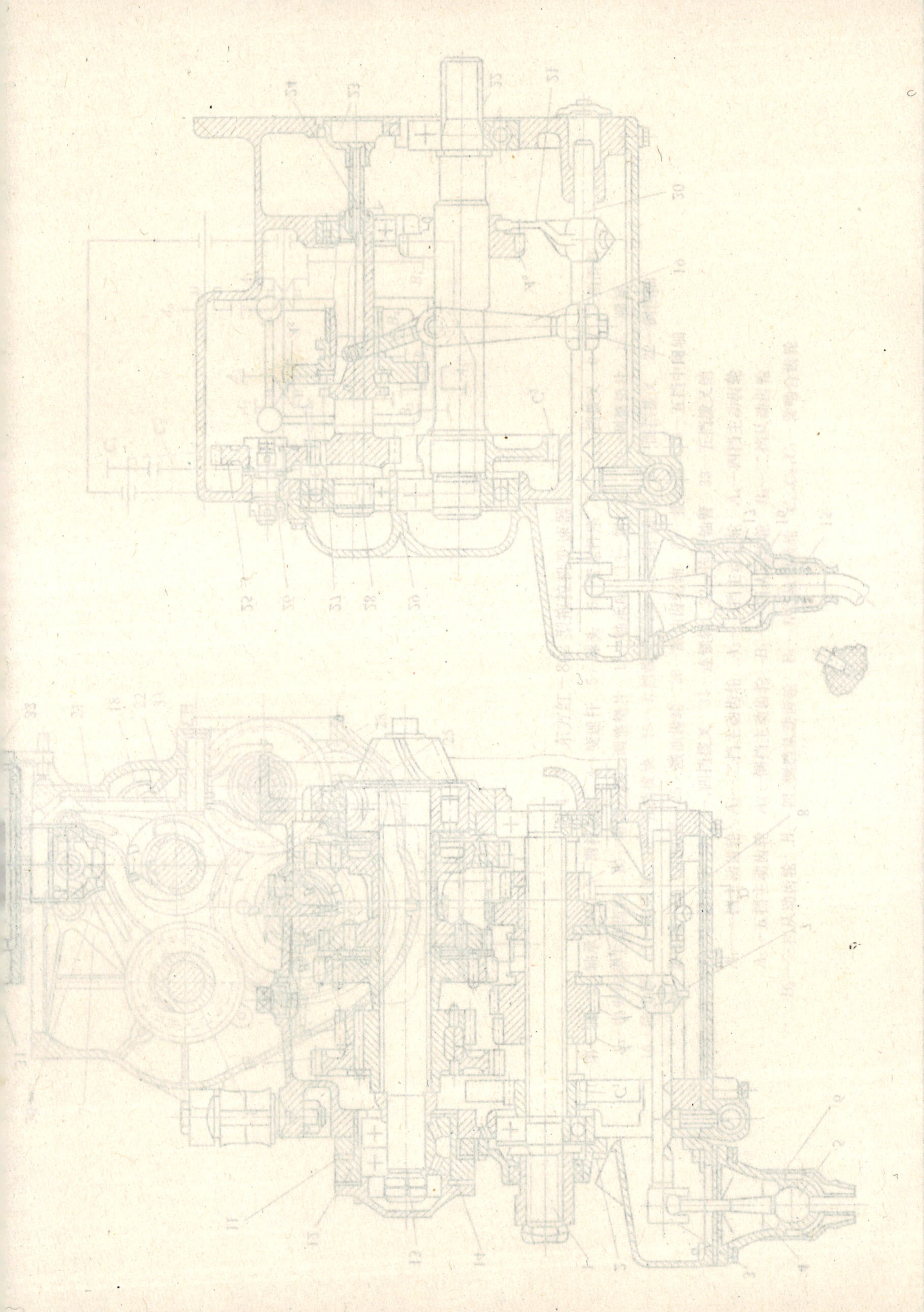

1）现象。拖拉机正在行驶时，发动机转速突然升高，车速变慢，变速杆自动移入空挡位置，俗称“自动脱挡”，这种现象往往在大负载运行时出现。

2）原因

①使用或调整不当，传动齿轮副的啮合不完全，或齿形局部磨损过度，使齿端变为锥形，在传动中，齿轮除了受径向力外，还受轴向附加力。当轴向推力大于拨叉轴锁定弹簧压力时，就产生自动脱挡。

②拨叉轴定位槽及锁定钢球严重磨损，不能牢固定位拨叉的位置。

③定位弹簧变软，拨叉不能被锁定在弹簧固定挡位。

④轴承或轴承座磨损过度，轴向间隙加大，使齿轮在传动过程中不易定位。

⑤滑动齿轮的花键槽与花键轴相互磨损，配合间隙过大，传动时齿轮摇摆旷动和振抖严重。

⑥拨叉与齿轮拨叉槽配合的工作面磨损过度或拨叉变形。

⑦换挡杆球头磨损，使换挡行程过小。

⑧变速轴弯曲变形，造成齿轮在轴上有倾斜度，遇到振动自行脱挡。

3）排除方法

①定位弹簧太软，应更换。

②拨叉轴定位槽磨损过度，更换拨叉轴。

③换挡杆球头磨损，可修复或更换。

④轴承或轴承座磨损过度，可修复或更换。

⑤变速轴弯曲变形，应更换。

（3）乱挡

1）现象。变速杆不能退出挡位，也不能按需要的挡位方向拨动，变速杆不能放到空挡位置或同时挂上 2 个挡位，从而使发动机熄火或不能起动。

2）原因

①拨叉轴之间的互锁装置因使用时间过长而磨损，失去互锁作用，变速杆在拨动挡位时，2 根拨叉轴可同时移动，从而挂上 2 个挡位，使发动机无法运转而造成自动熄火。

②变速杆下端的工作端点与拨叉导块槽严重磨损，挂挡时，变速杆下端跳出导块槽，这时，变速杆可任意摆动，但不能正确拨动导块，从而无法挂上所需挡位。

③换挡轴行程限止片断裂。

④操作不当使换挡轴行程限止片弯曲。

3）排除方法

①检查齿轮位置，不正可拨正齿轮位置。

②换挡轴行程限止片断裂，应更换新件。

③由于操作不当使限止片弯曲，校直限止片，并注意正确的操作方法。

（4）响声异常

1）现象。拖拉机在行驶或停车时，变速器会发出噪声；在行驶时，车速越高，噪声越大。

2）原因

①齿轮表面磨损严重或剥落，新齿轮齿面加工粗糙，齿轮花键轴或花键孔磨损，齿侧间隙增加。

②轴承磨损引起间隙增大，使两传动齿轮中心距加大或不平行，或滚针歪斜，致使传动中发出噪声。

③轴头固定螺钉或卡环松脱，齿轮间隔套磨损，传动中固定齿轮轴窜动，发出噪声。

④齿轮油不足，牌号不对，传动齿轮间不能形成油膜，造成干摩擦，从而发出金属摩擦声。

⑤变速器中有其他金属杂物。

⑥齿轮损坏后没有成对更换，造成齿厚不一，在传动中相互挤轧，发出响声，形成噪声。

3）排除方法

①齿面有毛刺的去毛刺；齿面严重磨损、剥落的则更换齿轮。

②选用牌号合适的齿轮油，定期检查、更换齿轮油。

③轴承磨损、齿轮轴变形时，应及时修复或更换。

三、后桥

1. 构造与作用

后桥的功用是改变变速器传来的动力的方向，并降低转速、增大扭矩后传给驱动轮。履带式拖拉机的后桥由中央传动、转向机构、制动机构和最终传动等组成。轮式拖拉机的后桥由中央传动、差速器和最终传动等组成。

2. 常见故障分析与排除

（1）后桥异响

1）齿轮间隙过大引起的异响

①现象。拖拉机在速度、负载相对稳定时，没有出现异响，而在变换油门的瞬间或行驶速度不稳时，出现无节奏的“刚当刚当”或“咯噔咯噔”的撞击声。在起步时，往往可听到“刚”的一声响。

②原因。在各轴承间隙都比较合适的情况下，各齿轮轮齿间（圆锥主、被动齿轮，圆柱主、被动齿轮，行星齿轮与半轴齿轮，半轴齿轮键槽与半轴花键齿）的间隙过大，

在拖拉机速度不稳时，引起齿面撞击而出现响声。此外，圆锥主、被动齿轮与差速器壳的固定螺栓松动，也会出现类似的响声。

③排除方法。此响声如不严重可继续行驶，严重时应立即查找原因。若属圆锥主、被动齿轮间隙过大，应适当调整；属其余齿轮间隙过大时，若响得不太严重，且拖拉机在使用中，不排除也可以，否则应找出原因，加以排除。

2）齿轮间隙过小引起的异响

①现象。拖拉机响声随着车速增大而增大，加油门或收油门时都有响声，响声是连续的“嗷”的声音，好像消防车上警笛的叫声，后桥一般会有发热现象。

②原因。在轴承的预紧度较合适的情况下，若圆锥主、被动齿轮啮合间隙调整得过小，拖拉机行驶时，会出现这样的响声。此外，润滑油不足，也会出现类似的响声。

③排除方法。如缺油，应加油；如齿隙过小，应适当增大间隙。

3）齿隙不均引起的异响

①现象。拖拉机的响声是有节奏的“嗖嗖”声，响声随着车速的增大而增大，加油门或收油门时都有响声，严重时，后桥有摆动现象。

②原因。拖拉机行驶时，由于圆锥被动齿轮摆动或圆柱被动齿轮跳动，使之与主动齿轮啮合不均（半面松，半面紧）而出现响声。产生的原因可能是铆合或装合被动齿轮齿圈时，装配不仔细，铆钉或螺孔磨损变形或接合面碰伤，使被动齿轮在工作中产生偏摆、跳动；也可能是主、被动齿轮加工不精确。

③排除方法。如果是圆锥或圆柱被动齿轮有故障，应修复或更换。

4）齿轮各轴承调整不当引起的异响

①现象。拖拉机的响声是无节奏的“嗯”的响声，并带有破碎声。响声随着车速的增大而增大，多是在收油门时响得严重。

②原因。各级减速齿轮的啮合间隙和齿轮轴轴承的预紧度都未按规定进行装配和调整，致使圆锥主动齿轮轴轴承或中间轴轴承出现了较大的间隙，从而造成齿轮啮合间隙时有时无、相互撞击、啮合失常而出现响声。

③排除方法。重新调整间隙，直至符合规定为止。

（2）制动失灵

1）现象。踩下制动踏板后，不能及时刹车，甚至刹不住车。

2）原因

①制动摩擦片严重磨损，铆钉头露出摩擦表面。

②制动摩擦片表面沾有油污和泥水。

③制动摩擦片与制动鼓接触面积小。

④制动踏板自由行程过大。

⑤制动操纵机钩杆件变形或损坏。

3）排除方法。正确调整制动踏饭自由行程以及制动蹄与制动鼓之间的间隙，清除油污和泥水，更换严重磨损的制动摩擦片，更换损坏的油封，校正或更换变形或损坏的传动杆件。

四、转向系

1. 构造与作用

转向系的功用是改变和控制拖拉机的行驶方向。履带式拖拉机转向机构包括转向离合器和操纵机构两部分。轮式拖拉机转向机构由转向盘、转向器及转向传动机件等组成。

（1）履带式拖拉机的转向操纵机构。转向操纵机构由转向离合器和操纵机构两部分组成。转向离合器位于中央传动从动齿轮和最终传动主动齿轮之间，两侧各一个，由于传递扭矩较大，所以采用多层摩擦式离合器，构造如图 4—9 所示。

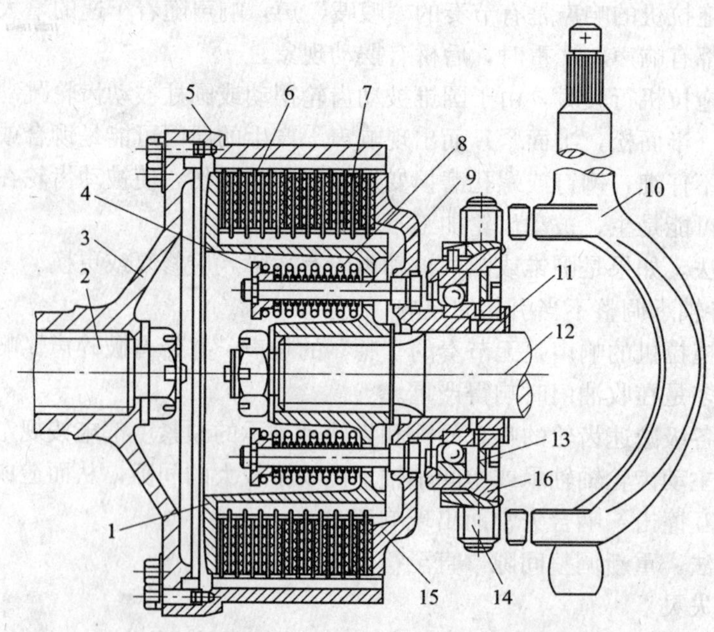

图 4—9　履带式拖拉机的转向操纵机构的构造

1—主动毂　2—最终传动主动轴　3—从动毂接盘　4—锁瓣　5—从动毂
6—从动片　7—主动片　8—压紧弹簧　9—弹簧拉杆　10—分离叉　11—螺母
12—后桥轴　13—挡圈　14—拨销　15—压盘　16—分离轴承座

由中央传动大锥齿轮带动的后桥轴 12（横轴）的花键端上，安装着主动毂 1，其外圆齿槽上松动地套着 10 片主动片 7，每两片主动片之间有一层铆有摩擦衬面的从动片 6。从动片也有 10 片，从动片的外齿与从动毂 5 的内齿套合，从动毂用螺钉固定在从动毂接盘 3 上，并通过它带动最终传动主动齿轮。6 对大小压紧弹簧 8 通过弹簧拉杆 9 将压盘 15 压向主动毂，使主动片和从动片经常压紧。小弹簧套在大弹簧内，以增加弹力并减小所占的空间。弹簧座用锁瓣 4 锁紧定位。分离轴承用螺母 11 压紧在压盘的顶部，分离叉 10 转动时，分离轴承往里移，带动压盘进一步压缩弹簧，使主动片与从动片之间的压紧力降低或彻底分离。

东方红一802 型拖拉机的转向操纵机构是机械式的，如图 4—10 所示。两个转向离合器用两根操纵杆 7，8 分别操纵，当拉动操纵杆时，推杆 5 向后移动，推动分离杠杆带动分离叉 10 摆转，使转向离合器分离。

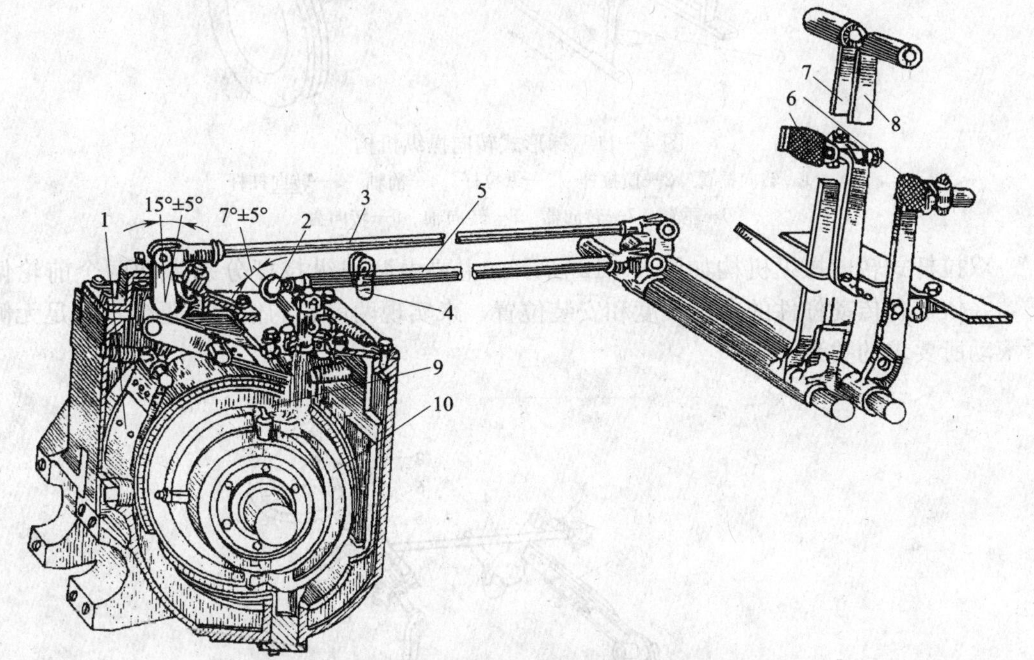

图 4—10　东方红一802 拖拉机的转向操纵机构

1—制动带　2—转向离合器分离杠杆　3—制动器拉杆　4—调整接头　5—转向离合推杆　6—左右制动踏板　7—左转向离合器操纵杆　8—右转向离合器操纵杆　9—转向离合器　10—分离叉

（2）轮式拖拉机的转向操纵机构。轮式拖拉机的转向系由转向操纵机构和差速器两部分组成。

1）转向操纵机构。用来偏转前轮，并使两前轮偏转角满足各轮无侧滑所要求的关系。

转向操纵机构目前广泛采用的形式有两种，即梯形式和双拉杆式。

梯形式转向操纵机构如图 4—11 所示。主要由转向盘、转向器和一系列杆件组成。其中，横拉杆、转向杠杆、转向摇臂、前轴一起组成的机构称为转向梯形。

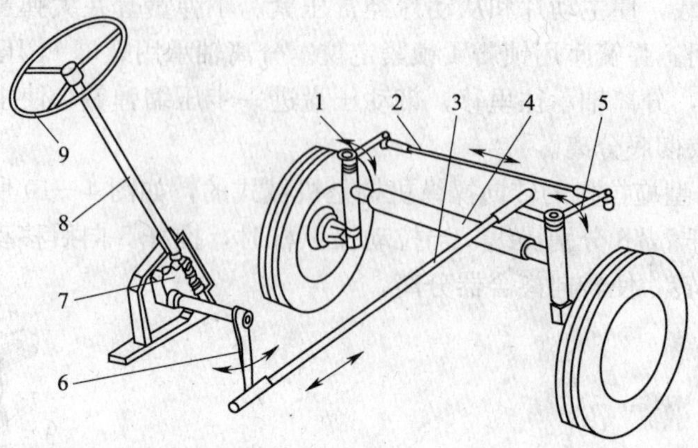

图 4—11　梯形式转向操纵机构

1—转向摇臂　2—横拉杆　3—纵拉杆　4—前轴　5—转向杠杆
6—垂臂　7—转向器　8—转向轴　9—转向盘

双拉杆式转向操纵机构如图 4—12 所示。主要由两根纵拉杆分别带动两个前轮偏转，并依靠各传动杆件的合理长度和安装位置，来实现两前轮的偏转角近似地满足无侧滑滚动所要求的关系。

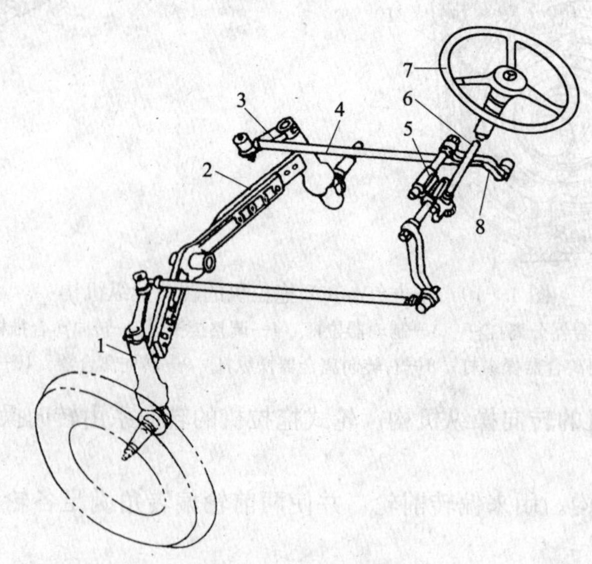

图 4—12　双拉杆式转向操纵机构

1—转向节立轴支架　2—前轴　3—转向摇臂　4—纵拉杆　5—转向器
6—转向轴　7—转向盘　8—垂臂

2）差速器。差速器可分为开式和闭式两种。它安装在轮式拖拉机的后桥中，其功用是：把中央传动大圆锥齿轮传递的动力分配给两侧最终传动，并使两驱动轮差速驱动，以保证拖拉机顺利转向。

差速器的构造如图 4—13 所示。大圆锥齿轮固定在差速器壳上；两个半轴穿过差速器壳上的孔以花键与半轴齿轮连接，两半轴与差速器壳之间可以相对转动；行星齿轮空套在心轴上，心轴固定在壳体上，行星齿轮与半轴齿轮相啮合。

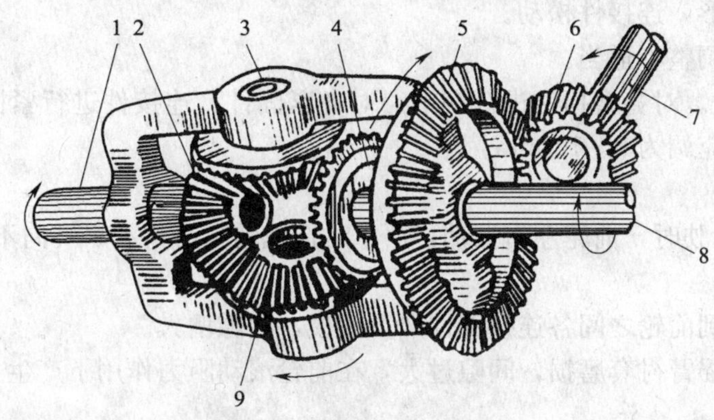

图 4—13　差速器的构造

1—半轴　2—半轴齿轮　3—行星齿轮轴　4—半轴齿轮　5—中央传动大圆锥齿轮　6—中央传动主动齿轮　7—变速器第二轴　8—半轴　9—行星齿轮

2. 常见故障分析与排除

这里主要介绍轮式拖拉机的故障原因及排除方法。

（1）转向困难

1）现象。转向盘操纵费力。

2）原因

①转向盘自由行程大，转向不灵。

②转向节立轴转动不灵，跑偏。

③各球头、关节、衬套等件无润滑油，干摩擦。

3）排除方法。使左右轮胎气压保持一致，更换磨损零件；调整蜗轮、蜗杆、各拉杆关节的自由行程；对各球头、关节、衬套等件进行润滑。

（2）拖拉机跑偏

1）现象。拖拉机行驶时，自行向一侧走偏，不能直线行驶。

2）原因

①左右轮胎气压不一致，或胎花不一致，或轮胎变形不同，或滚动半径大小不同，因此，在相同时间里，两轮走的距离不同。

②摇摆轴支架松动，前轴倾斜。

③两轮胎磨损不一致，或新旧搭配使用，花纹高低不相向，两轮附着性能不同。

3）排除方法。排除时，将两轮胎换位使用，磨损严重的零件应更换。

（3）转向盘自由转角过大

1）现象。转向盘转动量大，转动不灵活。

2）原因

①各轴承或球形关节磨损严重。

②转向器磨损严重，啮合间隙大。

③传动件变形，连接件松动。

④前轮前束调整不适当。

3）排除方法。对各磨损件进行润滑，对各紧固件、连接件进行紧固、调整，调整前轮前束，一般应调为 8～12 mm。

（4）轮摆动

1）现象。行驶时，前轮左右摆动，严重时造成转向盘抖动，转向不灵活。

2）原因

①从转向盘到前轮之间各连接部件严重磨损，间隙增大。

②转向节、摇臂衬套磨损，间隙过大，在前轮滚动阻力作用下产生晃动，使两前轮摆动。

③前轮前束调整不正确。

④前轮辋轮变形或螺栓松动。

3）排除方法。对各连接件间隙进行调整，并更换严重磨损的零件和变形辋轮，调整前轮前束。

第三节　蓄电池、硅整流发电机常见故障分析与排除

→ 了解蓄电池、硅整流发电机的基本结构及功用

→ 熟悉蓄电池、硅整流发电机的常见故障及排除方法

一、蓄电池

1. 构造与作用

蓄电池的功用是：将发电机除去用电设备使用外的多余电能储存起来，当发电机起

动或供电不足时，再将储存的电能输送出来，供给各用电设备使用。

根据电极和电解液所用的物质不同，蓄电池可分为酸性蓄电池和碱性蓄电池。拖拉机常用的是酸性蓄电池（即铅蓄电池）。酸性蓄电池又分普通铅蓄电池和干式荷电铅蓄电池。现代拖拉机均采用干式荷电铅蓄电池，其特点是：内阻小，容量大，能在发动机起动时供给较大的电流。

铅蓄电池主要由正、负两极，隔板，电解液，外壳，盖板等组成。

2. 常见故障分析与排除

（1）极板硫化

1）现象。极板硫化是在极板表面覆盖了一层白色粗晶粒硫酸铅，粗晶粒硫酸铅的出现，堵塞了极板的孔隙，使电解液的渗入变得困难，化学反应变得缓慢，蓄电池的容量变低，内阻增大，起动电流变小。充电时，电压和电解液温度异常升高，并过早发生气泡，电解液相对密度增加很慢；放电时，电压下降则很快。

2）原因。蓄电池在完全放电或充电不足的情况下长期放置，随气温升高，极板上的一部分细晶粒的硫酸铅溶于电解液，气温下降时，电解液中的硫酸铅再结晶成粗大晶粒，附在极板上形成“硫化”。此外，蓄电池液面太低，极板上部露在空气中受到氧化；或电解液上下波动与氧化部分接触，也会发生极板硫化。

3）排除方法

①硫化不严重时，可用小电流长时间充电的方法或给予全充全放的充放电循环，使活性物质复原。

②进行“去硫充电”。倒出电池内的电解液，注入蒸馏水，充分振荡洗涤，倒出，换水再洗，反复数次，最后注入蒸馏水，并使之高出极板 15 mm，用 2～2.5 A 电流充电。充电过程中随时测量电解液密度，如果密度上升到 1.15 g/cm^3 以上，可加蒸馏水冲淡，继续充电直至密度不再上升，然后放电，如此反复多次，直至密度不再增加为止。最后将电解液全部倒出，换上标准电解液，按正常方法充电，便可使用。

（2）自行放电

1）现象。蓄电池不使用，长期放置，储电量明显下降，甚至完全无电。

2）原因。蓄电池自行放电的主要原因是电解液中杂质过多，杂质附在极板上，在杂质与杂质之间，以及杂质与极板之间形成电位差，产生局部电流，使蓄电池放电。电解液相对密度偏高，或蓄电池外部不清洁，在正负极形成通路，也会造成自行放电。

自行放电严重时，蓄电池可完全丧失工作能力，因此，配置电解液必须用蓄电池专用硫酸和蒸馏水，不可用工业硫酸和自来水代替；使用和维护蓄电池时，要防止外部杂质落入电解液内，将蓄电池上的酸泥等用清水清洗干净，并保持干燥。

3）排除方法。将蓄电池全部放电，并将电解液倒出，用蒸馏水仔细清洗后，灌入新的电解液，再重新充电。

（3）极板活性物质大量脱落

1）现象。充电时，电解液里有褐色物质从底部升到表面。

2）原因。正极上活性物质二氧化铅的脱落、大电流过量充电等，会引起水的电解，产生大量氧气和氢气，当氢气从负极的空隙向外冲出时，会使活性物质脱落。

3）排除方法。将蓄电池重新放电后，倒出电解液，用蒸馏水清洗数次，然后加入新的电解液，重新充电。

（4）内部短路

1）现象。蓄电池组开路端电压过低，起动和运转无力，或起动时电压迅速下降；充电时，某格电池电解液相对密度上升很快，产生气泡很少，温度上升很快，电压很低。

2）原因。内部短路通常会使蓄电池隔板损坏，栅架碎裂，活性物质大量脱落，沉积过多而造成极板短路。

3）排除方法。将蓄电池拆开，清除脱落物，更换损坏的极板和隔板。

二、硅整流发电机

1. 构造与作用

硅整流发电机由一个三相同步交流发电机和硅二极管三相桥式全波整流器组成。如图 4—14 所示。

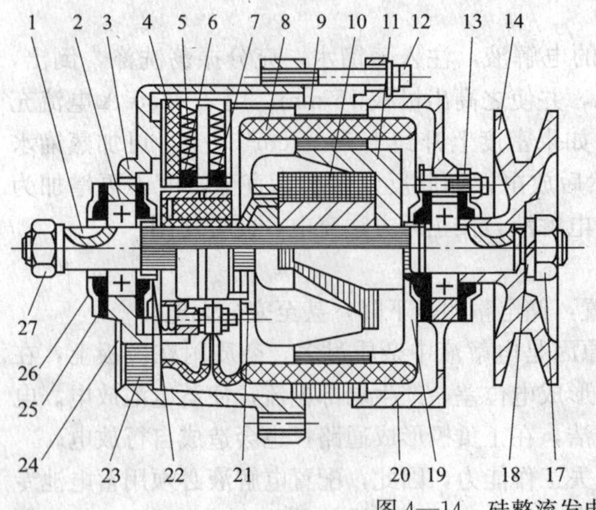

图 4—14 硅整流发电机的构造

1—键 2—轴承 3—后盖 4—电刷架 5—电刷弹簧 6—电刷 7—集电环 8—定子线圈 9—定子 10—转子线圈 11—磁极 12—螺栓 13—垫圈 14—带轮 15—导线夹 16—导线总成 17，27—螺母 18—垫圈 19—支撑环 20—前盖 21—紧圈 22—轴 23—整流元件 24—衬垫 25—内油封盖 26—外油封盖

（1）转子。由转子轴和装在轴上的磁极以及绕在其上的激磁线圈、集电环等组成。如图 4—15 所示。

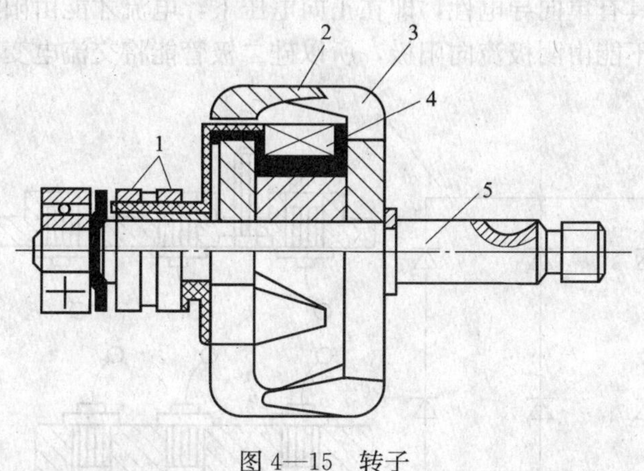

图 4—15　转子

1—集电环　2，3—磁极　4—激磁线圈　5—转子轴

激磁线圈两端头分别接在与轴绝缘的两个集电环上，经过集电环和电刷，接通激磁电路。一个电刷的导线和盖上的“搭铁”（一）接线柱相连。另一个电刷的导线和盖上的“磁场”（F）接线柱相连。激磁线圈通电后，使相互嵌合的爪形块形成磁极。

（2）定子。定子是由内部带槽的环状硅钢片叠制成铁心，铁心槽内嵌装三相电枢绕组（定子绕组）而成，如图 4—16 所示，三相定子绕组按星形连接，每相绕组尾端 x，y，z 连在一起形成公共的中性点，首端 U，V，W 分别与元件板和端盖上的硅二极管连接。

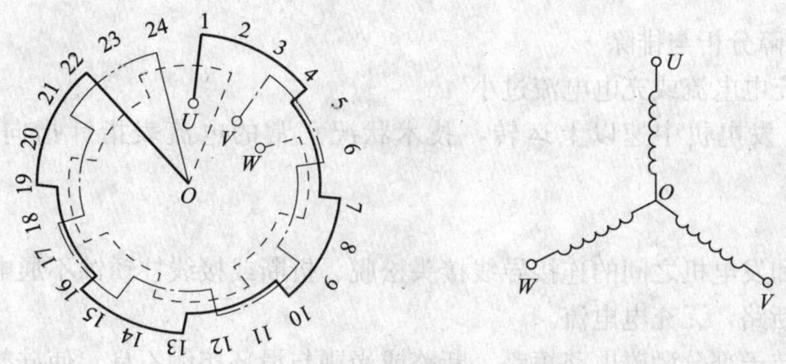

图 4—16　定子

（3）整流器。整流器由 6 只硅二极管组成的三相桥式全波整流电路构成，3 只硅二极管压装在后端盖上，正极与端盖相连，称为负二极管；3 只硅二极管压装在一块由铝合金制成的元件板上，其负极与元件板相连，称为正二极管，如图 4—17 所示。元件板

与后端盖用绝缘材料隔开，从元件板引出一个接线柱为发电极正极，即电枢接线柱，发电机的外壳为负极。

由于硅二极管具有单向导电性，即在正向电压下，电流才能由阳极流向阴极，而在反向电压下，电流不能由阴极流向阳极，所以硅二极管能将交流电变为直流电。

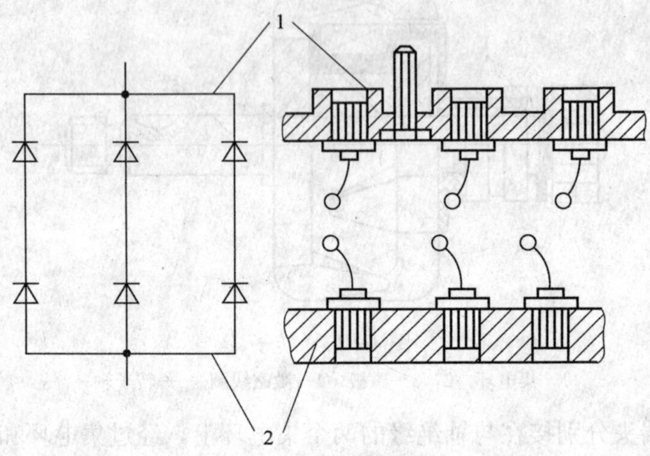

图 4—17　硅二极管的安装和接线示意图

1—元件板　2—端盖

（4）端盖。前、后端盖由铝合金制成，它质量轻、散热快，又能减少漏磁损失。前端盖的外侧装有冷却风扇和带轮，后端盖装有整流器，并有 3 个接线柱，分别标有“B”或“＋”，“F”及“－”的标记。B 为电枢接线柱，“F”为磁场接线柱，“－”为搭铁接线柱。

2. 常见故障分析与排除

（1）没有充电电流或充电电流过小

1）现象。发电机中速以上运转，技术状况正常的电流表指针指向零，或指数很小。

2）原因

①蓄电池和发电机之间的连接导线接头松脱、折断或接线柱锈蚀不通电，硅整流发电机充电电路断路，无充电电流。

②发电机转子部分激磁电路短路、断路或炭刷与滑环接触不良，使硅整流发电机磁场消失或削弱，不发电；蓄电池在磁场中长期通电，转子绕组被烧坏，不发电。定子绕组因绕组发生短路后，交流电压变低，不能给配套的蓄电池充电。硅二极管损坏，一般都因交流电压过高或输入电流过大，使二极管被击穿、烧毁。另外，驱动发电机的 V 带过松，V 带打滑，也会造成发电不足。

③调节器调压值太低，触点烧蚀，使激磁电路的电阻增大，造成无充电电流。

3）排除方法

①检查蓄电池与发电机之间导线的连接情况，可用万用表逐段检查，如有断路，应分情况予以排除。

②检查发电机传动带的紧度，如不合要求，应调整紧度至适宜程度；分别对硅整流发电机的转子、定子、整流部分进行检查。

③调节器调压值过低时，应重调。

（2）充电电流过大

1）现象。发电机中速以上运转，技术状况正常的电流表指示的充电电流经常在＋10 A以上。

2）原因。一般属调节器的问题，如，调节器调整不当，调压值过高等。调节器调压线圈末端脱落或线圈断路，失去调节作用。调节器上触点搭铁线开焊或上、下触点接触不良。

3）排除方法。严禁将发电机的“电枢”和“磁场”接线柱连接起来对蓄电池充电，防止激磁电流失去控制。调压线圈末端脱落、搭铁线开焊等，可采用小功率的电焊铁重新焊牢。

（3）充电电流不稳

1）现象。发电机中速以上运转，但发电机电压忽高忽低，电流表指针经常左右摆动。

2）原因

①集电环损坏或沾油污，炭刷磨损过度或弹簧弹力不足，导致炭刷与集电环接触不良。

②调节器附加电阻被烧坏或脱焊，使激磁电路的电流时大时小。

③蓄电池至发电机“＋”接线柱的导线连接不牢，时通时断。

④发电机内部接线不牢，二极管在元件板或外壳上松动。

3）排除方法

①集电环绝缘胶木圈破裂，可采用绝缘胶粘补，若有积污应清除，集电环磨损或破裂严重应更换。炭刷磨短或弹簧失效，均应更换。

②调节器附加电阻若烧坏，必须更换，如脱焊，可重新焊牢。

③蓄电池至发电机“＋”接线柱的导线连接必须牢靠，发现松动，重新连好。

④进行拖拉机三级技术保养时，应对发电机拆卸检修一次，用压缩空气吹净发电机内部灰尘，用汽油清洗各部位油污。用“00”号砂纸打光并清洁集电环，检查炭刷、二极管和所有接线的连接是否良好可靠。轴承缺油时，用钙钠基润滑脂填充至轴承空间的2/3，轴承损坏则应更换。发电机重装后，转子应转动灵活，无卡滞。

第四节 农机具的常见故障分析与排除

→ 了解典型农机具的故障现象

→ 掌握典型农机具的故障及其排除方法

一、播种机械的常见故障分析

1．外槽轮式播种机

播种机的常见故障往往体现在播种作业质量指标变差，因而需要从作业指标、作业指标检查及变差的原因几方面来分析。

（1）播量不准。播种机的播种量偏差超过规定值3%或低于规定值2%时，即为播量不准。一般根据作物不同，用每米播种粒数表示。

检查方法：一个地块播种作业结束后，按对角线的方法，选择具有代表性的5个测点，每个点取1 m的长度，轻轻将土壤扒开，使种子全部露出，数出种子粒数。取平均值，即为每米粒数。

产生播量不准的原因主要有：

1）播种机的排种机构技术状态不良和播量调节机构失灵。

2）作业中种子箱内盛种子量过少（小于种子箱额定容量的20%）。

3）种子内夹杂物多和夹杂物大，影响排种器正常排种。

4）机组运行速度过快或过慢，和试验调整时的速度不一致。

5）在低湿地或降雨后播种，土壤水分过大，播种机行走轮滑移系数过大或轮缘粘土过厚。

6）采用种子和肥料混播时，混拌不均或未及时清除积聚在排种器内的肥料粉末。

（2）播量不均。作业中，各行播入土壤的种子数量不均匀，其误差超过4%时，即为播量不均。

检查方法：在机组作业过程中，轻轻扒开半台播种机播种宽度的播行，仔细查数各播行的每米粒数，并与规定的每米粒数相比较，如误差超过4%，要重新调整排种器的播量。

产生播量不均的原因主要有：

1）各排种器的技术状态不同，排种轮有效排种长度和排种舌开度不一或个别排种轮牙齿损坏。

2）各排种轮端面不平或调整排种舌下部弹簧弹力不一，有弱有强。

3）播种机两侧行走轮缘粘土厚度不等，致使轮径不一。

4）种子里夹杂物过多，或种子与肥料搅拌不均，影响个别排种器的正常工作。

（3）断条。播下的种子之间的距离有远有近，相差很大，刚开始播种时种子密集成堆，后面播种时疏散断条。

产生断条的主要原因有：

1）外槽轮式排种器装置在结构上的缺陷，排种时呈脉冲现象，播大粒种子时更为显著。

2）土地不平，播种机振动大，排种舌上的种子受振动后断续簸下。

（4）播深不准。播种机在作业中，各行开沟器所开的深度有过深或过浅的现象。种子播种深度与规定值相差 1 cm 时为播深不准。

检查方法：作业中或整个地块播完后，选择土地平坦和土壤疏松的地段作为测点，轻轻扒开表土至发现种子为止。沿播深插入一直尺，测得种子距离地面的高度，即为实际播深。

产生播深不准的主要原因有：

1）播种机机架、升降及深浅调节装置和开沟器支架变形。

2）开沟器技术状态不良。

3）农具手未能依土地具体情况及时调整深浅调整手轮。

4）播前整地质量差，土壤过于疏松或干硬，不易控制播深。

5）地面状态不良，高低不平或坡度过大。

6）播种机上站人或放种子袋过多，负重过大。

7）机组作业速度过快。

（5）播深不均。播种机组内各开沟器播深不同，相互之间偏差超过 20 mm 时，为播深不均。

检查方法：整个地块播完后，按对角线的方法进行检查，选择具有代表性的 5 个测点，每个测点均按垂直于播行方向，轻轻扒开 6～8 个播行的土壤，至看到种子为止，测量种子与地表的距离，得实际播深，然后找出最深、最浅和平均播深，可知播深不均匀程度。

产生播深不均的主要原因有：

1）播种机架、行走轮、大轴和起落方轴变形，个别开沟器、伸缩杆和支臂技术状态不良。

2）播种机在联结器上的挂接点过高或过低，使机架倾斜，前后开沟器入土深浅不一。

3）各伸缩杆压缩弹簧弹力不一致。

4）播种机两侧深浅调整手轮配合调整不当。

（6）覆土不严。种子播下后，有的种子未被土壤覆盖，裸露于地面，称为覆土不严。

检查方法：在播种作业中或播种结束后，在全面检查的基础上，选择具有代表性的地段抽查 5～6 处，查数 1 m 长距离内裸露在地面的种子粒数，再与该测点内的播种粒数相比，即为露种率。

产生覆土不严的主要原因有：

1）覆土装置作用差或安装不当。

2）开沟器开沟深度过浅。

3）圆盘开沟器内堵塞或转动不灵活。

4）输种管损坏或输种管下端由开沟器中拔出。

5）机组运行速度过快，将种子抛出。

6）整地质量不良，地面不平；土块过大，土壤过硬，未形成疏松苗床。

7）土壤水分过大或早春在冻层播种。

（7）行距不准。播种机各播行的距离不等，宽窄不均。

检查方法：在播种作业中，选择具有代表性的地段，在 5～6 个测点内，分别将播种机内各播行之间和机组内两台播种机邻接播行之间，以及机组往复行程邻接播行之间的土壤扒开，使之露出种子，测其种子行间的距离。

产生行距不准的主要原因有：

1）播种机开沟器装配位置不标准，三角拉杆弯曲或固定铆钉松动。

2）播种机联结位置不正确或在播种机之间未采取固定措施。

3）联结器的固定卡板螺钉松动，使播种机移位。

4）播种机行走轮轴及轴套磨损，左右晃动。

5）划行器左右臂长度不准确，过长或过短。

6）机组编制不当，播种机为双数台或在整地不良的地块上作业，各台播种机阻力不平衡，作业稳定性差。

（8）播行不直。作业中，播种机组左右摆动，使播行弯曲。播行在 100 m 的长度内有 200 mm 的弯曲时，即属于播行不直。

造成播行不直的原因有：

1）播种作业区划分不当，机组运行第一行程标杆插立不直。

2）在机组播种第一行程时运行不直。

3）划行器印迹不清。

4）地块内有障碍物。

（9）漏播、重播。在整个地块播种作业结束后，凡机组没经过和已经过，因某种原因未将种子播入地里的地方，都称为漏播。重复播种即为重播。

产生漏播、重播的主要原因有：

1）播种地块划分不当，播区宽度不准，两端宽度不等。

2）机组运行第一行程的标杆插得不直或运行不直。

3）划行器左右臂长度计算错误和安装过长。

4）机组拐弯地头留得过窄或机组拐弯不当（播种机组未出起落线即拐弯）。

5）播种机开沟器升起过早，降落太晚。

6）土壤水分过大，残株杂草较多，堵塞开沟器、分种叉和输种管。

7）种子内所夹杂物过多、且大，容易堵塞排种器、输种管或分种叉。

8）排种传动机构分离叉、传动链条、链轮、齿轮失灵或损坏。

9）升降起落机构作用不良，在作业中自动将开沟器升起。

10）机组在作业中，因故停车或换挡频繁。

（10）损伤种子。在播种过程中，种子的胚部被排种机构的机件挤碎损伤，造成缺苗。

产生的原因主要是排种机构锈蚀和排种舌开度过小。

2. 气吸式精量铺膜播种机

（1）垄边飘膜

1）压膜轮、覆土滚筒转动不灵，切破膜边，致使垄边飘膜。清理压膜轮、覆土滚筒，使其转动灵活。

2）垄面过宽，压膜轮走在垄面上，造成压膜轮压膜不好而垄边飘膜。调整压膜轮，使其紧粘在沟墙上。

3）开沟过浅，压不住膜造成垄边飘膜。调整开沟圆片深度与入土偏角。

（2）鸭嘴开闭不灵活

1）机组在运行过程中，鸭嘴碰到硬物而变形或卡涩，致使鸭嘴开闭不灵活。校正鸭嘴，使其开闭灵活。

2）田间有杂草和较大的土块，在鸭嘴工作过程中被卡在上面，致使鸭嘴开闭不灵活。清除鸭嘴上卡着的异物，使其开闭灵活。

3）鸭嘴弹簧由于质量问题或超过疲劳极限而断裂，造成鸭嘴开闭不灵活，更换鸭嘴弹簧。

（3）下种不匀

1）排种器内有杂物。清除杂物，保证下种均匀。

2）机组在运行中，鸭嘴碰到硬物而变形，致使鸭嘴开闭不灵活，造成下种不匀。校正鸭嘴，保证其开闭灵活。

3）土壤过湿，堵塞鸭嘴，造成空穴。把待播的土地稍晾一下再播，清理鸭嘴，使其下种均匀。

4）排种器调整不当。重新调整排种器。

5）排种器铆接不良，造成排种器脱落。重新铆接排种器。

（4）断膜

1）机架不平造成铺膜辊过低，使机组在前进中将地膜横向切断。调整中央拉杆，缩短长度，使机架保持水平。

2）铺膜辊转动不灵，机组在行进中受力过大而被横向拉断。修理铺膜辊，清除铺膜辊卡涩物，让其灵活转动。

3）地块不平整，地形高低相差较大，使铺膜辊瞬时对地膜施力过大而切断地膜。播前认真整地，使其满足铺膜播种要求。

（5）鸭嘴打不穿地膜

1）铺膜、展膜、压膜不好，致使膜铺不平展，有褶皱，造成鸭嘴打不穿地膜。调整铺膜辊和压膜轮，让膜铺展，故障即可排除。

2）土壤中杂草及大土块较多，致使铺膜不展，鸭嘴打不穿地膜。重新整地，清除田中杂草。

（6）种孔上覆土不均匀

1）进土量不足，造成种孔覆土不足。调整圆片，加大覆土滚筒进土量。

2）装配时疏忽，覆土滚筒左右装反，造成种孔覆土较少。重新调整覆土滚筒。

3）滚筒槽未对准种孔，造成种孔未覆土。调整滚筒槽，使其对准种孔。

4）覆土滚筒槽过窄，造成种孔覆土不均匀。调宽滚筒槽口，一般为 15～20 mm。

（7）铺膜质量不好

1）垄面过宽，膜没压在膜沟内，造成铺膜质量不好。减少垄面宽度，让膜边压在膜沟内。

2）地膜宽度不够，造成压不住膜，致使铺膜质量不好。更换标准地膜。

3）机架不平，造成铺膜质量不好。调整中央拉杆，调平机架。

4）覆土量不够，造成铺膜质量不好。增加覆土量，调整覆土圆片深度及入土偏角。

二、中耕机械的常见故障分析与排除

1. 伤苗

原因：

1）拖拉机运行路线不直。

2）行距不对。

3）幅宽不符。

排除方法：保证拖拉机直线行驶，重新调整行距及工作幅宽。

2. 犁铧入土过深或过浅

原因：犁柱在纵梁上的位置不合适、入土角过大或过小。

排除方法：用尺测量以便达到理想耕深，调整连杆螺杆直至入土角达到合适为止。

3. 压苗

原因：培土板的开度过大、耕深过大或速度过高。

排除方法：重新调整好培土板的开度，减小耕深，降低行驶速度。

4. 铲草效果不好

原因：犁铧因磨损严重而变钝或工作部件重叠量过小。

排除方法：重新修磨或更换铲刃，增加工作部件重叠量。

5. 培土效果不佳

原因：培土板开度过小或入土深度不够。

排除方法：适当增加培土板开度和入土深度。

6. 排肥受阻

原因：肥料箱中有杂物或肥料结块。

排除方法：清除杂物和硬块。

7. 地轮或仿形轮不转

原因：地轮或仿形轮缠草或轮轴缺乏润滑。

排除方法：清除缠草，加注润滑油。

三、植保机械的常见故障分析与排除

植保机械常见故障分析与排除见表 4—7。

表 4—7　植保机械常见故障分析与排除

故　障	原　因	排除方法
喷头雾化不良或不雾化	压力不足	调整调压手柄使压力达到正常值
	管路堵塞	消除管道杂物
	喷头堵塞	清洗喷头
	药液浓度过大	稀释药液
连接处或喷头漏药	管路压力低	调整压力
	连接处松动	进行紧固
	密封垫损坏	更换密封垫

四、施肥机械的常见故障分析与排除

以 3ZF－6 中耕施肥机为例：

1. 中耕施肥状态

施肥机中耕施肥状态常见故障分析与排除见表 4—8。

表 4—8　　施肥机中耕施肥状态常见故障分析与排除

故　障	原　因	排除方法
施肥开沟器不入土	铲柄位置不对	下调铲柄
	平行四连杆机构压力不足	调紧弹簧
	铲尖磨损	更换新铲尖
杆齿或组合铲不入土	铲柄位置不对	下调铲柄
	杆齿变形或铲尖磨损	更换或校正杆齿，磨修铲尖
地轮打滑	主梁不平	调整拖拉机下拉杆
	仿形机构压力大	减小仿形机构的压力
	链条太紧，传动阻卡	调整链条张紧力，检查传动系统
	肥箱排肥轴阻卡	检查排肥箱、排肥轴
排肥不匀或不排肥	槽轮工作长度不相等	调整槽轮工作长度
	肥料架空	搅拌肥料箱肥料，消除架空
	排肥器或输肥管堵塞	疏通堵塞部件
	传动不可靠或失灵	检查传动系统
链条拉断	链条张紧力过大	调整链条张紧力，调整排肥轴或中间传动轴的安装位置
施肥开沟器堵塞	农具下降过猛	停车清理，注意操作规程
	土壤太湿	
	工作部件入土后倒车	
工作部件不入土，仿形轮离开地面	工作部件尖部翘起	调整拖拉机拉杆长度
	铲尖磨钝	磨刃口或更换零件
	入土力小	调整弹簧压力
中耕后地表不平整	工作部件粘土或缠草	及时清除工作部件上粘的土或杂草
	工作部件安装位置不正确	调整工作部件安装位置
压苗	播种行距不等，对行不准	调整机具播种行距，使之适应苗行
	护苗带宽度不适当	调整护苗带宽度

2. 起垄状态

施肥机起垄状态常见故障分析与排除见表4—9

表4—9　　施肥机起垄状态常见故障分析与排除

故　　障	原　　因	排除方法
垄形瘦小、垄顶培土器拥土，沟底浮土过多	培土翼板张度过大	调整培土器翼板张度
	开沟深度过深	调整开沟深度
垄形低矮，坡度角大，垄顶凹陷	培土器翼板张度过小	调整培土器翼板张度
	开沟深度过浅	调整开沟深度

单元测试题

一、判断题（下列判断，正确的请打“√”，错误的请打“×”）

1. 后桥的功用是改变变速箱传来的动力的方向，并减小转速、增大扭矩后传给驱动轮。（　）

2. 齿轮式变速器通常采用滑动齿轮进行变速变扭。（　）

3. 润滑原理是：润滑油油膜内部的液体摩擦代替了两零件间的摩擦，因此减少了摩擦阻力和表面的磨损。（　）

4. 离合器大体上是由主动部分、从动部分、压紧装置和操纵机构组成。（　）

5. 当分离杠杆的端面不在同一平面上时，会造成离合器分离不彻底。（　）

6. 摩擦片偏磨、烧损、翘曲或铆钉外露时，会造成离合器分离不彻底。（　）

7. 轮式拖拉机的后桥由中央传动和最终传动组成。（　）

8. 履带式拖拉机的后桥由中央传动、转向机构和最终传动组成。（　）

9. 转向系用以改变和控制拖拉机的行驶方向。（　）

10. 履带式拖拉机的转向机构由转向离合器和制动机构两部分组成。（　）

11. 轮式拖拉机的转向机构由转向盘、转向器及转向传动机件等组成。（　）

12. 摩擦式离合器是利用摩擦面相互靠紧时在接触面间产生的摩擦力来传递扭矩。（　）

13. 齿侧间隙若不符合要求，应予以调整。（　）

14. 播种作业结束后，按对角线，选择具有代表性的5个测点，每个点取1 m长度，轻轻将土壤扒开，露出全部种子，数种子粒数，并取平均值，即为每米粒数，用来检查播量。（　）

15. 地面状态不良、高低不平或坡度过大都将影响播种深度的准确性。（　）

16. 机组作业速度过快，一般不会产生播深不准。（　）

17. 当划行器左右臂长度计算错误和安装过长时，会造成播种机作业时邻接行距不准。（　）

18. 播种机组在作业中，因故停车或换挡频繁，都会造成漏播、重播。（　）

二、单项选择题（下列每题有4个选项，其中只有1个是正确的，请将其代号填在横线空白处）

1. 活塞处于上止点时，裙部与气缸的间隙最大不得超过________mm。

A. 1　　B. 1.5　　C. 2　　D. 0.5

2. 活塞环积炭或磨损，发动机冒灰蓝或淡蓝色烟，应用________清洗，磨损严重应更换。

A. 汽油　　B. 柴油　　C. 煤油　　D. 机油

3. 燃油系将一定量的清洁燃油按一定的喷雾要求准时地供入气缸，与气缸内的空气形成良好的________。

A. 可燃混合气　　B. 可燃油雾　　C. 可燃燃料　　D. 混合物

4. 气缸套凸出高度超差或不一致，需加以调整或修理，使其达到规定值。各缸凸出高度相差不得大于________mm。

A. 0.05　　B. 0.02　　C. 0.1　　D. 0.5

5. 发动机运转吃力或突然熄火；排气管冒黑烟；摇曲轴时转不动，或可转动但存在异常响声，可判断发动机发生了________故障。

A. 拉缸　　B. 拉瓦　　C. 气缸垫烧坏　　D. 烧瓦

6. 冷却系的功用主要是对受热零件进行冷却，以保证发动机在最适宜的温度状态下工作，既防止零件________，又能充分发挥发动机的有效功率。

A. 发热　　B. 发冷　　C. 过热　　D. 过冷

7. 发动机长期工作使气门与气门座的________磨损，甚至出现积炭、烧损、剥落和斑点，从而造成漏气。

A. 头部　　B. 斜面　　C. 平面　　D. 接触环带

8. 气门与气门导管的间隙________会造成气门关闭不严而漏气。

A. 小　　B. 过小　　C. 大　　D. 过大

9. 气门间隙________，在气门热胀后，会造成气门关闭不严。

A. 过大　　B. 大　　C. 过小　　D. 小

10. 活塞环严重磨损，使缸套与活塞配合间隙________，容易造成严重漏气。

A. 过小　　B. 小　　C. 过大　　D. 大

11. 机油泵的限压阀阀门弹簧弹力________，将引起主油道压力降低。

A. 太弱　　B. 较弱　　C. 强　　D. 很强

12. 喷油泵的功用是：根据发动机各气缸的工作次序和负载大小________向各缸喷油器输送高压柴油。

A. 定时地　　B. 定量地　　C. 定时定量地　　D. 定期地

13. 喷油器的功用是：将喷油泵送来的高压柴油________喷射到燃烧室中。

A. 以雾状　　B. 以滴状　　C. 以线状　　D. 以流状

14. ________燃油系可分为低压油路和高压油路。

A. 汽油机　　B. 柴油机　　C. 煤油机　　D. 液化气机

15. 柴油机的________油路由燃油箱、滤清器、输油泵及低压油管组成。

A. 供油　　B. 输油　　C. 低压　　D. 高压

16. 发动机________时，排气管无烟或仅有小股黑烟冒出。

A. 高速运转　　B. 中速运转　　C. 低速运转　　D. 起动困难

17. 轴承间隙过大或过小，曲轴轴颈磨损或圆度、圆柱度超标，各主轴承不同心，油底壳缺油或油道堵塞，机油质量不符合要求等都易造成________。

A. 抱瓦　　B. 拉瓦　　C. 烧瓦　　D. 断曲轴

18. 气缸套、活塞、________过度磨损，会造成窜机油，功率不足等。

A. 活塞销　　B. 连杆衬套　　C. 连杆轴瓦　　D. 活塞环

19. 配气机构是按发动机的工作________和工作循环的要求，定时开启和关闭各缸的进、排气门，及时地吸入新鲜空气和排出废气。

A. 时间　　B. 顺序　　C. 速度　　D. 性质

20. 气门间隙过小，会造成气门________。

A. 关闭过严　　B. 打开过晚　　C. 关闭良好　　D. 关闭不严

21. 气门间隙过大，气门________开启。

A. 不能　　B. 始终　　C. 推迟　　D. 不能充分

22. 冷却系保证发动机在________的温度状态下工作。

A. 最低　　B. 较低　　C. 最适宜　　D. 较高

23. ________式水冷却系工作比较可靠，冷却水循环流动得快，散热能力强。

A. 蒸发　　B. 循环　　C. 温差循环　　D. 强制循环

24. 发动机长期________工作，会引起水温过高。

A. 超负载　　B. 负载　　C. 轻负载　　D. 无负载

25. 润滑系的功用就是借助润滑油实现零部件的________摩擦。

A. 干　　B. 半干　　C. 非液体　　D. 液体

26. 借助运动零件，将润滑油送到零件露在外面的摩擦表面的，为________式润滑。

A. 压力　B. 飞溅　C. 重力　D. 循环

27. 当曲轴轴承或连杆轴承间隙过大时，会出现机油压力________。

A. 过低　B. 为零　C. 升高　D. 过高

28. 当气缸套、活塞及活塞环严重磨损时，机油消耗量________。

A. 变小　B. 不变　C. 变大　D. 为零

29. 当气缸套漏水时，油底壳油面会________。

A. 升高　B. 降低　C. 不变　D. 变化不大

30. 离合器用以切断发动机和________之间的动力传递。

A. 离合器轴　B. 动力输出轴　C. 变速器　D. 传动系

31. 离合器________，可保护传动系的机件不受损坏。

A. 接合　B. 分离　C. 打滑　D. 运转

32. 摩擦式离合器是利用摩擦产生的________来传递扭矩。

A. 转速　B. 动力　C，驱动力　D. 摩擦力

33. 当离合器摩擦层严重磨损后，会造成离合器________。

A. 分离不彻底 B. 接合不上　C. 打滑　D. 发生抖动

34. 当离合器压紧弹簧软或折断，压力不足和不均匀时，会造成离合器________。

A. 接合不上　B. 打滑　C. 分离不彻底　D. 产生抖动

35. 变换变速器的排挡，以改变________，可使其在不改变发动机自身转速和扭矩的情况下改变拖拉机的驱动力和行驶速度。

A. 转速　B. 转动方向　C. 扭矩　D. 传动比

36. 在变速器处于________时，拖拉机可在不熄火情况下实现长时间停车，还可实现发动机无负载起动。

A. 高挡　B. 低挡　C. 倒挡　D. 空挡

37. 两齿轮啮合传动时，主动齿轮齿数为 8，从动齿轮齿数为 16，当小齿轮转一圈时，大齿轮转________。

A. 半圈　B. 一圈　C. 一圈半　D. 两圈

38. 离合器________时就造成挂挡困难或挂不上挡。

A. 分离不彻底 B. 间隙过大　C. 磨损严重　D. 齿轮磨损

39. 当拨叉轴之间的互锁装置磨损，失去互锁作用；变速杆下端的工作端点与拨叉导块槽严重磨损时，就会造成变速器________。

A. 挂挡困难　B. 挂不上挡　C. 跳挡　D. 乱挡

40. 履带式拖拉机的后桥由中央传动、转向机构、________和最终传动组成。

A. 差速器　B. 变速器　C. 离合器　D. 制动机构

41. 轮式拖拉机的后桥由中央传动、________和最终传动等组成。

A. 变速器　B. 制动机构　C. 转向机构　D. 差速器

42. 蓄电池在完全放电或充电________的情况下长期放置，气温变化，易造成极板硫化。

A. 很充足　B. 较充足　C. 充足　D. 不足

43. 蓄电池在完全放电或充电不足的情况下，当温度________时，电解液中的硫酸铅结晶成粗晶粒硫酸铅，附着在极板上而硫化。

A. 升高　B. 下降　C. 常温　D. 保持不变

44. 播种深度不符合要求，要检查播种机机架、升降及________调节装置和开沟器支架有无变形等。

A. 快慢　B. 高低　C. 深浅　D. 前后

45. 播种深度不符合要求，要检查土壤是否过于疏松或干硬，是否有________或坡度过大等。

A. 深浅不一　B. 高低不平　C. 软硬不一　D. 土质不一

46. 播种机播量不准，原因可能是________。

A. 种子箱内盛种子量太多　B. 种子箱内盛种子尺寸太大

C. 种子箱内盛种子量太少　D. 种子箱内盛种子尺寸太小

47. 播种机播量不准，原因可能是________。

A. 机组运行速度和试验调整时的速度一致

B. 机组运行速度和试验调整时的速度不一致

C. 开沟器间距不准

D. 输种管变形

三、多项选择题（下列每题有多个选项，其中至少有 2 个是正确的，请将其代号填在横线空白处）

1. 发动机由燃油系、曲柄连杆机构和________组成。

A. 配气机构　B. 制动机构　C. 冷却系　D. 润滑系

2. 配气机构的常见故障是________。

A. 气门关闭不严　B. 气门脱落

C. 气门座圈脱落　D. 气门密封环带烧损

3. 造成发动机拉缸的主要原因是________。

A. 活塞与缸套配合间隙过小　B. 活塞与缸套配合间隙过大

C. 发动机温度过高　D. 发动机温度过低

4. ________会加速气缸壁的磨损，重则会造成拉缸。

A. 活塞环边间隙过小　B. 活塞环折断

C. 活塞环开口间隙过小　D. 活塞环开口间隙过大

5. ________会使气门关闭不严。
   A. 气门间隙过小　　B. 气门间隙过大
   C. 气门弹簧弹力过大　　D. 气门与气门座之间有积炭
6. 气门弹簧________，会造成气门关闭不严。
   A. 太长　　B. 失效
   C. 弹力不足　　D. 折断
7. 后桥用来将变速器传来的动力进一步________后传给驱动轮。
   A. 降低转速　　B. 提高扭矩
   C. 增大牵引力　　D. 提高转速
8. 后桥异响可能是由________引起的。
   A. 齿轮间隙过大　　B. 齿轮间隙过小
   C. 齿隙不均　　D. 齿轮各轴承调整不当
9. 当后桥中________时，会发生异响。
   A. 润滑油过多　　B. 连接螺栓松动
   C. 润滑油不足　　D. 齿轮磨损严重

10. 轮式拖拉机的差速器可分为________。
    A. 开式　　B. 半开式
    C. 闭式　　D. 半闭式
11. 轮式拖拉机转向困难或不能转向，是由于________造成的。
    A. 转向盘自由行程大，转向不灵
    B. 操纵杆自由行程大
    C. 各球头、关节、衬套等件无润滑油，干摩擦
    D. 转向节立轴转动不灵，跳偏
12. 离合器打滑的主要表现特征是________。
    A. 功率不足　　B. 负载作业动力性差
    C. 高挡位起步困难　　D. 起步滑转
13. 离合器分离不彻底的原因是________。
    A. 分离杠杆与分离轴承间隙过大
    B. 3 个分离杠杆的端面不在同一平面上
    C. 摩擦片破裂或钢片变形
    D. 钢片太厚
14. 由于电极和电解液所用的物质不同，蓄电池可分为________蓄电池。
    A. 强酸性　　B. 酸性
    C. 弱酸性　　D. 碱性

15. 拖拉机上用电设备所需的电源一般由________来供应。
A. 磁电动机　　B. 发电机
C. 直流电动机　　D. 蓄电池

16. 铅蓄电池是由正、负极板，________，外壳，盖板等组成。
A. 隔膜　　B. 隔板
C. 电解液　　D. 电解质

17. 硅整流发电机由一个________三相桥式全波整流器组成。
A. 三相同步交流发电机　　B. 三相异步交流发电机
C. 三相同步直流发电机　　D. 6 个硅二极管

18. 硅整流发电机充电电流过小的原因有________。
A. 转子部分激磁电路短路、断路
B. 充电电路断路
C. 集电环沾有油污
D. 调节器调压值太低

19. 硅整流发电机充电电流过大的原因有________。
A. 调压值过高　　B. 调压值过低
C. 调压器调压线圈末端脱落　　D. 调压器调压线圈断路

20. 播种作业质量检查时要求其播量________。
A. 稍大　　B. 准确
C. 可调　　D. 均匀

21. 播种作业质量检查时要求其播深________。
A. 稍大　　B. 准确
C. 可调　　D. 均匀

22. 播量不准的原因有________。
A. 种子含水量较大　　B. 种子含水量较小
C. 种子夹杂物太多、太大　　D. 种子箱内盛种子量过少

23. 播量不均的原因有________。
A. 各排种器的技术状态不同
B. 开沟器技术状态不良
C. 各伸缩杆压缩弹簧弹力不一致
D. 各排种轮端面不平或调整排种舌下部弹簧弹力不一

24. 产生播深不均的主要原因有________。
A. 两侧深浅调整手轮配合调整不当
B. 挂接点过高或过低

C. 各开沟器开沟深度不一致

D. 起落方轴变形

25. 产生播深不准的主要原因有________。

A. 开沟器技术状态不良

B. 行走轮滑移系数过大

C. 机组作业速度过快

D. 种子夹杂物太多、太大

四、技能试题

第一题：排除东方红－75/802 型拖拉机发动机起动困难的故障（设故障在燃油系）

1. 内容及操作要求

用实际操作与问答相结合的方式考核。

(1) 口述柴油机燃油泵影响发动机起动困难的因素有哪些。

(2) 排除发动机起动困难或不能起动的故障。

(3) 注意方法步骤及安全事项。

2. 准备工作

(1) 设备准备。装备齐全的东方红－802 型拖拉机 1 台。

(2) 工、量具准备。随车工具 1 套、计时表 1 只。

3. 考核时限

(1) 基本时间。准备时间 5 min，正式操作时间 40 min。

(2) 时间允差。每超过 5 min，从总分中扣除 1 分，不足 5 min 按 5 min 计算，超过 10 min 终止考试。

4. 评分项目及标准（见表 4—10）

表 4—10　　评分项目及标准

序号	评分要素	配分	评分标准	得分	备注
1	油路不畅 (1) 油箱没油 (2) 开关没开 (3) 柴油滤清器阻塞	9（按要点平均配分）	漏答、错答按配分扣分		
2	输油泵工作不良 (1) 进、出油阀封闭不严 (2) 进、出油阀弹簧失效 (3) 柱塞弹簧折断	9（按要点平均配分）	漏答、错答按配分扣分		

续表

序号	评分要素	配分	评分标准	得分	备注
3	喷油泵工作不良 （1）油门卡死在停供油位置 （2）柱塞弹簧折断 （3）出油阀弹簧折断、封闭不严或卡死 （4）喷油时间不正确	9（按要点平均配分）	漏答、错答按配分扣分		
4	喷油器故障 （1）喷油压力过大、过小 （2）喷油器针阀卡死	9（按要点平均配分）	漏答、错答按配分扣分		
5	温度过低、柴油黏度大，油中有水或牌号不对	9（按要点平均配分）	漏答、错答按配分扣分		
6	排除故障（由考评员设置）	45	一次排除得满分，二次排除扣10分，三次不能排除不得分		
7	安全文明生产	10	无安全事故给5分，注意安全要求给5分		

第二题　检查、调整轮式拖拉机前轮前束

1. 内容及操作要求

采用正确的方法检查、调整轮式拖拉机前轮前束，使其达到规定的要求（可现场设置前轮前束处于过大或过小状态）。

2. 准备工作（工、量具准备）

固定扳手1套、卷尺1个。

3. 考核时限

（1）基本时间。准备时间10 min，正式操作时间30 min。

（2）时间允差。每超过5 min，从总分中扣除1分，不足5 min按5 min计算，超过15 min终止考试。

4. 评分项目及标准（见表4—11）

表 4—11　　评分项目及标准

序号	评分要素	配分	评分标准	得分	备注
1	检查前轮前束 （1）检查方法正确 （2）检查结论正确	（40） 25 15	出现错误一次扣 5 分		
2	调整前轮前束 （1）调整方法正确 （2）调整结果正确	（50） 30 20	出现错误一次扣 6 分		
3	安全文明生产	10	违反规定一次扣 2 分		

第三题　清洗东方红－802 型拖拉机发动机的润滑系统

1. 内容及操作要求

采用正确的方法，对东方红－802 型拖拉机发动机的润滑系统进行清洗。

2. 准备工作

（1）材料准备。清洗用油、新机油。

（2）设备准备。东方红－802 型拖拉机 1 台。

（3）工、量具准备。清洗盆、毛刷、呆扳手、套筒扳手、十字旋具等。

3. 考核时限

（1）基本时间。准备时间 20 min，正式操作时间 90 min。

（2）时间允差。每超过 5 min，从总分中扣除 1 分，不足 5 min 按 5 min 计算，超过 15 min 终止考试。

4. 评分项目及标准（见表 4—12）

表 4—12　　评分项目及标准

序号	评分要素	配分	评分标准	得分	备注
1	放出润滑系统的脏油 （1）正确放出油底壳中的脏油 （2）正确放出滤清器中的脏油	（10） 5 5	 放油方法不正确扣 3 分 放油方法不正确扣 3 分		
2	保养机油滤清器 （1）正确保养机油粗滤器 （2）正确保养机油细滤器	（20） 10 10	 清洗滤芯方法不正确扣 6 分 清洗转子方法不正确扣 6 分		

续表

序号	评分要素	配分	评分标准	得分	备注
3	加入清洗油清洗 (1) 加入油种和数量正确 (2) 带动主发动机方法正确 (3) 转速和运转时间正确 (4) 排尽清洗油	(28) 8 8 8 4	 错一项扣4分 主机未全部减压扣6分 错一项扣4分 排油方法不正确扣2分		
4	加注新机油及运转主机 (1) 正确加注新机油 (2) 正确排除残存的清洗油 (3) 正确带动主机运转	(20) 6 6 8	 加注方法不正确扣3分 排除方法不正确扣3分 转速和运转时间不正确各扣4分		
5	保养通气管及加油管	6	漏一项扣3分		
6	检查密封性和油位	6	漏一项扣3分		
7	安全文明生产	10	违反规定一次扣2分		

第四题　东方红－802型拖拉机主离合器分离不彻底的故障排除

1. 内容及操作要求

用口述和实际操作相结合的方法考核。

(1) 口述

1) 离合器分离不彻底的表现。

2) 离合器分离不彻底的主要原因。

(2) 实际操作。排除离合器分离不彻底的故障。

2. 准备工作

(1) 设备准备。装备齐全的东方红－802型拖拉机1台。

(2) 工、量具准备。随车工具1套、计时表1只。

3. 考核时限

(1) 基本时间。准备时间10 min，正式操作时间40 min。

(2) 时间允差。每超过5 min，从总分中扣除1分，不足5 min按5 min计算，超过10 min终止考试。

4. 评分项目及标准（见表4—13）

表 4—13 评分项目及标准

序号	评分要素	配分	评分标准	得分	备注
1	口述 （1）离合器分离不彻底的表现（换挡时打齿或挂挡困难） （2）主离合器分离不彻底的原因（踏板自由行程过大、分离杠杆与分离轴承间隙不一致、新换的摩擦片太厚）	40	漏答、错答，每一项扣 10 分		
2	故障排除 （1）踏板自由行程为 30～40 mm（当自由行程小于 30 mm 时可调分离杠杆的调整螺母，改变拉杆长度） （2）分离杠杆与分离轴承不一致时，可调节分离杠杆的调整螺母，当压紧弹簧弹力不足时，应更换 （3）摩擦片太厚应处理（可口述）	50	检查、调整结果不正确，每项扣 20 分		
3	安全文明生产	10	无安全事故给 5 分；注意安全要求给 5 分		

第五题　分析发动机气门关闭不严的故障原因及排除

1. 内容及操作要求（口述与操作相结合）

（1）口述。发动机气门关闭不严的主要原因。

（2）操作

1）气门关闭不严的判断。

2）排除故障。

2. 准备工作

（1）设备准备。个别缸气门关闭不严的发动机 1 台（可人为设置）。

（2）工、量具准备。常用工具 1 套、计时表 1 只。

3. 考核时限

（1）基本时间。准备时间 5 min，正式操作时间 30 min。

（2）时间允差。每超过 5 min，从总分中扣除 1 分，不足 5 min 按 5 min 计算，超过 10 min 终止考试。

4. 评分项目及标准（见表 4—14）

表 4—14　评分项目及标准

序号	评分要素	配分	评分标准	得分	备注
1	口述气门关闭不严的原因 （1）气门间隙过小或无间隙 （2）气门和气门座积炭、磨损、烧蚀 （3）气门杆与导管间隙过大 （4）气门弹簧软或折断	40	漏答、错答，每一项扣 10 分		
2	判断与排除故障（故障可设在气门间隙处）	50	判断错误扣 25 分 排除错误扣 25 分		
3	安全文明生产	10	无安全事故给 5 分 注意安全要求给 5 分		

第六题　硅整流发电机充电电流过小的故障判断与排除

1. 内容及操作要求

采用口述与实际操作相结合的方式考核。

（1）口述引起充电电流过小的原因。

（2）排除故障的方法、步骤正确。

2. 准备工作

（1）设备准备。装有硅整流发电机的拖拉机 1 台。

（2）工、量具准备。常用工具 1 套、计时表 1 只。

3. 考核时限

（1）基本时间。准备时间 5 min，正式操作时间 30 min。

（2）时间允差。每超过 5 min，从总分中扣除 1 分，不足 5 min 按 5 min 计算，超过 10 min 终止考试。

4. 评分项目及标准（见表 4—15）

表 4—15　评分项目及标准

序号	评分要素	配分	评分标准	得分	备注
1	口述故障原因 （1）发电机 V 带过松或打滑 （2）充电线路接触不良 （3）发电机内部故障（电刷磨损、个别二极管断路损坏、定子绕组断路或短路、转子绕组短路）	50	错、漏一项扣 10 分		

续表

序号	评分要素	配分	评分标准	得分	备注
1	(4) 放电电流很小，表明激磁电路接触不良 (5) 无放电电流，表明激磁电路有断路		错、漏一项扣 10 分		
2	排除故障	40	一次排除故障得 45 分，两次排除故障得 30 分，三次排除故障得 10 分		
3	安全生产	10	无安全事故得 5 分 注意安全要求得 5 分		

单元测试题答案

一、判断题

1. √ 2. √ 3. √ 4. √ 5. √ 6. √ 7. × 8. × 9. √ 10. ×
11. √ 12. √ 13. √ 14. √ 15. √ 16. × 17. √ 18. √

二、单项选择题

1. D 2. C 3. A 4. A 5. D 6. C 7. D 8. D 9. C 10. C 11. A
12. C 13. A 14. B 15. C 16. D 17. C 18. D 19. B 20. D 21. D
22. C 23. D 24. A 25. D 26. B 27. A 28. C 29. A 30. D 31. C
32. D 33. C 34. B 35. D 36. D 37. A 38. A 39. D 40. D 41. D
42. D 43. B 44. C 45. B 46. C 47. B

三、多项选择题

1. CD 2. ABC 3. AC 4. BC 5. AD 6. BCD 7. AB 8. ABCD
9. BCD 10. AC 11. ACD 12. BC 13. ABC 14. BD 15. BD 16. BC
17. AD 18. ABD 19. ACD 20. BD 21. BD 22. ACD 23. AD
24. ACD 25. AC

第5单元

技术维护

第一节　拖拉机的试运转

→ 了解拖拉机试运转的作用、规范及质量验收标准

→ 掌握试运转的技术状态检查的方法及调整规范

一、试运转的作用

新的、大修后或更换重要配合零件的拖拉机，在使用前必须进行磨合，同时进行检查、调整和保养，这一系列工作称为试运转。影响试运转质量的主要因素有：负载、速度、磨合时间、润滑油的黏度。以上 4 个因素的有机配合称为试运转规程。合理的试运转规程，能以较短的磨合时间和较少的能量，使运动副获得较高的磨合质量。经过加工的零件表面存在着许多高低不平的凸峰和凹谷，这些零件加工表面上具有的较小间距和峰谷所组成的微观几何形状特性称为表面粗糙度，例如，发动机曲轴轴颈的表面粗糙度 Ra 值为 0.2～0.4 μm，轴瓦表面 Ra 值为 0.8～1 μm，气缸壁表面 Ra 值为 0.2～0.3 μm，活塞表面 Ra 值为 0.6～0.8 μm。此外，零件表面还存在一些宏观（几何形状）上的缺陷。这些零件相互配合运动时，仅仅凸起部分接触，实际承载面积远远小于设计面积（为设计面积的 0.1%～1%），如果承受较大负载，势必造成局部过载和高温，使零件表面产生拉伤、划痕等损坏现象。所以试运转的作用就是在合理的转速、良好的润滑和冷却条件下，用逐渐增加负载的方法，将零件表面逐渐磨平，修正宏观缺陷，使零件具有一个理想的工作表面。这个表面的实际承载面积较大，因而能承受较大的负载，又能保持良好的润滑。此外，通过试运转可检查、发现和排除各种故障，并了解机器的结构特点和使用性能等。

实践证明，是否进行试运转和试运转质量的好坏，对机器的动力性、经济性、工作寿命有重要影响。例如，未经试运转的汽车发动机行驶 1 000 km 的磨损量，大约相当于试运转后行驶 10 000 km 的磨损量。

二、试运转规范

试运转规范是指进行试运转时的程序和要求。拖拉机的试运转分两个阶段。

1. 第一阶段

工厂试运转第一阶段，在制造厂或修理厂内进行，该阶段试运转的时间较短，约数十分钟到数小时，且以发动机为主。这一阶段运动副零件的磨损强度很大，其主要作用是将零件表面初步磨平，测定发动机的有效功率和耗油量，检查制造质量，消除已发现的故障。发动机的工厂试运转分为 3 个过程，即冷磨合、空转热磨合、负载热磨合。工厂试运转的过程虽短，但对零部件以后的寿命有很大影响，因此，应给予重视。通常，发动机修理后特别是换件后也要进行第一阶段试运转。

2. 第二阶段

第二阶段是使用单位的试运转。大部分国产拖拉机的试运转时间规定为30～60 h。在此阶段，除了将运动零件表面继续磨平外，还要修正宏观缺陷。在这一阶段，运动件的磨损强度随着磨合时间的延长而逐渐减小，最后趋于稳定，这时就可正式投入使用。但在正式投入使用的头几个班次，最好仍以 80％的负载程度作业，使运动副零件进一步磨合。

第二阶段的试运转分以下 3 个过程：

（1）发动机空转约 10～15 min，前 5 min 低速运转，后 5～10 min 逐渐提高到最高转速。

（2）拖拉机空行，由低挡到高挡，每个前进挡约 1 h，倒挡约 0.5 h。

（3）拖拉机逐渐增大负载的试运转，国产多数拖拉机的负载分为 3 级，以挂钩上的牵引力来衡量。在试运转过程中，牵引力应由大到小，在同一牵引力下，排挡应由低挡到高挡。

若拖拉机具有液压悬挂系统，在负载试运转前，应先对液压悬挂系统进行试运转。

表 5—1、表 5—2 和表 5—3 列出了几种国产拖拉机第二阶段的试运转规范。

表 5—1 发动机空转试运转规范

拖拉机型号	低转速（r/min）/试运转时间（min）	中转速（r/min）/试运转时间（min）	高转速（r/min）/试运转时间（min）	试运转时间小计（min）
东方红—802	800～900/5	1 000～1 200/5	1 200～1 400/5	15
东方红—70	800～900/5	1 000～1 100/5	1 300～1 400/5	15
铁牛—55	900～1 000/5	1 200～1 300/5	1 400～1 500/5	15

表 5—2 拖拉机空驶试运转规范

拖拉机型号	各挡试运转时间（h）								
	Ⅰ挡	Ⅱ挡	Ⅲ挡	Ⅳ挡	Ⅴ挡	Ⅵ挡	倒Ⅰ	倒Ⅱ	小计
东方红—802	1	1	1	1	1		0.5		5.5
东方红—70	1	1	1	1	1		0.5		5.5
铁牛—55	1	1	0.5	1	1		0.5		5

表 5—3　　　　拖拉机负载试运转规范

拖拉机型号	牵引力（N）	各挡试运转时间（h）							总计（h）
		Ⅰ挡	Ⅱ挡	Ⅲ挡	Ⅳ挡	Ⅴ挡	Ⅵ挡	小计	
东方红—802	7 840～980	3	3	2	2	2		12	54
	15 680～17 640	5	5	5	3			18	
	21 560～28 420	8	8	8				24	
东方红—70	4 900	3	3	2	2	2		12	54
	9 800	5	5	5	3			18	
	14 700	8	8	8				24	
铁牛—55	4 410	3	2	2	4	4	15		53
	5 800	3	2	2	6	5		18	
	8 820	4	3		6	7		20	

在进行负载试运转时，如无拉力计确定挂钩负载的大小，可参照表 5—4 所列的农机具及其作业类型进行估算。

表 5—4　　　　与挂钩负载相对应的农机具及其作业类型

挂钩负载（N）	农机具名称及台数	备　注
2 450	一辆 2 t 拖车	
2 940	一辆 3 t 拖车	
4 900	一台 24 片圆盘耙	耙深 12 cm
6 860	一台 41 片圆盘耙	耙深 12 cm
7 840	悬挂二铧犁	中等土壤，耕深 17～19 cm
8 820～9 800	一台三铧犁	中等土壤，耕深 18～20 cm
11 760～12 740	一台四铧犁	中等土壤，耕深 18～20 cm
13 720～14 700	一台四铧犁	中等土壤，耕深 20～22 cm
13 720～14 700	一台缺口耙	中等土壤，耕深 20～22 cm
16 660～17 640	一台五铧犁	中等土壤，耕深 20～22 cm

三、试运转的操作规程

1. 试运转前的准备工作

（1）组织操作拖拉机试运转的人员学习机务规章、机器说明书、试运转规程，了解机器的结构特点、使用性能和操作保养方法，确定负载试运转的编制方案。

（2）准备试运转所需的油料、物料、保养工具、测试仪表（转速表、拉力表、比重计等）。

（3）检查机器技术状态，按规定进行技术保养（清洁外部，添加油、水，紧固螺栓，检查、调整操纵机构，前轮定位，调节轮胎气压和履带紧度，按润滑表注油等）。确认一切正常后即可开始试运转。

2. 试运转操作

按试运转操作规程依次进行发动机空转，拖拉机空驶和负载试运转。试运转过程中保持水温（40℃以上起步，60℃以上进行负载作业，75～95℃正常工作）；检查各部位的发热情况，听诊响声变化；对转向、制动机构进行周期的磨合操纵。当发现运转或操作有异常现象时，应及时停车检查，彻底排除故障后才能继续试运转。

3. 试运转后的工作

（1）按说明书的规定，更换各部位润滑油，并清洗各润滑部件。方法是：在试运转后，趁热放出油底壳机油，并清洗机油泵吸盘、机油粗过滤器，然后加入新机油；趁热放出变速器、后桥和最终传动装置内的齿轮油，加入适量的煤油和柴油，用Ⅱ挡和倒挡行驶1～2 min后清洗润滑齿轮，然后放出清洗油，换装新的齿轮油。

（2）放出冷却水，用清洁的软水清洗冷却系统。

（3）检查、调整各操纵机构的行程、气门间隙、喷油嘴压力、轴承间隙和履带张紧度。

（4）检查和紧固外部螺栓，特别是发动机支座、变速器支点等部位。按规定数值和顺序拧紧发动机缸盖螺栓。

（5）按拖拉机润滑表润滑各部位。

（6）试运转执行人员将试运转情况报上级部门，并记入技术档案。

试运转时要特别注意润滑油的品种和质量，所用润滑油一方面应能很好地清洗磨屑并冷却摩擦表面；另一方面应具有较高的油性和充分的流动性能。试运转后的机器在开始作业的几个班次，要以80%的负载工作，然后才能满负载作业。

四、试运转质量验收标准

拖拉机试运转的质量验收标准：

1. 发动机的功率和燃油消耗率都在规定范围内，转速稳定，排气正常。

2. 起动容易、迅速。

3. 满负载工作时，发动机的水温、油温和油压正常，各运动部件无不正常的敲击、过热和振动等。

4. 电器设备、液压系统和各操纵机构的作用正常。

5. 不漏水、不漏油、不漏气、不漏电。

农业机械试运转的质量验收标准：

工作质量、能量消耗合乎要求，操纵机构作用正常，运动部件无不正常的声音和过热，工作可靠。

五、试运转的技术状态检查与调整

1. 试运转中的检查

在试运转过程中，应随时注意检查各系统、各部位的技术状态和各种仪表的读数。当发现有异常现象时，应根据具体情况予以排除。

(1) 检查各总成间连接处有无松动、变形或位移。

(2) 检查有无漏水、漏油、漏电、漏气现象。

(3) 检查发动机、变速器、制动鼓、主减速器壳以及中间轴承座、发电机等是否存在温度过高现象。

(4) 检查制动系性能以及有无漏气现象。

2. 试运转后的工作

(1) 趁热放出发动机油底壳中的机油和传动系统中的齿轮油，并用柴油进行清洗。

(2) 清洗各种滤清器，必要时更换滤芯。

(3) 检查发动机、离合器、制动器和转向机构的各项调整参数，必要时，重新进行调整。

(4) 检查并拧紧各部分的螺钉，重点是气缸盖、连杆、前后轮和各总成之间连接的螺钉。

(5) 检查并维护电气设备，保证其正常工作。

第二节 拖拉机的二号保养

→ 了解掌握拖拉机二号保养的技术规范、操作要点及拖拉机的入库保养

一、二号保养的技术规范

二号保养的间隔根据各型拖拉机发动机油底壳中的机油更换期的长短的来确定。除完成班保养、一号保养的项目外，要更换机油，用柴油清洗润滑油道（用起动机带动），

用钠基润滑脂润滑发动机、起动机轴承。根据发动机的工作情况，必要时调整气门，试验喷油嘴、喷油泵。

1. 机油的添加与更换

拖拉机发动机所用机油，按规定允许微量消耗一部分，但最多不得超过 3.68 g/kW·h。因此，在机油的更换周期内，需于每次起动发动机前进行检查，必要时按油尺的刻度补足。有些驾驶员错误地认为发动机油底壳内的机油越多越好，往往超量添加，结果既浪费了油料，又会引起烧机油后造成积炭等不良后果。

油底壳量油尺上有两根刻线。下刻线表示保证发动机内部润滑条件的机油容量，下刻线与上刻线之间的机油容量，供正常运转下的经常性消耗。通常，油面应处在接近上刻线处为好。需要添加时，宜采用“多次少加”的方法。

一般在技术维护规程中都规定了发动机的换油周期，应及时换油。有时，根据实际情况会提前或延期更换，但都应根据机油的变质程度，正确掌握机油是否需要更换的标准。

没有化验设备时，可用下列方法判断：

（1）擦研检查。自发动机中取少许机油，放在手指间擦研，机械杂质过多或黏性太差较易察觉。

（2）倾注检查。将所取机油从盛器中慢慢倒出，观察机油的光泽、浊度。若油流细长均匀，即表示油中无胶黏性物质及杂质，水分亦较少。

（3）油滴检查。在洁白的滤纸上分别滴上新油和使用过的待检机油，观察对比其变化情况。如果在已用过的机油油滴印迹中心发现有较多的硬沥青质及炭粒，表明滤清器性能变差，但还不能说明油已变质；如果黑点较大，呈黑褐色且均匀无颗粒，则表明油已严重变质；如果中间黑点较小而色浅，四周的黄色印迹较大，表明该机油还可继续使用。

（4）气泡对比法。用两只直径为 0.5 cm、长 20 cm 的玻璃管分别装入 19 cm^3 的新、旧机油，封好，将两管同时颠倒，测记气泡上升的时间。若两者相差超过 20%，就应更换新油。

（5）过滤法。取发动机中的机油 100 ml，加入无铅汽油 200 ml 稀释，然后用滤纸过滤并加以干燥。当油泥沉淀物重达 2 g 时，应更换机油。

在上述这些简易检查方法中，因每种方法都有针对性，如，有的是检查黏度，有的是检查杂质，故在实际应用时可同时检测几项，得出综合结论。

2. 清洗发动机润滑油道

在更换发动机机油的同时，是否需要清洗油道，用何种方法清洗，不同型号拖拉机的产品使用说明书上提法不一。但多数认为残存于系统油道内的脏机油及污垢如不加以清除，必然会很快降低新机油的质量，并且认为采用轻质混合油料进行清洗，效果较好。

发动机更换机油及清洗润滑油道时，必须严格遵守以下程序：

(1) 拖拉机停放在平地上熄火后，立即趁热放出废机油。

(2) 向油底壳中加入清洗混合油（2/3 的机油和 1/3 的柴油），其数量一般占油底壳容量的 1/3～1/2。起动发动机，怠速运转 3～5 min，此时应密切注视机油压力表，其读数不得小于 58.86 kPa，如果压力过低，应立即停车。清洗后放净油底壳、机油过滤器及机油散热器中的全部清洗混合油。

(3) 卸下机油滤清器的滤芯，用柴油清洗其壳体及滤芯。在装回过滤器时，必须在滤清器内注入新机油，清洗机油加油口的滤网和通气孔，并用机油润滑通气孔的填料，最后添加新机油至规定刻度。

(4) 起动发动机前应先转动曲轴，直到压力表显示出压力后再起动发动机，以避免发动机刚开始运转时产生干摩擦而损坏机件。

二、技术保养注意事项

1. 严格按照规程进行技术保养

拖拉机技术保养规程是根据拖拉机在使用过程中零部件技术状态的变化规律而拟定的，因此，它具有普遍的指导意义，使用单位或个人应按规程严格执行，不要轻易变动各级技术保养的周期和内容。技术保养是根据拖拉机一般运用条件制定的，当运用条件有显著差异时，拖拉机技术状态受到的影响程度明显不同。因此，在执行技术保养规程时，可根据实际情况适当变动保养内容和周期。例如，在拖拉机进行固定作业期间，底盘部分的保养可以适当简化。

2. 保证保养质量

为了保证技术保养质量，除提高维护保养操作水平外，还需要具备必要的物质条件，如，工具应当齐全。对一些技术要求较高的复杂保养项目，应当请技术熟练的人员进行。保养最好在室内进行，特别是在保养内部机件时，必须防止被尘土污染，否则，进行一次保养后，不仅不能改善技术状态，反而使技术状态恶化。

3. 重视拖拉机底盘的技术保养

底盘技术状态的好坏，对发动机的功率的充分利用有着决定性的影响。在保养中要特别强调两点：一是保证润滑，二是调整。因为底盘传动零件在重载下工作，对润滑油质量要求较高；另外，润滑油不能重复过滤使用，因此，在保养时应严格按照规定品种加注润滑油，必须保证润滑油洁净及箱壳密封，而且要遵循保养规程，定期清洗箱壳内腔，换加新油。

三、拖拉机的二号保养实例

1. 铁牛—55 型轮式拖拉机二号技术保养实例

(1) 完成一号技术保养的各项工作。

(2) 清洗、检查机油滤清器及其纸滤芯。若纸滤芯被水浸湿，应倒净壳体中的水并晒干纸滤芯。若纸滤芯有破裂、穿孔、脱胶、腐烂等缺陷，应立即更换。纸滤芯的清洗方法是：用软木塞堵死纸滤芯两端孔口，再在装有柴油或煤油的盆中用软刷子顺折缝刷洗，刷掉污物后再用清洁柴油或煤油冲洗。最后用打气筒从滤芯一端打入压缩空气，将纸滤芯上的污物自里向外吹出，再用清洁的柴油或煤油清洗。

(3) 放出渗入飞轮壳中的油。

(4) 清洁发电机内部，检查换向器及与电刷接触的情况，如有烧损痕迹或偏磨现象，应用“00”号砂纸磨光。

(5) 冬季应将预热器从进气管上拧下，检查其火焰情况，必要时更换电阻丝。

(6) 用钙基润滑脂润滑离合器踏板轴及后轮半轴外轴承等。

2. 东方红—802 型履带式拖拉机二号技术保养实例

(1) 完成一号技术保养的各项工作。

(2) 更换发动机机油。

(3) 放净调速器旧油，加入新油至规定油位。

(4) 清洗空气滤清器和进气支管。

(5) 检查调整气门间隙。

(6) 放出离合器壳内的机油。

(7) 检查、调整主离合器和小制动器，检查、调整操纵机构和制动器。

四、拖拉机作业后的入库保养

当拖拉机长期存放，入库保管时，须进行以下工作：

1. 彻底清除机体上的油污、泥土和异物，掉漆的部位要重新涂上防锈漆。

2. 将易损坏和应拆卸的零部件卸下单独保管，如蓄电池、传动带和发电机等。

3. 冻裂是因气温降低，机车内的水结冰膨胀，将机车部件冻裂。有效的防止冻裂的办法是放出冷却水，蓄电池除要在室内保管外，还要月补充充电 1 次，以防亏电冻裂。

4. 要选择干燥、地势平坦和防风吹日晒的地方存放，履带式拖拉机要放松履带，轮式拖拉机要用垫块或支架将轮轴架起，使轮胎离开地面。

5. 要向所有黄油嘴加注黄油，并向气缸内注入少量机油，然后转动曲轴数转。

6. 定期转动曲轴，一般 20～30 天需转动 1 次，要定期润滑主要部位，如能起动，应月起动 1 次，熄火后再向气缸内注入少量机油。

7. 对易燃物质，如油料等，要尽量远离火源，注意防火。

第三节　常见农机具的技术保养

→ 了解掌握播种机械、中耕机械、植保机械等常见农业机械的保养规程

农机具的技术保养分为每班技术保养和定期技术保养，各种农业机具的每班技术保养大致与拖拉机相同。即清除污垢，检查机器工作部分的状态和安装情况，按照润滑面表润滑机器的各润滑点。

根据技术保养的性质与分解部位不同，技术保养的分工与执行情况也应该有所差别。每班一号及二号保养可以在田间或露天工地进行。而三号以上的技术保养，应在室内进行。否则，在保养中容易使机器的分解部分沾染尘土，产生不良后果。每班技术保养及一、二号技术保养的全部操作应由其驾驶员负责进行。比较复杂的定期技术保养，如机器的局部分解，更换磨损零件，执行一些修理操作等，若驾驶员不能胜任这些工作，应由修理工配合进行。

一、播种机械的保养规程

1. 彻底清扫播种机上的尘垢，清除种子箱内的种子和肥料箱内的肥料。

2. 齿轮传动装置外部及排种轴应涂以润滑油。

3. 圆盘开沟器须分解，用柴油清洗后重新装配并注油，在圆盘内、外表面涂废油，放在干燥的房间里。

4. 作业中碰掉的油漆应补刷上。

5. 清洗播种机的各摩擦部分和传动装置，并润滑，如是传动链条，用柴油清洗晒干后涂上润滑油，单独入库保管。

6. 放松开沟器伸缩弹簧；卸下金属输种管，放室内保管，勿使其变形；卸下胶皮输种管，并在管内填木棒、干沙或锯末，保管在干燥无阳光的地方。

7. 播种机须放在农具库或棚内，如果露天保管，则必须遮盖木制种子箱，播种机两轮应垫起，机架也应垫起以防变形。备品、零件及工具应交库保存。

二、植保机械的保养规程

1. 清水冲洗

每天喷雾作业结束后要用清水喷洒几分钟，以清除药液箱、液泵和管道内残存的药液，最后将清水排除干净。

2. 按说明操作

按机器说明书的规定，检查、调整各部件的技术状态，给各润滑点润滑。要保持清洁，及时清除泥污。

3. 喷雾机的存放

全部作业结束后，若停放时间较长，除把药液箱、液泵和管道等用水清洗干净外，还应拆下 V 带、喷雾胶管、喷头、混药器和吸水管等部件，将其清洗干净后与机体一起放在阴凉干燥处。喷雾机不能与化肥、农药等腐蚀性强的物品堆放在一起，以免腐蚀损坏。橡胶制品应悬挂在墙上，避免压、折损坏。

三、施肥机械的保养规程

1. 使用时，必须保持肥箱内、排肥轮等工作部件的干燥。

2. 机具使用过后或停机超过 2 h，应将肥箱内的剩余肥料全部清除干净，以防肥料潮解结块而影响下次施肥作业，并将排肥轮组件取出，把黏附的肥料用毛刷清扫干净。

3. 机具夜间停放在田间或屋外时，应将排肥轮组件取出，放到屋内干燥，以防潮湿。

4. 排肥轮在摆臂作用下前后摆动角为 90°，施肥时应调整驱动连杆长度和摆臂相对排肥轮的相对位置，使排肥轮的前后摆动角度相同。

5. 肥料颗粒应均匀，直径在 2～4 mm 的颗粒应占 85％以上，无粉尘，使用前最好把肥料过筛，保证肥料粒度。肥料应松散流畅，无结块且颗粒有一定硬度，每粒抗压力为 8 N 以上。

6. 施肥作业时，要调整施肥深度调节杆，使开沟深度为 30～50 mm。运输时应将开沟器总成升起。

7. 作业过程中要经常注意消除输肥管、开沟器上的挂草、堵泥，避免堵肥故障发生。在机具转弯时要注意两侧开沟器是否带泥影响下肥。

8. 雨天作业时要注意密封，防止肥料潮湿，以免影响正常作业。

单元测试题

一、判断题（下列判断，正确的请打"√"，错误的请打"×"）

1. 新的、大修后的或更换重要配合零件的拖拉机，在使用前经过检查、调整、紧固后，就可以投入正常作业。（ ）

2. 试运转的目的是了解机器的结构特点和使用性能。（ ）

3. 是否进行试运转和试运转质量的好坏对机器的动力性、经济性、工作寿命有重要影响。（ ）

4. 试运转规范是指进行试运转时的程序。（ ）

5. 工厂试运转是调试性的，以发动机为主，主要是测定发动机的性能，检查制造、修理质量。（ ）

6. 拖拉机试运转时可以直接进行负载试运转。（ ）

7. 拖拉机正常工作时，发动机水温应保持在75～95℃。（ ）

8. 拖拉机试运转过程中，为了不耽误时间，当出现异常现象时，只要不会造成重大事故，可以继续进行。（ ）

9. 可以在发动机上检查和调整喷油泵的供油量及供油均匀性。（ ）

10. 新拖拉机或大修后的拖拉机的液压悬挂系统的试运转，应在拖拉机空驶试运转后，负载试运转前进行。（ ）

11. 发动机修后的磨合主要是为了减少初始阶段的磨损量，延长发动机的使用寿命。（ ）

二、单项选择题（下列每题有4个选项，其中只有1个是正确的，请将其代号填在横线空白处）

1. 良好的试运转能提高机器的动力性、经济性和________。

A. 速度　　B. 功率　　C. 耗油率　　D. 寿命

2. 拖拉机大修后的液压系统试运转应在________进行。

A. 发动机空运转前　　B. 拖拉机空行前

C. 拖拉机负载试运转前　　D. 在正式作业前

3. 正式试运转时，拖拉机空行应由低挡到高挡，每个前进挡行驶约________h。

A. 0.5　　B. 1　　C. 1.5　　D. 2

4. 拖拉机负载试运转时，负载大小以挂钩上的牵引力来衡量；东方红－802型拖拉机、铁牛－55型拖拉机负载分为________级。

A. 2　　B. 3　　C. 4　　D. 5

5. 试运转过程中，拖拉机起步时发动机水温应大于________℃。

单元 5

A. 20　　B. 40　　C. 60　　D. 80

6. 拖拉机负载作业时，发动机水温应大于________℃。

A. 60　　B. 80　　C. 90　　D. 100

7. 在拖拉机负载试运转过程中，牵引力应由小到大。在同一牵引力下，排挡应________。

A. 由低挡到高挡　　B. 由高挡到低挡

C. 高低挡交叉　　D. 只进行高挡

8. 拖拉机试运转时，速度应________，负载由小到大。

A. 不变　　B. 由高到低　　C. 由低到高　　D. 高低相间

9. 拖拉机正常工作时，发动机水温应保持在________℃。

A. 60　　B. 80　　C. 75～90　　D. 100

10. 在发动机起动前，液压分配器手柄应放在________位置。

A. 提升　　B. 中　　C. 下降　　D. 浮动

三、多项选择题（下列每题有多个选项，其中至少有2个是正确的，请将其代号填在横线空白处）

1. 影响拖拉机试运转质量的主要因素有________。

A. 负载　　B. 速度　　C. 时间　　D. 温度

2. 拖拉机试运转分为工厂试运转和用户试运转，用户试运转包括________。

A. 发动机磨合　　B. 发动机空转　　C. 拖拉机空驶　　D. 负载试运转

3. 拖拉机试运转是一项复杂、细致且技术性很强的工作，试运转前应做的准备工作有________。

A. 人员准备　　B. 技术准备　　C. 物资准备　　D. 零部件准备

4. 拖拉机试运转时要进行一些测试，需准备________等。

A. 转速表　　B. 温度计　　C. 拉力计　　D. 比重计

5. 拖拉机试运转过程中，应对________进行周期性的磨合性操纵。

A. 传动系统　　B. 转向系　　C. 制动机构　　D. 行走系统

6. 拖拉机试运转后应更换各部位润滑油，主要包括________。

A. 发动机油底壳　　B. 变速器　　C. 液压箱　　D. 后桥

7. 拖拉机修理后，正式使用前的试运转分为________。

A. 工厂试运转　　B. 用户试运转

C. 液压部分试运转　　D. 发动机试运转

8. 拖拉机修理后的厂内试运转包括________。

A. 发动机试运转　　B. 拖拉机空驶试运转

C. 拖拉机负载试运转　　D. 液压部分试运转

单元测试题答案

一、判断题

1. × 2. × 3. √ 4. × 5. √ 6. × 7. √ 8. × 9. × 10. √
11. √

二、单项选择题

1. D 2. C 3. B 4. B 5. B 6. A 7. A 8. C 9. C 10. B

三、多项选择题

1. ABC 2. BCD 3. ABC 4. ACD 5. BC 6. ABD 7. AB 8. AB

理论知识考核试卷

一、判断题（下列判断，正确的请打“√”，错误的请打“×”；每题1分，共30分）

1. 职业素质是劳动者应具备的基本品质。（ ）

2. V带传动的工作面是两侧面，其他两个面不应与带轮接触。（ ）

3. 农业机械的购置费用高，技术要求高，所以，尽管提高了农业生产率，农业生产成本却很高。（ ）

4. 农业机械试运转的质量验收标准是工作质量、能量消耗合乎要求，操纵机构作用正常，运动部件无不正常的声音和过热，工作可靠。（ ）

5. 内燃机机油中含有水分，将使润滑油加速氧化或乳化变质（变白），使油中添加剂失效。（ ）

6. 倾注检查所取机油应从盛器中慢慢倒出，观察机油的光泽、黏度。（ ）

7. 拖拉机离合器的操作要领是：分离时应迅速踏到底，接合时，要注意掌握“稍慢—稍停—稍快”。（ ）

8. 若拖拉机具有液压悬挂系统，在负载试运转前，应先对液压悬挂系统进行试运转。（ ）

9. 拖拉机的驱动力是驱动轮作用在地面上驱使拖拉机行驶的力。（ ）

10. 拖拉机驱动装置因打滑而损失的速度（$v_t - v_p$）与理论速度 v_t 的比值，称为拖拉机的打滑率。（ ）

11. “反向操作法”是指拖拉机下陡坡时，其转向操作方法与平路操作方法相反的一种操作方法。（ ）

12. 冬季使用拖拉机，在起动前，首先烘烤油底壳预热机油。（ ）

13. 在积水路上驾驶，容易陷车，所以应快速通过不得停留。（ ）

14. 当拖拉机悬挂农具上陡坡时，可以利用倒挡行驶上坡。（ ）

15. 拖拉机在横坡地上行驶，转向时应注意不向上坡方向转弯。（ ）

16. 气吸式排种器对种子的几何尺寸要求不严格，通用性好。（ ）

17. 为了在中耕作业时锄铲不伤苗、不压苗，接合行的中耕范围应是正常各行行距的1/4。（ ）

18. 过滤法化验时取发动机中的机油 100 ml，加入无铅汽油 200 ml 稀释，然后用滤纸过滤并加以干燥。（ ）

19. 发动机试运转时空转约 10～15 min，前 5 min 低速运转，后 5～10 min 逐渐提高到最高转速。（ ）

20. 拖拉机二号保养的间隔应根据各型拖拉机发动机油底壳中的机油更换期的长短来确定。（ ）

21. 在机油的更换周期内需于每次起动发动机前检查，必要时按油尺的刻度补足。（ ）

22. 是否进行试运转和试运转质量的好坏对机器的动力性、经济性、工作寿命有重要影响。（ ）

23. 发动机修后磨合主要是为了减少初始阶段的磨损量，延长发动机的使用寿命。（ ）

24. 配气机构是由气门、挺杆、推杆、摇臂及凸轮轴和配气正时齿轮所组成。（ ）

25. 当分离杠杆的端面不在同一平面上时，会造成离合器分离不彻底。（ ）

26. 履带式拖拉机转向机构由转向离合器和操纵机构两部分组成。（ ）

27. 播种作业结束后，按对角线选择具有代表性的 4 个测点，每个点取 1 m 长度，轻轻将土壤扒开，使种子全部露出，数种子粒数，并取平均值，即为每米粒数，用来检查播量。（ ）

28. 当划行器左右臂长度计算错误和安装过长时会造成播种机作业时邻接行距不准。（ ）

29. 发动机油底壳内的机油越多越好。（ ）

30. 机械作业计划是根据企业的生产要求和现有机器装备情况制定的用机械完成任务的工作计划。（ ）

二、单项选择题（下列每题有 4 个选项，其中只有 1 个是正确的，请将其代号填在横线空白处；每题 1 分，共 40 分）

1. 一个人对所从事的职业要求和专业知识的内化一经形成就以潜能的形式存在，只有在职业活动中才能充分地展现出来，这是指职业素质的________性。

A. 内在　B. 专业　C. 稳定　D. 发展

2. 剖视图是假想用________剖开零件。

A. 平面　B. 剖面　C. 剖切面　D. 投影面

3. 千分尺固定套筒上可读出的精度是________ mm。

A. 1　B. 0.5　C. 0.1　D. 0.05

4. 良好的试运转能提高机器的动力性、经济性和________。

A. 速度 B. 功率 C. 耗油率 D. 寿命

5. 当拖拉机入库保养时，一般________天定期转动曲轴一次。

A. 5～10 B. 20～30 C. 30～40 D. 40～50

6. 在拖拉机负载试运转过程中，牵引力应由小到大。在同一牵引力下，排挡应________。

A. 由低挡到高挡 B. 由高挡到低挡

C. 高低挡交叉 D. 只进行高挡

7. 使用单位试运转时，拖拉机空行应由低挡到高挡每个前进挡行驶约________h。

A. 0.5 B. 1 C. 1.5 D. 2

8. 机组在犁耕作业时，每工作________，应停车检查犁的紧固件、转动部分及各部润滑情况，检查犁的牵引（悬挂）装置是否正常。

A. 4～5 h B. 7～8 h C. 一天 D. 一个班次

9. 燃油滤清器用以________机械杂质和沉淀水分。

A. 清除 B. 滤净 C. 过滤 D. 吸附

10. 拖拉机在运动中，其行走装置的摩擦变形，以及对土壤挤压、剪切，土壤变形，所产生的阻力的总和称为拖拉机的________阻力。

A. 摩擦 B. 土壤 C. 滚动 D. 行驶

11. 拖拉机抗翻倾和抗滑移的能力，以及拖拉机能按照驾驶员给定的方向行驶和抵抗外界干扰的能力，称为拖拉机的________。

A. 稳固性 B. 稳定性 C. 可靠性 D. 保险性

12. 使拖拉机车轮获得最大制动力的状态是________。

A. 制动踏板踏到底而制动鼓未抱死

B. 制动踏板踏到2/3而制动鼓未抱死

C. 制动踏板踏到底，制动鼓完全抱死

D. 制动鼓接近抱死而未抱死

13. “反向操作法”只适用于________拖拉机。

A. 轮式 B. 履带式

C. 装有转向离合器的 D. 装有双差速器的

14. 冬季使用拖拉机在短时间内停止工作时，要注意冷却水的温度不能低于________℃。

A. 70 B. 60 C. 50 D. 40

15. 拖拉机在特殊道路条件下行驶，行走装置的________易使拖拉机操纵失灵或产生侧滑。

A. 振动 B. 间隙 C. 滑转 D. 制动

16. 拖拉机上坡时，如发现前轮离开地面时，应迅速________，靠拖拉机自身重力，使前轮压回地面。

A. 制动　　B. 换挡　　C. 转向　　D. 分离离合器

17. 遇到久雨天气，拖拉机在傍山路、堤路或沿河道路上，不宜________行驶或停车。

A. 高速　　B. 低速　　C. 靠边　　D. 靠右

18. 雾天驾驶拖拉机，应根据视线远近，适当减低车速，白天也要开亮________或近光灯。

A. 大灯　　B. 小灯　　C. 转向灯　　D. 防雾灯

19. 采用播幅 3.6 m 的 2BF－24A 条播机进行场地调整，如果农业技术要求每公顷播种小麦 300 kg（20 kg/亩），那么调整时转动一侧大地轮 48.5 圈，该侧各排种器的总下种量应当是________ kg。

A. 20　　B. 10　　C. 15　　D. 30

20. 划行器是播种机上一个很重要的部件，它的作用是________。

A. 为了保证准确的播种深度　　B. 为了减少驾驶员的劳动强度

C. 为了保证精确的播种量　　D. 为了保证准确的邻接行距

21. 中耕作业时，护苗带的宽度一般应为________ cm，在不伤苗的前提下应尽量缩小护苗带宽度。

A. 6～8　　B. 8～12　　C. 12～14　　D. 14～16

22. 拖拉机试运转时，速度应________，负载由小到大。

A. 不变　　B. 由高到低　　C. 由低到高　　D. 高低相间

23. 冷却系的主要功用是冷却受热零件，以保证发动机在最适宜的温度状态下工作，既防止零件________，又能充分发挥发动机的有效功率。

A. 发热　　B. 发冷　　C. 过热　　D. 过冷

24. 拖拉机正常工作时，发动机水温应保持在________℃。

A. 60　　B. 80　　C. 75～90　　D. 100

25. 试运转过程中，拖拉机起步时发动机水温应大于________℃。

A. 20　　B. 40　　C. 60　　D. 80

26. 在发动机起动前，分配器手柄应放在________位置。

A. 提升　　B. 中　　C. 下降　　D. 浮动

27. 清洗发动机润滑系时，趁热放出油底壳中的脏油，可加入________作为清洗油。起动发动机，低速运转 3～5 min 进行清洗。

A. 机油

B. 柴油

C. 1/3 柴油和 2/3 机油的混合物

D. 2/3 柴油和 1/3 机油的混合物

28. 当离合器压力弹簧软或折断、压力不足或不均匀时，会造成离合器________。

A. 接合不上　B. 打滑　C. 分离不彻底　D. 产生抖动

29. 气门间隙________，在气门热胀后会造成气门关闭不严。

A. 过大　B. 大　C. 过小　D. 调大

30. 配气机构是按发动机的工作________和工作循环的要求，定时开启和关闭各缸的进、排气门，及时地吸入新鲜空气和排出废气。

A. 顺序　B. 时间　C. 速度　D. 性质

31. 轴承间隙过大或过小；曲轴轴颈因磨损，锥度、椭圆度过大，各主轴承不同心；油底壳缺油或油道堵塞；机油质量不符合要求等都会造成________。

A. 抱瓦　B. 拉瓦　C. 烧瓦　D. 断曲轴

32. 配气机构按发动机工作顺序和工作循环的要求，在压缩和做功行程应保证气门________。

A. 全开　B. 半开　C. 微开　D. 严密关闭

33. 借助润滑系实现液体摩擦，可减少零件磨损，使发动机的摩擦功率损失________。

A. 增加　B. 升高　C. 降低　D. 等于零

34. 摩擦式离合器是利用摩擦面相互靠紧时在接触面间产生的________来传递扭矩。

A. 转速　B. 动力　C. 驱动力　D. 摩擦力

35. 变换变速器的排挡，以改变________，使其在不改变发动机自身转速和扭矩的情况下，改变拖拉机的驱动力和行驶速度，即变速变扭。

A. 主动轮转速　B. 转动方向　C. 扭矩　D. 传动比

36. 蓄电池在完全放电或充电________的情况下长期放置，会造成极板硫化。

A. 很充足　B. 较充足　C. 100%　D. 不足

37. 条播播量不准，原因可能是________。

A. 机组运行速度和试验调整时速度一致

B. 机组运行速度和试验调整时速度不一致

C. 开沟器间距不准

D. 输种管变形

38. 后桥的功用是改变变速器传来的动力的方向，并降低________、增大扭矩后传给驱动轮。

A. 牵引力　B. 传动比　C. 转速　D. 负载

试卷

39. 机组作业成本是以________为对象，计算的完成单位作业量应负担的各项费用之和。

A. 拖拉机　B. 农具　C. 机组　D. 作业项目

40. 一般情况下，随着作业量成比例变化的费用叫________。

A. 作业成本　B. 变动成本　C. 固定成本　D. 相对成本

三、多项选择题（下列每题有多个选项，其中至少有2个是正确的，请将其代号填在横线空白处；每题1分，共30分）

1. 看视图，首先找出主视图，了解视图与视图的关系，再根据主视图的________，弄清各视图的表达意图。

A. 位置　B. 地位　C. 部位

D. 标号　E. 标注　F. 标记

2. 影响拖拉机试运转质量的主要因素有________。

A. 负载　B. 速度　C. 时间　D. 温度

3. 拖拉机试运转时要进行一些测试，需准备________等。

A. 转速表　B. 温度表　C. 拉力计　D. 比重表

4. 土壤耕作的目的主要有________。

A. 改善土壤结构　B. 破碎土壤

C. 创造和保持良好的土壤耕层构造和表面状态

D. 翻转土壤

5. 拖拉机试运转是一项复杂、细致且技术性很强的工作，试运转前应做的准备工作有________。

A. 人员准备　B. 技术准备　C. 物资准备　D. 零部件准备

6. 拖拉机试运转分为工厂试运转和用户试运转，用户试运转包括________。

A. 发动机磨合　B. 发动机空转　C. 拖拉机空驶　D. 负载试运转

7. 后桥用来将变速箱传来的动力进一步________后传给驱动轮。

A. 降低转速　B. 提高扭矩　C. 增大牵引力　D. 提高转速

8. 机组工作日记能够起到________作用。

A. 凭证　B. 约束、激励　C. 监督　D. 指导

9. 轮式拖拉机的滚动阻力主要来源于________等。

A. 道路　B. 坡道　C. 土壤的变形

D. 土壤的水分　E. 轮胎的变形　F. 轴承和摩擦

10. 拖拉机附着系数的大小与________有关。

A. 拖拉机的功率　B. 路面的类型

C. 拖拉机的类型　D. 滚动系数大小

E. 拖拉机的稳定性　　F. 路面干湿度

11. 影响拖拉机打滑的因素有____________。

A. 驱动装置的结构　　B. 驱动装置上的载荷

C. 拖拉机的质量　　D. 拖拉机的功率

E. 拖拉机的牵引阻力　　F. 拖拉机牵引力的大小

12. 拖拉机冬季使用时，入冬前应做一次全面技术保养，特别要注意____________和后桥部位的清洗。

A. 散热器　　B. 蓄电池　　C. 燃油系

D. 润滑系　　E. 液压系统　　F. 变速器

13. 涉水驾驶，应做到____________安全行驶。

A. 涉水前准备　　B. 涉水前的调查

C. 涉水中谨慎驾驶　　D. 防止惊慌失措

E. 涉水后仔细检查　　F. 快速通过

14. 夏季如遇大雨来临时，路上行人、车辆、牲畜惊慌混乱，此时应沉着谨慎，采取____________等措施。

A. 注意观察　　B. 礼让行人　　C. 及时转向

D. 减低车速　　E. 及时变速　　F. 勤按喇叭

15. 在下列开沟器中，____________入土角为钝角，能在整地条件较差，田间有土块、残茬等情况下正常工作。

A. 滑刀式开沟器　　B. 锄铲式开沟器

C. 芯铧式开沟器　　D. 双圆盘式开沟器

16. 拖拉机修理后，正式使用前的试运转分为____________。

A. 工厂试运转　　B. 用户试运转

C. 液压部分试运转　　D. 发动机试运转

17. 中耕作业第一行程走过 20～30 m 后，应停车检查____________等，发现问题及时排除。

A. 铲刃磨损情况　　B. 护苗带宽度

C. 伤苗情况　　D. 杂草铲除情况

18. 拖拉机试运转时，应检查各总成间连接处有无____________等现象。

A. 松动　　B. 变形　　C. 滑动　　D. 位移

19. 纸滤芯有____________等缺陷时应立即更换。

A. 破裂　　B. 穿孔　　C. 脱胶　　D. 腐烂

20. 拖拉机底盘的技术保养包括____________。

A. 保证润滑　　B. 清洁　　C. 防潮　　D. 调整

试卷

21. 拖拉机修理后的厂内试运转包括________。
A. 发动机试运转　　B. 拖拉机空驶
C. 拖拉机负载试运转　　D. 液压部分试运转
22. 曲柄连杆机构是发动机实现工作循环，完成________的机构。
A. 化学转换　B. 热量转换　C. 能量转换
D. 向外散发动力　E. 向外输出动力　F. 向外释放动力
23. 离合器分离不彻底的原因是________。
A. 分离杠杆与分离轴承间隙过大　　B. 3个分离杠杆的端面不在同一平面上
C. 摩擦片破裂或钢片变形　　D. 钢片太厚
24. 水冷却系可分为________。
A. 压力式　B. 飞溅式　C. 蒸发式
D. 风冷式　E. 循环式
25. 铁牛－55型轮式拖拉机拖拉机二号技术保养时，用钙基润滑脂润滑________等。
A. 离合器踏板轴　　B. 后轮半轴内轴承
C. 后轮半轴外轴承　　D. 前轮半轴轴承
26. 蓄电池极板上产生一层________的粗晶粒硫酸铅，正常充电时，不能完全使其转化为铅和二氧化铅，这种现象称为“硫化”。
A. 久不导电　B. 导电不良　C. 导电良好
D. 淡黄色　E. 白色　F. 乳白色
27. 硅整流发电机由一个________三相桥式全波整流器组成。
A. 三相同步交流发电机　　B. 三相异步交流发电机
C. 三相同步直流发电机　　D. 硅一极管
E. 6个硅二极管　　F. 6个硅三极管
28. 播种深度不符合要求，可能是由于________造成的。
A. 种子箱内盛种子量太少　　B. 深浅手轮调整不当
C. 作业速度过低　　D. 播种速度过高
E. 种子箱内有杂物
29. 拖拉机使用单位试运转时，应包括________等过程。
A. 发动机空转　　B. 液压部分试运转
C. 拖拉机空行由低挡到高挡试运转　　D. 拖拉机逐渐增大负载的试运转
30. 发动机的工厂试运转分为________过程。
A. 负载热磨合　B. 冷磨合　C. 负载冷磨合　D. 空转热磨合

理论知识考核试卷答案

一、判断题

1. √ 2. √ 3. × 4. √ 5. √ 6. × 7. × 8. √ 9. × 10. √
11. × 12. × 13. × 14. √ 15. √ 16. √ 17. × 18. √ 19. √
20. √ 21. √ 22. √ 23. √ 24. × 25. √ 26. √ 27. × 28. √
29. × 30. √

二、单项选择题

1. A 2. C 3. B 4. D 5. B 6. A 7. B 8. D 9. C 10. C 11. B
12. D 13. C 14. D 15. C 16. D 17. C 18. D 19. B 20. D
21. B 22. C 23. C 24. C 25. B 26. B 27. C 28. B 29. C
30. A 31. C 32. D 33. C 34. D 35. D 36. D 37. B 38. C
39. C 40. B

三、多项选择题

1. AE 2. ABC 3. ACD 4. ACD 5. ABC 6. BCD 7. AB 8. AD
9. CDEF 10. BCF 11. ABCE 12. CDF 13. ACE 14. ADF 15. AD
16. AB 17. BCD 18. ABD 19. ABCD 20. AD 21. AB 22. CE
23. ABC 24. CF 25. AC 26. BE 27. AE 28. BD 29. ACD 30. ABD

操作技能考核试卷

试卷

一、材料准备通知单

1. 材料准备

答题纸若干。

2. 设备准备

（1）驾驶用装备齐全的履带式（或轮式拖拉机）1 台。

（2）桩杆 2 根，杆高不低于 2 m。

（3）2BF－24A 型条播机 1 台。

（4）调整用轮式拖拉机 1 台。

3. 工、量具准备

由培训单位准备：秒表 1 只，卷尺 4 把（50～100 m 1 把，5 m 2 把，1～2 m 1 把），划线器 1 套，呆扳手 1 套。

4. 考场准备

（1）驾驶场地示意图如卷图—1 所示。

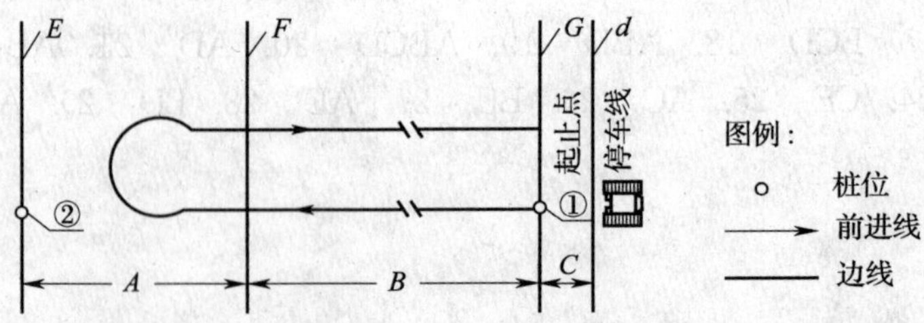

卷图—1　驾驶场地示意图

（2）400 m^2 平整硬实的场地，按图用白粉画好场地。

（3）考前应对考位、设备和工、量具统一编号。

（4）实际考场必须有良好的通风，操作地面要干净，光线明亮，通道要畅通。

（5）冬季考核，场地应在室内，并有良好的采暖设备。

（6）以上材料、设备、场地以每 20 个考生设置，具体准备根据考生人数具体确定。考核时，考生依次进行考试。前一名考生考试时，后面的考生可进行准备。

5. 考生个人的准备

穿戴合适、紧身的工作服。

二、考场规则

1. 计时方法

工作人员点名开始准备，准备结束以后由考评员统一下令开始正式操作，由一名考评人员统一计时。

2. 考试评分

(1) 考评人员与应试人员比例为 1∶3。

(2) 对考评人员的要求及职责分工

1) 考评人员的职责。发布工艺指令和监督应试人员的操作考试。

2) 考评人员对应试人员发出的指令和指导、警告用语必须准确、清晰、规范、简明扼要，具有可操作性。

3) 考评人员要注意应试人员的操作安全，对其违反操作规程和可能危及人身及设备安全的操作要及时制止，并酌情扣分。情况严重者应取消其考试资格并判定该应试人员本次考试不及格。

三、考核内容及时限

第一题：履带式或轮式拖拉机田间作业驾驶（30 分）

(1) 操作内容。在拖拉机液压悬挂装置上固定一个划行器，考试时，从停车线 d 至桩杆①处驶入考场，驶向地边线 E 上的桩杆②，拖拉机行驶 50 m，同时用划行器划出一条线，提升划行器，如划出的线基本成直线，即可让拖拉机掉头，前轮（履带）和划出的直线保持一定距离（50 cm）左右，从地头线 F 处驶回起止线 G 处，同时再划一条直线，划出的直线与桩杆①②的连线需基本平行。

(2) 考核时限

1) 准备时间 10 min。

2) 正式操作时间 10 min。每超过时间定额 1 min，从总分中扣除 1 分，不足 1 min 按 1 min 计算，超过 3 min 终止考试。

(3) 操作要求

1) 操作平稳。

2) 不准半联动离合器。

3) 中途不准停车、熄火。

4) 划线直。

5) 往、返两线平行。

第二题：条播机划行器的调整（条件：给定拖拉机、条播机、播种作业的行走路线）(40 分)

（1）操作内容

1）确定条播机在地里的行走路线。

2）正确选择驾驶员的对印目标。

3）正确计算条播机幅宽和划行器长度。

4）正确调整划行器臂长。

（2）考核时限

1）准备时间 10 min。

2）正式操作时间 40 min。每超过时间定额 5 min，从总分中扣除 1 分，不足 5 min 按 5 min 计算，超过 15 min 终止考试。

第三题：检查、调整轮式拖拉机前轮前束（30 分）

（1）操作内容。采用正确的方法检查、调整轮式拖拉机前轮前束，使其达到规定的要求（可现场设置，使前轮前束过大或过小）。

（2）考核时限

1）准备时间 10 min。

2）正式操作时间 30 min。每超过时间定额 5 min，从总分中扣除 1 分，不足 5 min 按 5 min 计算，超过 15 min 终止考试。

试卷

四、评分标准

各题均是 100 分，总成绩为“第一题得分×30%＋第二题得分×40%＋第三题得分×30%”，实行百分制记分法，60 分以上为及格。

第一题评分项目及标准

序号	评分项目	配分	评分标准	得分	备注
1	操作平稳	20	起步不稳扣 5 分，起步熄火扣 5 分，停车急扣 5 分，车速不稳扣 5 分		
2	不准半联动离合器	20	半联动离合器一次扣 10 分		
3	中途不准停车、熄火	20	中途停车、熄火扣 20 分		
4	划线直	20	出现一次弯曲扣 20 分		
5	往、返两线平行	20	测量两线间的距离，共测量 3 点，平均误差为60 mm以上者扣 20 分		

第二题评分项目及标准

序号	评分项目	配分	评分标准	得分	备注
1	能根据给定条件确定4个调整依据	40	少1个扣10分		
2	计算结果正确	30	公式正确给10分，答案正确给20分		
3	调整方法正确，结果准确	30	调整方法正确给10分，调整结果正确给20分		

第三题评分项目及标准

序号	评分项目	配分	评分标准	得分	备注
1	检查前轮前束 （1）检查方法正确 （2）检查结论正确	（40） 25 15	出现错误一次扣5分		
2	调整前轮前束 （1）调整方法正确 （2）调整结果正确	（50） 30 20	出现错误一次扣6分		
3	安全文明生产	10	违反安全文明生产规定一次扣2分		

考评员签名：　　　　　　　　　　　　　　　　　　　　年　　月　　日